新MHK轻松过

模拟试题及详解

赵凤珠　主编

赵凤珠　苗东霞　步延新　编著

一级

北京语言大学出版社
BEIJING LANGUAGE AND CULTURE UNIVERSITY PRESS

图书在版编目（CIP）数据

新 MHK 轻松过（一级）模拟试题及详解 / 赵凤珠主编；赵凤珠，苗东霞，步延新编著．-- 北京 ：北京语言大学出版社，2020.6

ISBN 978-7-5619-5630-4

Ⅰ.①新… Ⅱ.①赵… ②苗… ③步… Ⅲ.①汉语－少数民族教育－水平考试－题解 Ⅳ.① H19-44

中国版本图书馆 CIP 数据核字（2020）第 059339 号

新 MHK 轻松过 （一级）模拟试题及详解

XIN MHK QINGSONG GUO (YI JI) MONI SHITI JI XIANGJIE

排版制作：北京创艺涵文化发展有限公司
责任印制：武晓东

出版发行：北京语言大学出版社
社　　址：北京市海淀区学院路 15 号，100083
网　　址：www.blcup.com
电子信箱：service@blcup.com
电　　话：编辑部 8610-82303390
国内发行 8610-82303650/3591/3648
海外发行 8610-82303365/3080/3668
北语书店 8610-82303653
网购咨询 8610-82303908
印　　刷：天津嘉恒印务有限公司

版　　次：2020 年 6 月第 1 版　　印　　次：2020 年 6 月第 1 次印刷
开　　本：889 毫米 × 1194 毫米 1/16　　印　　张：16.75
字　　数：327 千字
定　　价：48.00 元

PRINTED IN CHINA

前言

自2002年出版第一本MHK图书——《MHK大纲（三级）》以来，伴随着MHK考试推行范围的扩大，北京语言大学出版社（以下简称“北语社”）的MHK图书出版也走过了18年的历程。这18年中，北语社一系列MHK图书帮助一届届学子顺利通过了考试，提高了国家通用语言文字水平。

社会的发展日新月异，新事物、新理念层出不穷，新的MHK大纲也应运而生。北语社也与时俱进，依据新考试大纲，推出了大型MHK图书系列——“新MHK轻松过”系列。本系列图书体系清晰，品类齐全：既有依据新教学理念编写的考教结合类教材，又有高质量的试卷合辑；既有对考生宏观的考试指导，又有微观的试题解析。可以说，本系列图书满足了考生的各方面需求。

“新MHK轻松过”系列图书架构

级别	考试教程				分项分类练习	附答案详解的模拟试题	模拟试卷合辑 *
一级	听力理解教程	阅读理解教程	书面表达教程	口语考试教程	全项一本通	模拟试题及详解	模拟题集
二级	听力理解教程	阅读理解教程	书面表达教程	口语考试教程	全项一本通	模拟试题及详解	模拟题集
三级	听力理解教程	阅读理解教程	书面表达教程	口语考试教程	全项一本通	模拟试题及详解	模拟题集
四级	听力理解教程	阅读理解教程	读后写教程	口语考试教程	全项一本通	模拟试题及详解	模拟题集

* 每个级别的模拟试卷合辑均有多册，按1、2、3、4排序。

“新MHK轻松过”系列特色

❶ 新大纲，新题型，新语料

本系列所有图书都是依照新大纲编写的，语料涉及的词汇全面覆盖新大纲词汇表，试题按照新大纲样卷中的题型编排，语料反映最新的社会发展状况。一切都力图体现一个“新”字。

❷ **灵活搭配，自由组合，全方位提升**

本系列每个级别都包含四类图书，一类一功能，互为补充。考生可以按照图书功能依次使用各册图书，也可以根据自己的语言水平灵活选用。可先使用考试教程，夯实基础；然后进行分项分类练习，逐项巩固；最后使用模拟题集熟悉考试流程，为正式考试做准备。也可以直接使用附答案详解的模拟试题或模拟试卷合辑，先进行考前演练，从中找差距，再针对自己的弱项使用考试教程进行提升。总之，灵活选用本系列图书，可全方位提升考生的应考能力和语言水平。

❸ **好教，好用，配套齐全**

本系列图书作者在深入研究新旧两版大纲的基础上，比较新旧大纲的异同，逐个分析考点，逐条讲练应试策略，力求图书有用、适用、好用。其中配有录音的分册，考生扫描二维码可随时听配套录音。考试教程配有教案、课件，供教师教学时参考。

关于本册

本册依据《MHK 大纲（一级）》（修订版）编写，全面分析了大纲中的考点并提炼出应试策略和技巧；编者选取反映社会发展的最新语料编制了 10 套模拟试题，语料涉及的词汇全面覆盖大纲词汇表，题型与大纲样卷的题型保持一致。

本册结构

本册分为四个部分：考点分析、模拟试题、听力理解录音材料、答案及详解。

❶ **考点分析**

本部分全面分析了《MHK 大纲（一级）》（修订版）中的考点，旨在帮助考生明确考试要求，做好应考准备。针对每个考点，先进行例题解析，再提炼出应试策略和技巧，为考生熟悉题型、掌握学习方法、提高学习效率指明了路径。

❷ **模拟试题**

模拟试题共有 10 套。题型与大纲样卷的题型保持一致；语料涵盖社会生活、科学技术、历史文化、文学艺术、人物故事、经济发展等各方面的内容；语料的选取遵循针对性、实用性、趣味性、科学性的原则，既考查语言水平，又实现开卷有益。

❸ **听力理解录音材料**

录音材料是听力理解考试的重要组成部分，放在本册 10 套模拟试题之后。考生可参照录音材料反复听录音，掌握听力技巧，提高听力水平。

❹答案及详解

每套题的“答案及详解”均包括“答案速查”和“答案详解”两个板块。“答案速查”便于考生迅速查对答案，估算测试成绩；“答案详解”归纳了每道题涉及的考点，并详细解析答题思路，帮助考生建立正确的答题思路、提高答题的准确率。

使用建议

准备参加MHK（一级）考试的考生，既可以在教师的指导下学习本书，也可以自学。但无论采用何种方式，都要先认真学习、领悟各题型考点分析的内容，再有计划地做模拟试题，最后对照题解理清答题思路。这样就能循序渐进地提高思辨能力，最终顺利通过考试。

将本书用于课堂教学的教师，可以根据以下建议安排课时：每个题型的考点分析均用6～8课时讲授；每套模拟试题结合答案及详解进行讲练，均用4课时讲授。

本书由步延新、赵凤珠、苗东霞三位作者共同编写。其中，听力理解考点分析、模拟试题中的听力理解部分、听力试题的详细解析由步延新编写，阅读理解考点分析、模拟试题中的阅读理解部分、阅读试题的详细解析由赵凤珠编写，书面表达考点分析、模拟试题中的书面表达部分、书面表达试题的详细解析和范文由苗东霞编写。

在本系列图书编写过程中，我们从国内出版的各种报纸、杂志以及网络上选用了一些语料，并对语料做了适当改写，在此，我们向原作者表示诚挚的感谢！由于种种客观原因，目前我们无法与所有语料的原作者一一取得联系，希望原作者看到本系列图书后尽快与我们联系，我们将按照有关规定支付稿酬。

最后，希望本系列图书给广大考生带来新颖的理念、便捷的体验、立竿见影的实效。祝愿广大考生使用本系列图书后，在MHK考试中都取得理想的成绩，切实提高国家通用语言文字水平！

目录

第一部分

考点分析

一　听力理解考点分析

以下对听力理解题型和考点的分析均以《MHK大纲（一级）》（修订版）为依据。

听力理解是MHK（一级）的第一项考试内容，共30题，考试时间约为20分钟。听力理解分测验由两部分试题组成：

第一部分共10题，都是完成对话题。首先播放一句话，考生听完以后在试卷上的四个选项中找到与这句话搭配最恰当的一句。

第二部分共20题，包括10道二人简短对话、两段多轮对话和两段简短讲话。二人简短对话题，由第三个人根据对话提出一个问题，考生听完后在四个选项中选择最恰当的一项。多轮对话和简短讲话题，每段对话或讲话后有几个问题，考生听完问题以后在四个选项中选择最恰当的一项。

听力理解旨在考查考生是否具备在学习、学校活动和日常生活中对一般性对话和简短讲话的初步理解能力，考查考生能否听懂接近正常语速的句子、对话和简短讲话。

听力理解的考点

（1）能领会听力材料的内容要点或大意；

（2）能基本把握听力材料的主要事实，并能够从中获取需要的关键信息；

（3）能辨别陈述句、疑问句、感叹句、祈使句的不同语调和感情色彩；

（4）能根据需要适当运用听力策略；

（5）能听懂接近正常语速的听力材料，语速为每分钟180～220字。

•考点一　能领会听力材料的内容要点或大意。

例题解析

【例1】

A 五十块钱

B 我没带钱

C 三块一斤

D 还剩三块

（样卷第1题）

［录音材料］

你的书包是多少钱买的？

正确答案是A。本题主要考查的是考生能否领会听力材料的内容要点或大意。询问一件东西的价钱，回答应该是具体的数值。选项A“五十块钱”直接回答价钱，正确。选项C、D虽然也提到了具体的钱数，但都与提问不搭配，选项B“我没带钱”更是如此。

【例2】

A 我明白了

B 我不知道

C 会一点儿

D 还没听说

（样卷第2题）

［录音材料］

听说你还会英语？

正确答案是C。本题主要考查的是考生能否领会听力材料的内容要点或大意。这是一个是非问句，完整的句子应该是：“听说你还会英语，是不是呢？”回答应该是“是”或“否”或类似的回答。因此选项C“会一点儿”正确；选项A与提问不搭配；自己会不会英语，自己不可能“不知道”，也不可能“没听说”，选项B、D的说法不合逻辑。

【例3】

A 好的，再见

B 对，我在路上

C 是，很好玩儿

D 行，我一定去

（样卷第5题）

［录音材料］

以后常来玩儿，路上小心！

正确答案是A。本题主要考查的是考生能否领会听力材料的内容要点以及运用语言进行交际的能力。考生应能判断出这是“分别”的场景，在这种场景下，“再见”是最常用的词。只有选项A符合对话场景，其他三项都不是两个人分别时该说的话。

【例4】

A 我想当老师

B 军人很光荣

C 我爸爸是军人

D 那不是我爸爸

（样卷第10题）

[录音材料]

长大以后，我希望像我爸爸那样，成为一名军人，你呢？

正确答案是A。本题主要考查的是考生能否领会听力材料的内容要点或大意。具体来讲，考查的是考生能否正确把握特指问句的用法。说话人先表达自己的理想，然后用“你呢？”表示对听话人的理想进行提问，听话人应回答“我自己的理想是什么”。只有选项A“我想当老师”符合题意，其他三项均与问题无关。

【例5】

A 晚会表演很精彩

B 晚会演出时间长

C 男的班里有节目

D 晚会的时间改了

（样卷第16题）

[录音材料]

女：这次元旦晚会有你们班表演的节目吗？

男：有一个合唱，好像排在了第二个。

问：根据对话，我们可以知道什么？

正确答案是C。本题主要考查的是考生能否领会听力材料的大意。两个人在聊元旦晚会的事，通过对话我们可以知道，男的班里有节目，因此选项C正确。至于晚会的其他情况，对话中都没有提到，故其他三项错误。

【例6】

A 开会

B 登山

C 去饭馆

D 看比赛

（样卷第25题）

[录音材料]

这个周六，我们全班同学去爬山。早上四点我们就出发了，大约一个小时后我们乘公共汽车来到了山脚下。不到两个小时，大家就登上了山顶，这个时候太阳也出来了，天气特别暖和，我们拿出了自己带的食物，边吃边聊天儿，非常开心，直到太阳落山了才返回。

问：他们周六做什么了？

正确答案是B。本题主要考查的是考生能否领会听力材料的大意。整段话都是围绕周六全班同学去爬山这件事在谈，从出发谈到返回，所以他们周六主要做的事情就是“爬山”。“登山”是“爬山”的同义词，故选项B正确，其他三项在讲话中都没有提到。

应试策略和技巧

此类考题主要考查考生对句子、对话、讲话的重要信息和整体意思的理解能力。在听力理解第一部分试题中，疑问句是最常用的句型，解题的重要信息往往来自疑问句中的疑问词。因此，考生应该清楚疑问句的类型，了解各种疑问句的回答方式，以提高获得重要信息的能力。对话或讲话中也常常出现此类考题，考生应该了解这种题型的提问方式，提高对听力材料的信息整合能力和理解能力。此外，语言教学的目标是培养学生运用语言知识进行合理交际的能力，听力测试中会有一些考查学生交际能力的考题，因此掌握必要的生活交际用语并了解其应答方式是十分必要的。

1. 了解疑问句的主要类型

疑问句主要分为四类：特指问句、是非问句、正反问句和选择问句。其中，特指问句是最常用的问句形式。

（1）特指问句是用疑问代词代替未知的部分进行提问，要求对方针对未知的部分做出回答的疑问句。这种问句的语序与陈述句一样，提问句子的哪个成分就把疑问代词放在哪个成分的位置上。常用的疑问代词有“谁”“什么”“哪儿（哪里）”“多少（几）”“怎么（怎么样）”“为什么”等。例1中的问题就是特指问句。再如：

①他是谁？　　——他是我们的老师。

②你买了什么？　　——今天的报纸。

③你从哪里来？　　——我从河南来。

④你们班有多少人？　　——40个人。

⑤他的字写得怎么样？　　——很好。

此外，特指问句还可以由名词性词语加上疑问语气词“呢”构成，不用疑问代词。比如例4中的问句。再如：

①钢笔呢？ ——掉到地上了。

②你的呢？ ——在我书包里。

③我的手表呢？ ——你放在书架上了。

④那本字典呢？ ——在家里，我忘了带过来。

（2）是非问句是提出问题，要求别人回答“是”或“否”的疑问句。是非问句与一般陈述句的结构基本相同，但语调要变为升调，或者在句末加上疑问语气词“吗、吧、啊”等，但不能使用“呢”。是非问句可以用“是、对、嗯”做肯定回答，用“不、没有”做否定回答。例2中的问句“听说你还会英语？”就是是非问句。再如：

①听说你生病了？ ——嗯。

②你是高中生？ ——是。

③你今天不去图书馆吗？ ——不去。

④你把脏衣服洗了吧？ ——还没有。

（3）正反问句是用肯定和否定并列的方式提问，希望对方从中做出选择的疑问句。正反问句一般不使用疑问代词；疑问语气词也用得很少，需要时可使用“呢、啊”，一般不用“吗、吧”。例如：

①内蒙古的草原大不大？ ——大。

②他们表演得好不好啊？ ——好。

③你们那儿的冬天冷不冷？ ——不冷。

（4）选择问句是提出两种或两种以上的情况，让对方从中进行选择的疑问句。选择问句常用“……是……还是……”“……还是……”或“……还是……还是……”来连接几个选择项。使用疑问语气词时，选择问句常用“呢”，一般不用“吗、吧”。采用并列复句形式的选择问句，可以只在前句使用一个语气词，也可以前后都使用语气词。例如：

①你喜欢喝茶还是喝咖啡？ ——咖啡。

②咱们暑假是去云南呢，还是去四川？ ——云南。

③放了学是直接回家还是去打篮球，还是去游泳？ ——去游泳吧。

2. 了解常见的提问方式

考查考生对对话、讲话整体意思的理解能力是听力考试的重点之一，这类试题在考试中常常出现，比如例5、例6。要敏锐地辨认出这种题型并采取有效的应试策略，必须了解该题型常见的提问形式。考试中常常出现的提问方式有以下几种：

①男的/女的想做什么？

②男的/女的正在做什么？

③男的 / 女的是什么意思？

④关于男的 / 女的，我们知道什么？

⑤他们在谈论什么？

⑥根据对话，我们知道什么？

3. 了解常用的交际用语

在听力考试中，有很大一部分试题考查考生运用语言进行交际的能力。这不仅要求考生掌握语言知识，还要求考生能在具体的交际场合中运用所掌握的知识合理地进行交际。例 3 属于这类考题。常用的交际用语见下表：

表一　常用交际用语表

场景	交际用语
问候	A：最近好吗？ B：还好。（还行。/ 挺好的。/ 还可以。/ 还不错。/ 还是那样。）
感谢	A：谢谢！ B：不客气。（客气什么。/ 您太客气了。/ 不谢。/ 不用谢。/ 没事。）
道歉	A：对不起！ B：没关系。（不要紧。/ 没事。）
同意	A：我们都觉得王老师很好，你觉得呢？ B：我也觉得是。（没错。/ 我同意。/ 的确如此。/ 可不。/ 可不是吗？）
否认	A：听说你要转学？ B：根本没有的事。（怎么可能？）
批评	A：你怎么总迟到？ B：对不起。（实在抱歉！/ 不好意思。）
请求	A：咱们走快点儿，好吗？ B：（肯定回答）好。（行。/ 可以。） （否定回答）着什么急？（不行。/ 不可以。）
询问	A：咱们班要来新老师了吗？ B：可能吧。（也许。/ 好像是。） 或：不会吧？（不可能。/ 没听说。/ 还没定呢。）
猜测	A：那是我们的新同学吧？ B：没准儿。（或许吧。/ 大概是。/ 我觉得是。） 或：看上去不像。（不见得。/ 不一定。/ 不可能。）

·考点二　能基本把握听力材料的主要事实，并能够从中获取需要的关键信息。

例题解析

【例 7】

A 教室

D 食堂

C 操场

D 图书馆

（样卷第 11 题）

［录音材料］

男：你吃完了吗？吃完咱们就去教室看书吧。

女：等我一下，我马上就好。

问：对话最可能发生在哪里？

正确答案是 B。本题主要考查的是考生根据对话信息对说话场景进行推断的能力。男的问“吃完了吗？”，女的回答“等我一下，我马上就好”，说明女的还在吃饭，据此可以推测出对话发生的地点最有可能是“食堂”“餐厅”等地。选择 B 符合题意，选项 A 是针对“去教室看书”而出的干扰项，选项 C、D 均不是适合吃饭的地方。

【例 8】

A 请了老师

B 练习得多

C 喜欢练游泳

D 比赛经验多

（样卷第 13 题）

［录音材料］

男：你的游泳水平越来越高了。

女：我可是苦练了一个月呢。

问：女的为什么游得好？

正确答案是 B。本题主要考查的是考生根据对话获取关键信息的能力。男的夸女的游泳游得好，女的说她“苦练了一个月”，说明她认为这是她游得好的原因。选项 B“练习得多”与“苦练”意思相近，是正确答案；选项 A、C、D 均与对话内容无关。

【例 9】

21. A 宿舍楼
B 办公楼
C 体育场
D 活动室

22. A 比赛
B 买东西
C 见朋友
D 打扫卫生

（样卷第 21 ～ 22 题）

［录音材料］

男：这次美术比赛你报名了吗？

女：还没有，在哪儿报名？

男：就在办公楼 301，填一张表就可以了。

女：那你知道报名什么时候结束吗？

男：应该是这周五，我也是刚报完名。

女：谢谢你告诉我，我扫完地马上就过去。

21. 问：报名地点在哪儿？

22. 问：女的正在做什么？

21 题正确答案是 B。本题主要考查的是考生根据对话获取重要细节的能力。女的问男的在哪儿报名，男的回答“在办公楼 301”，因此正确答案是 B。其他三项都与对话内容不符。

22 题正确答案是 D。本题主要考查的是考生根据对话获取重要细节的能力。女的最后说扫完地马上过去报名，由此可知说话时女的正在扫地。“扫地”属于“打扫卫生”的一种，故选项 D 正确。选项 A、B、C 在对话中均没有谈到。

【例 10】

A 母子
B 父女
C 同学
D 师生

（样卷第 24 题）

［录音材料］

女：咦，你的腿怎么了？

男：唉，别提了，周末踢球的时候受伤了。

女：我说你昨天怎么没来学校呢。

男：我在医院待了一整天。对了，这两天老师都讲什么了？

女：讲的内容我都记在笔记上了，你拿去看吧，有什么不明白的，你再问我。

男：谢谢你。

问：说话人最可能是什么关系？

正确答案是C。本题主要考查的是考生根据对话推断说话者之间关系的能力。女的说“我说你昨天怎么没来学校呢”，由此可以判断出他们会常来学校，应该是老师或学生。男的问女的这两天老师都讲了什么，且女的说把笔记借给男的看，由此可以推断出说话人是同学关系。故正确答案是C。

【例11】

A 前天

B 去年

C 暑假

D“十一”

（样卷第29题）

［录音材料］

姐姐在北京上大学。每次放假回家，她都会给我带一些小礼物，还给我讲她大学里的故事。去年“十一”的时候，她又给我带回来好多礼物，有好吃的点心、漂亮的工艺品，还有我最喜欢的风景明信片。前天姐姐打电话告诉我今年暑假她要留在北京打工，她让我去找她玩儿。我还没去过北京呢，真希望明天就放暑假。

问：姐姐什么时候告诉说话人她假期不回家？

正确答案是A。本题主要考查的是考生根据讲话获取重要细节的能力。讲话中提到“前天姐姐打电话告诉我今年暑假她要留在北京打工”，这个句子比较长，但只要认真听就能抓取关键信息“前天”，因此选项A正确。选项B、C、D都与材料内容不符。

应试策略和技巧

此类考题主要考查考生对主要事实、关键信息的捕获能力，根据对话或讲话内容获取重要细节的能力，以及推断的能力。这些关键信息常常是对话或讲话中的关键词语：时间、地点、数字、原因、结果、人物关系、相关事物等。要想解答好这类题，应该从以下几个方面入手：

1. 熟记大纲中的生词

听力考试要想取得好成绩，最根本、最关键的是牢牢掌握基础知识。参加一级考试的考生需要掌握 3000 多个常用词语，其中常用的、关键的词语尤其要掌握牢固。例 8 就是一道考查动词意义的题，对话中提到了“苦练”一词，说明了女的游泳好的原因。例 9 中第 22 题对应的关键信息是“扫地”，也是考查动词，可见在考题中，动词作为考点的概率是比较高的。但是也不能忽视其他词语，考生对名词、形容词等词类也应该多加注意。比如例 9 中的第 21 题考查处所，也就是考名词。总之，考生在准备考试的时候应该打牢基础，重视对大纲词表里词语的理解和掌握，特别是一些常用词、多义词。还要注意对含有相同语素的词语的理解和辨析，比如“理解——了解”“适合——适应”“表扬——赞扬”等。这些往往是考查的重点。

表二　表示活动的常用词语

活动类型	常用词语
学习	看书　写作业　做练习　背生词　准备考试　写文章　查资料　画画儿　回答问题　预习课文　复习课文　课间休息
工作	上班　下班　开会　请假　通知事情　总结工作
娱乐	看电视　看电影　唱歌　打球　照相　跳舞　看比赛　看展览　散步　下棋　游泳　滑冰　滑雪　爬山　表演节目　听音乐会
家庭活动	打扫房间　收拾房间　大扫除　擦桌子　扫地　拖地　做饭　洗碗　洗衣服　做客　招待客人
日常生活	打电话　睡觉　吃饭　下饭馆　点菜　聊天儿　借东西　看朋友　去医院　看病　去邮局　寄信　去银行　取钱　存钱　去火车站　接朋友　送客人　去商店　买东西　买礼物　买衣服　过生日　办晚会　旅行　帮助别人　丢钱包　丢钥匙　骑自行车

2. 关注考题中的数字

虽然听力考试中一般不考计算题，也不会只考查记忆能力，但不少考题中都会涉及数字，比如时间、价格、人数、年龄、重量、长度、车次、航班、电话号码、房间号码以及动作的次数等。有些数字直接与问题相关，听清楚数字才能做出准确的判断。比如：例 8 中的“一个月”突出了练习的时间长，据此可推断出正确答案“练习得多”。还有些数字能对解题起到一定的提示作用。比如：例 5 中男的提到“一个合唱”“排在了第二个”，虽然并没有针对数字提问，但据此可推断出男的的班里有节目，从而选出正确答案；例6中提到“早上四点”出发、“大约一个小时后”来到山脚下、“不到两个小时”登上山顶，这些数字提示了他们周六是去爬山。

鉴于以上分析，我们在语言学习的初级阶段就要训练考生对数字的听辨能力。数字与不同的量词形成了多种搭配，了解并熟记这些类型就比较容易回答问题了。比如：

① 表示时间：年、月、日（号）、时、分

② 表示价格：元（块）、角（毛）、分

③ 表示年龄：岁

④ 表示质量：吨、千克、斤、两、克

⑤ 表示长度：千米、米、厘米

⑥ 表示交通：车次、航班号

⑦ 表示房间号码：号

⑧ 表示动作次数：次

另外，还要掌握一些简单的数字表示法：

① 基数：1、2、3、4……

十、百、千、万、亿

② 序数：第一、第二、第三……

初一、初二、初三……

老大、老二、老三……

③ 倍数：2倍、5倍、10倍

④ 概数：左右——350人左右、1500块左右

上下——2000人上下、7000个上下

多——200多人、40多岁、5000多个

来——10来个人、30来岁、40来年

3. 培养根据材料进行推测的能力

获取关键信息，不仅要靠细听语料，还要具备一定的推测能力。因为有些试题并没有在材料中直接给出关键信息，而是需要考生根据材料的内容进行推测。

比如：例7考查考生对说话场景的推测能力，双方在谈论吃完饭后去做什么，根据女的的话可以判断她还没吃完，那么对话地点最有可能是“食堂”“餐厅”一类可以吃饭的地方。试题中出现的地点词往往与学生生活密切相关，如教室、办公室、图书馆、食堂、操场、体育馆、商店、邮局、银行、医院、饭馆、火车站等。

例 10 考查对说话人之间关系的推测能力，考生要根据对话内容推测出，男的和女的是在学校进行的对话，两个人都是学生，因此他们是同学关系。听力考试中，常见的人物关系有母子关系、父女关系、夫妻关系、兄妹关系、姐弟关系、朋友关系、同学关系、同事关系、师生关系、邻居关系等。

•考点三　能辨别陈述句、疑问句、感叹句、祈使句的不同语调和感情色彩。

例题解析

【例 12】

A 昨天加班了

B 没时间休息

C 他搬新家了

D 帮人干活儿了

（样卷第 17 题）

［录音材料］

男：昨天帮邻居搬家，累得胳膊都抬不起来了。

女：那你今天好好休息休息吧。

问：男的为什么很累？

正确答案是 D。本题主要考查的是考生根据对话获取重要细节的能力。男的首先陈述了自己累的原因和程度，原因就是他帮邻居搬家了。帮邻居搬家就是帮人干活儿，故选项 D 符合题意。其他几项都与对话内容不符。

【例 13】

A 我没有找到

B 我找李老师

C 没有座位了

D 我和她是朋友

（样卷第 6 题）

［录音材料］

喂，您好！您找哪位？

正确答案是B。本题主要考查的是考生能否领会听力材料的内容要点和大意。本题考查的对话情景是打电话。“您找哪位？”这个疑问句是接起电话的人常用的问句，打电话的人应该说出自己找谁，通话才能继续。选项B“我找李老师”直接进行了回答，符合题意。其他选项都不是这个场景中该有的回答。

【例14】

A 四岁

B 六岁

C 十岁

D 十四岁

（样卷第19题）

［录音材料］

女：你才十岁，毛笔字就写得这么好。

男：我从六岁就开始学了，到现在已经学了四年多了。

问：男的是从什么时候开始学写毛笔字的？

正确答案是B。本题主要考查的是考生根据对话获取重要细节的能力。女的夸男的才十岁，毛笔字就写得这么好，男的回答说自己六岁就开始学了，到现在已经学了四年多。问题问的是男的从什么时候开始学写毛笔字，只要分清这几个数字的意思就能知道答案是六岁，因此选项B正确。

【例15】

A 别着急，还早呢

B 没关系，下次吧

C 别提了，还没看呢

D 对不起，我迟到了

（样卷第7题）

［录音材料］

电影就要开始了，我们快走吧。

正确答案是A。本题主要考查的是考生能否领会听力材料的内容要点或大意。从说话内容可以判断出说话人将要和听话人一起去看电影，材料中的句子是一个祈使句，有提醒和催促的意思。听话人可表示赞成或反对。选项 A 表示反对，符合题意；电影还没开始，不必非得等到下次再去看，选项 B 不符合既定事实；选项 C、D 都与提问不搭配。

应试策略和技巧

辨别不同类型句子的语调和感情色彩，考试中一般不会针对这一考点单独出题，但每一道题中都可能存在陈述、疑问、感叹、祈使这四种类型的句子。考生如果不懂得辨别，就可能误解说话人的意思，造成答题错误。因此，考生应当掌握不同类型句子的特点，了解不同类型句子的感情色彩，这有助于考生了解说话人表达的感情，并能帮助考生理解材料和推测答案。

了解不同类型句子的特点及其表达的感情色彩

陈述句、疑问句、感叹句、祈使句是根据句子的语气划分出来的句子类型，不同语气的句子具有不同的感情色彩。

（1）陈述句。陈述句的作用是表达一个事实、说出一种情况等，表示陈述语气，句调是降调。在书面上，陈述句末尾都用句号。陈述句提供的信息很丰富，可以用于回答各种问题。比如例 12，男的说："昨天帮邻居搬家，累得胳膊都抬不起来了。"这个陈述句提供的信息可以回答"男的昨天做什么了？""男的为什么很累？""男的帮谁搬家了？""男的的胳膊为什么抬不起来？"等问题。再如：

①他们在上课。（可以用来回答："谁在上课？""他们在做什么？"）

②爸爸去北京了。（可以用来回答："谁去北京了？""爸爸去哪儿了？"）

③他买了一个面包。（可以用来回答："谁买了面包？""说话人买了什么？"）

④今天是星期三。（可以用来回答："今天星期几？"）

⑤小明喜欢踢足球。（可以用来回答："谁喜欢踢足球？""小明喜欢做什么？"）

（2）疑问句。疑问句的作用是提出问题。在书面上，疑问句末尾都用问号。前面我们说过，疑问句是听力考试中最重要的一种句型。在疑问句中，疑问代词或疑问副词是核心，句末常常用疑问语气词"吗""吧"或"呢"来增强疑问语气。例 13"您找哪位？"意思是您找谁，疑问代词"哪"是关键信息，要听懂关键信息才能正确回答问题。

表三　常用疑问代词、疑问副词及其意义

疑问代词 / 疑问副词	例句与说明
谁	① 你们的数学老师是谁？　（询问人） ② 这是谁的书？　（询问领属关系）

续表

疑问代词 / 疑问副词	例句与说明	
什么	③ 你们买了什么？	（询问事物）
哪个	④ 你最喜欢电影里的哪个人物？	（询问单个的人、事、物）
哪些	⑤ 哪些被子需要拿到院子里晒？	（询问多个人、事、物）
哪里	⑥ 你们的教室在哪里？	（询问处所）
哪儿	⑦ 请问邮局在哪儿？	（询问处所，常用于口语）
怎么	⑧ 这个字怎么写？	（询问动作的方式）
怎样	⑨ 你是怎样找到他的？	（询问动作的方式）
怎么样	⑩ 你妈妈的身体怎么样了？	（询问性质、状况）
多少	⑪ 你们班有多少学生？	（询问任何数字）
为什么	⑫ 他们为什么没有来？	（询问原因）
怎么	⑬ 你怎么才来？	（询问原因）

（3）感叹句。感叹句用来抒发某种强烈的感情，如喜悦、愤怒、惊讶或悲哀等。表示喜悦、愤怒、惊讶的感叹句一般用高而平的句调，表示悲哀的感叹句一般用低而趋降的句调。在书面上，感叹句末尾多用叹号，也可以用句号。比如，例 14 女的说："你才十岁，毛笔字就写得这么好。"这就是一个末尾用句号的感叹句，表达对对方的夸奖。虽然解答本题与理解这个感叹句的关系不是很大，但考生还是可以从中感觉到说话人的语气，从而更好地理解材料。感叹句常常出现在听力考试的第一部分，主要考查考生运用语言进行交际的能力。

（4）祈使句。祈使句是用来对听话人表示请求、商量、命令、劝阻或警告等意思的句子。祈使句表示祈使语气，句调有的是一般降调，有的是急促的高降调。在书面上，祈使句末尾用句号或叹号。比如例 15："电影就要开始了，我们快走吧。"这是一个祈使句，表示催促对方。祈使句常常出现在听力考试的第一部分，主要考查考生运用语言进行交际的能力。

常见的祈使句主要分为以下四类：

①表示命令的祈使句。这类祈使句都带有强制性，要求对方必须服从，言辞肯定，态度严肃。例如：

站起来！

让他进来！

快点儿出去！

②表示请求的祈使句。与表示命令的祈使句相比，表示请求的祈使句语气要舒缓一些，可以使用语气词“吧、啊”，主语可以出现，也可以不出现。例如：

请给我们提一些意见吧。

您请坐啊。

这个问题你来回答吧。

请帮帮我吧。

③表示禁止的祈使句。这类祈使句明确表示禁止对方做某事，言辞强硬，态度坚决，不用语气词。例如：

别动！

不准吸烟！

请不要大声说话！

不准拍照！

④表示劝阻的祈使句。这类祈使句语调比较平缓，常用语气词“吧、啊”。例如：

要好好学习啊。

好好休息一会儿吧。

大家都少说几句吧。

• 考点四　能根据需要适当运用听力策略。

应试策略和技巧

除了上述我们提到的与试题中的内容大意、关键信息等密切相关的考试技巧以外，在听力考试中还应该注意使用以下听力策略：

1. 先看选项，预测问题

听力考试时，应该利用有效时间快速浏览备选答案，预测提出的问题。可以利用的时间有两部分：一是听力试卷发下来以后，此时不要等着老师放录音，而要快速看一遍试卷上的备选答案，根据备选答案预测问题；二是答完一道题以后，就要快速看下一道题的备选答案，并预测问题。如果备选答案都跟时间有关，那么在听录音的时候就应该把注意力放在时间上；如果备选答案和人物之间的关系有关，那么就把注意力集中在与说话人之间的关系有关的词句上；如果备选答案都是具体行为，如“买书、看书、做家务、看电视”，那么在听录音的时候就应该把注意力放在人物的活动上。

2. 仔细倾听，及时记录

考生在听录音的时候，可以根据自己预测的问题将听到的关键词做些记录，如时间、地点、人物、数量等。关键词最好与预测的问题相关，以便让记录更有效。关键词的记录可采用自己能够看懂的缩写、符号、关键字或读音等形式，以节省时间。

3. 稳定情绪，不急不躁

听力考试对考生来说是比较难的考试形式，很多考生对此有畏惧感，担心听不清楚，或者来不及回答问题，心理压力较大。在这种情况下，保持良好的心态、沉着冷静是非常重要的。考生进入考场后，一定要保持一颗平常心，相信自己是有备而来的。考试时不焦不躁，集中精力，认真答题。只有这样，考生才能全身心地投入考试当中去，发挥出自己的最佳水平。

•考点五 能听懂接近正常语速的听力材料，语速为每分钟180～220字。

应试策略和技巧

考点中要求的这个语速比较适中，不快也不慢。因此，考生在平时练习时要避免听语速过慢或过快的听力材料。语速适当的听力训练有利于考生养成良好的听力习惯，有助于考生顺利通过考试。当然，考生在考场上往往精神紧张，难免有一两句没听懂，这时不应慌乱，要相信少听这几句依然能正确答题，并认真听接下来的内容。

还需说明的是，要想在听力理解考试中取得好成绩，考生需要了解与日常生活、学习相关的话题。比如：例1谈论东西的价格，例3是告别的场景，例5谈的是学生晚会的节目，例10讨论说话人之间的关系，例13是打电话的场景，例15是准备一起去看电影时的对话，等等。听力材料会涉及一些与考生生活密切相关的话题，如人际交往、学校生活、运动、假期、旅游、天气、交通、购物、医疗等，考生要熟悉这些话题。

二　阅读理解考点分析

以下对阅读理解题型和考点的分析均以《MHK 大纲（一级）》（修订版）为依据。

阅读理解是 MHK（一级）的第二个分测验，共 30 题，考试时间 30 分钟。这部分试题包括题材、体裁、语体、长度不同的语言材料，内容主要涉及日常生活与学习领域。阅读理解分测验由两部分试题组成：

第一部分共 15 题，每题都是一个句子，每个句子中有一个或两个空，四个选择项分别是一个或两个词语，要求考生从中挑选出最适合填入空中的词语。

第二部分共 15 题。在这部分试题中，阅读材料是一句话或一段话，每个阅读材料后面提出一个或几个问题，每个问题有四个选择项，考生应从中选出最恰当的答案。

阅读理解分测验主要考查考生是否具备了初步的阅读能力，以及在具体语言环境中对所学词语的理解运用能力和对句意的理解能力。

阅读理解的考点

（1）能把握词语在句子中的含义和用法；

（2）能正确辨别和理解句意；

（3）能根据需要获取阅读材料中的主要信息；

（4）能基本领会阅读材料的主要内容和中心意思。

•考点一　能把握词语在句子中的含义和用法。

例题解析

【例 1】

31．老师告诉我，他下星期就能____北京回来。

A 从

B 给

C 为

D 向

（样卷第 31 题）

正确答案是A。本题主要考查的是考生能否把握词语在句子中的含义和用法。题干是想表示“由一个地方到另一个地方”，应该用介词“从”，A正确。B选项“给”、C选项“为”、D选项“向”都不能表达这个意思，均错误。

【例2】

34．明天上午学校将召开家长会，请家长八点一刻____到学校参加。

A 当时

B 及时

C 准时

D 临时

（样卷第34题）

正确答案是C。本题主要考查的是考生能否正确把握形容词“准时”的意义和用法。表示在约定的时间做某事应该用“按时”或“准时”，故选项C“准时”为正确答案。选项A“当时”表示在那个时刻，选项B“及时”表示正赶上时候，选项D“临时”表示短时间内的，均不符合题意。

【例3】

35．我似乎在哪儿见过他，____我实在想不起来了。

A 但是

B 而且

C 此外

D 那么

（样卷第35题）

正确答案是A。本题主要考查连词的用法。“而且”表示递进，“此外”表示除了上面所说的事物或情况之外的，“那么”表示顺接。根据上下文语意，这里应该是要表达转折的意思，因此选项A“但是”符合题意。

应试策略和技巧

这种题型主要考查考生能否把握词语在句子中的含义和用法。复习时要注意对同义词（近义词）、多义项词、指代词、习惯用语等的理解和运用。另外，有些词语需要通过阅读材料的具体语言环境理解其含义，即理解词语在特定语言环境里的特定含义。

这一考点是 MHK（一级）阅读理解考试中常考的内容，它可能出现在对一句话的阅读理解中，也可能出现在对一段话的阅读理解中。

1. 仔细辨别同义词、近义词

对同义词、近义词的辨别运用，关键是把握词语的含义、词性、使用范围、搭配情况、语义的轻重、感情色彩等。比如，“正确”与“准确”是近义词，辨析这对近义词时，首先要看词语本身的含义：“正确”与“错误”相对，是对根本性质的正误的判断；“准确”与“偏差”相对，是对程度的判断。因此“准确”的使用范围与搭配情况一定与“正确”有区别，如：

请统计参加 70 周年大庆活动的准确人数。

要正确使用电器，还是要先看说明书。

2. 掌握多义项词语的不同义项的用法

首先，理解词语的基本含义。每一个多义项的词语都有一个基本含义，其他义项都是从基本含义引申出来的，都与基本含义有一定的关系，因此掌握词语的基本含义是理解和掌握多义项词语的关键。其次，多义项词语在不同的语言环境中表达的义项不同。这里既要考虑词语的搭配问题，又要考虑语言环境对词语的要求和限制。如：

办画展　　（“办”指举办。）

办嫁妆　　（“办”指采购。）

办公司　　（“办”指经营，创建。）

3. 掌握指代词语的用法

MHK（一级）常用词汇中，包括一些指代词，有近指的“这”“这个”“这些”“这里”，远指的“那”“那个”“那些”“那里”，不定指的“某”“某些”，等等。在样卷的阅读试题中，对指代词语的理解运用也是重要的考查点之一。对于指代词，我们要有这样的认识：第一，出现在阅读材料中的指代词，有时指代一个词，有时指代一个词组，有时指代一个句子，要根据不同的情况做具体分析。第二，近指、远指代词往往出现在被指代的内容后面，因此要注意理解指代词语前面的内容；不定指代词表示的是不确定的指代，要根据具体的语言环境分析。了解指代词的特点，有助于我们理解语料，进而正确回答问题。如：

他太不努力了，这影响了他的发展前途。（“这”指的是“不努力”。）

张经理毕业于国内某名牌大学。（“某”在这里指国内名牌大学当中的一所，是不确定的指代。）

4. 掌握一些习惯用语的用法

习惯用语是指人们经常运用的词语。它们短小精悍，运用灵活，中间可以插入其他成分。如：“没什么”表示没关系，不要紧；“没意思”表示没有情趣，无聊。理解掌握一些习惯用语，对提高阅读理解能力会有很大的帮助。下面是MHK（一级）常用词汇中包括的习惯用语，我们给出解释及例句，供考生参考。

表四　习惯用语

习惯用语	解释	例句
不好意思	害羞或顾面子。	又麻烦你，真是不好意思。
打招呼	见面时相互致意，问候。	他每次见到我都友好地打招呼。
	就某项事情或某个问题通知或提醒某人关照。	明天你去找王经理吧，他是我老同学，我已经跟他打过招呼了。
开玩笑	取笑，取乐。	开玩笑要注意场合。
	把严肃的事情当成儿戏。	这事可不能开玩笑，说了就得做。
没什么	没关系，不要紧。	下这么点儿雪没什么，路还是挺好走的。
没关系	不要紧。	谁有意见就说，没关系的。
没意思	没有情趣，无聊。	一到假期就待在家里，真没意思。
闹笑话	因粗心或缺乏知识、经验而发生可笑的错误。	他发音不准，讲话经常闹笑话。
为什么	因不明白或不理解某件事而发出疑问。	这几天为什么一直下雨啊？
有的是	强调有很多。	暑假有两个月，有的是时间，作业慢慢做。
有意思	有意义。	这本书虽然薄，但是里面藏着很有意思的内容。
	有深层的含意。	他今天说的话另有意思，你仔细想想吧。
	有趣味。	小孩儿觉得骑自行车是很有意思的事。

•考点二 能正确辨别和理解句意。

例题解析

【例 4】

32．班会上，李强唱的歌好听极了，大家都希望他能____唱一首。

A 又

B 再

C 还

D 也

（样卷第 32 题）

正确答案是 B。本题主要考查的是考生能否正确理解句意和把握副词“再”的意义及用法。题干是在肯定李强唱歌水平的基础上，想表达“又一次”“重新”的意思，因此应该用副词“再”。选项 A“又”表示过去时，与句意不符，选项 C、D 前面均不能用“能”。因此正确答案为 B。

【例 5】

奶奶今年 70 多岁了，最大的爱好就是看电视。但她看电视有个特点，就是总认为电视里演的事就是她看电视时真实发生的事。比如冬天时看到电视里的小姑娘穿裙子，奶奶肯定会说：“天这么冷也不怕冻着！”

更有意思的是，前几天电视台播放《炊事班的故事》，讲的是部队里发生的有趣的事，每天都把奶奶逗得哈哈笑。一天，早早地吃完晚饭后，奶奶就坐在电视机前等着看电视，可电视里总在播广告，电视剧等来等去就是不开始，奶奶看起来也不是很着急，在那儿自言自语地说：“也对，那几个小伙子怎么也得等把盘子碗刷完了再出来。”

【51】冬天，奶奶看到电视里的小姑娘穿裙子，她：

A 非常高兴

B 有点儿担心

C 觉得不漂亮

D 也想给“我”买

（样卷第 51 题）

正确答案是 B。本题主要考查的是考生依据文中句意进行简单的判断推理的能力。材料第一段提到：“冬天时看到电视里的小姑娘穿裙子，奶奶肯定会说：‘天这么冷也不怕冻着！’”可以根据“冬天”“裙子”以及“这么冷”等关键词语判断出奶奶的语气是“担心”，因此选项 B 正确。

【例6】

听说过翻车鱼吗？这是一种很特别的鱼，它长得有点儿奇怪，身体短而扁，尾巴也很短，看上去好像被人用刀切去一样。这种鱼游得很慢，生活在热带海洋中，它的身上常常带着许多发光动物。它一游动，身上的发光动物便会发出明亮的光，远远看去就像美丽的月亮，所以有着“月亮鱼”的美名。翻车鱼看起来笨笨的，而且又不太会游泳，常常被海洋中其他鱼类吃掉。但是到现在，海洋中还有翻车鱼，是因为它们有着强大的生产能力，翻车鱼在海洋中可以算是最会生孩子的鱼妈妈了。

【55】翻车鱼也叫“月亮鱼”，是因为：

A 眼睛像月亮

B 肚子会发光

C 经常在深夜活动

D 身上的动物会发光

（样卷第55题）

正确答案是D。本题主要考查的是考生对文中特定句子的理解能力。文中提到“它一游动，身上的发光动物便会发出明亮的光，远远看去就像美丽的月亮，所以有着‘月亮鱼’的美名”，因此选项D正确。

应试策略和技巧

这种题型主要考查考生能否辨别和理解句意。一些重要的表达形式对理解句意起着非常重要的作用，如反问句、双重否定句以及一些固定表达形式等。复习时要注意这些重要的表达形式。

这一考点是MHK（一级）阅读理解考试中常考的内容，它可能出现在对一句话的阅读理解中，也可能出现在对一段话的阅读理解中。

掌握一些常用表达形式的用法

（1）反问句——加强语气，表示强调。否定的形式表示肯定的内容，加强肯定的语气；而肯定的形式则表示否定的内容，加强否定的语气。现将常见表达形式归纳如下：

1）谁……？

如：谁说我不来？（表示肯定，强调来。）

谁说我要去了？（表示否定，强调我不去。）

2）怎么（能/可能/会）……（呢）？

如：他怎么可能考上清华呢？（表示否定，强调他不可能考上清华。）

你怎么会不打个电话就来了呢？（表示肯定，强调应该打个电话再来。）

这鞋怎么能坏了呢？（表示否定，强调鞋不应该坏。）

怎么不开车呢？（表示肯定，强调应该开车。）

3）不（是 / 也是）……吗？

如：作业不是写好了吗？（表示肯定，强调作业写好了。）

你就看见我迟到了，他们不也迟到了吗？（表示肯定，强调他们跟我一样。）

（2）双重否定句——一个句子里同时出现两个否定词，而句子所表达的意思反而是肯定的。现将常见表达形式归纳如下：

1）不……，不……

如：不写完作业，我就不吃饭。（表示肯定，写完作业才吃饭。）

2）不是不……

如：我不是不想帮你，确实是能力有限啊。（表示肯定，强调想帮你。）

3）非……不可

如：我非去一趟西藏不可。（表示肯定，强调一定要去一趟西藏。）

（3）常用固定表达形式——有一些呈固定搭配的表达形式，对阅读理解起着非常重要的作用，如“如果……那么……、既……又……”等。现将常用固定表达形式归纳如下：

1）表示并列关系。关联词语连接的分句，叙述相关的几件事情，或说明相关的几种情况，分句之间没有主次之分，分句的顺序可以颠倒。

①又……，又……

如：他又唱歌，又跳舞。（表示两件事情同时做。）

②既……，又 / 也……

如：他既喜欢甜食，又（也）喜欢吃辣。（表示同时有两个爱好。）

③一边……，一边……

如：他经常一边吃饭，一边看电视。（表示两件事情同时做。）

2）表示递进关系。后面关联词语引出的分句表示的意思比前一个分句进了一层，有进一步的意思。

①不但 / 不仅 / 不只 / 不光……，而且 / 并且（还 / 也）……

如：我不但要在国内旅游，而且要到国外去旅游。（后一分句表示更进一步的愿望。）

②……，更……

如：我爱鲜艳的花朵，更爱花朵下面默默无闻的绿叶。（后一分句表示更进一步的意思。）

3）表示转折关系。后面关联词语引出的分句跟前一个分句的意思相反，即发生了转折。

①虽然……，但是/可是……

如：虽然他已经上小学了，但是还是很调皮。（主要说明他调皮。）

②……，不过/然而/却……

如：我很想天天去公园散步，不过我没那么多时间。（主要说明没有时间。）

4）表示条件关系。前面的关联词语引出的是条件，后面的关联词语引出的是在这种条件下产生的结果。

①只要……，就……

如：只要不断努力，就能取得好成绩。（条件是“不断努力”，结果是“取得好成绩”。）

②不管/无论……，都/也……

如：不管刮风还是下雨，他都坚持做生意。（说明在什么条件下，结果都一样。）

5）表示假设关系。前面的关联词语引出的是假设存在或出现的某种情况，后面的关联词语引出的是由这种假设的情况产生的结果。

①如果……，那么（就）……

如：如果你坐火车来，那么我（就）去火车站接你。（“坐火车来”只是一种假设的情况。）

②要（是）……，就（要）……

如：今天要（是）下雪，我就不去商场了。（“下雪”只是一种假设的情况。）

6）表示目的关系。前面说的是一种行为，后面的关联词语引出的是这种行为的目的。

……，为的是（是为了）……

如：努力学习，为的是多学一些知识。（“多学一些知识”是目的。）

7）表示强调。一些表达形式在句子中起到强调的作用。

①都……

如：你怎么还不起床呀？都十点了！（强调时间太晚了。）

②……什么

如：饿什么呀，刚吃完饭。（强调不饿。）

③要……（不）要……不要……

如：要团结同学，要帮助同学，不要跟同学闹矛盾。（强调“要……”，而“不要……”。）

④不要……要……

如：购物时不要见什么买什么，要买自己需要的东西。（强调“不要……”，而“要……”。）

⑤一……就……

如：我一回家就开始写作业。（强调“写作业”的行为紧跟着“回家”这个行为。）

⑥是……的

如：你这样做我是不会支持你的。（强调“不支持”。）

⑦会……的

如：你不用着急，天黑前他会回来的。（强调“他会回来”。）

⑧多……

如：妈妈对工作多负责啊！（强调妈妈对工作“负责”。）

⑨其实……

如：其实他不缺钱，打工只是想锻炼锻炼。（强调“他不缺钱”。）

•考点三　能根据需要获取阅读材料中的主要信息。

例题解析

【例7】

今年寒假，我想去北京旅游。可大家告诉我，秋天的北京才是最美的，不仅天气好，还能欣赏到漂亮的红叶。所以，我打算换个时间再去。

【48】根据这段文字，“我”打算什么时候再去北京？

A 春天

B 夏天

C 秋天

D 冬天

（样卷第48题）

正确答案是C。本题主要考查的是考生对文章大意的理解能力和获取主要信息的能力。材料主要谈的是“我”想去北京旅游，并点出了北京秋天是最美的。由最后一句“我打算换个时间再去”，可以判断出作者已经改变了寒假去北京的想法，通过细节查找可以得出选项C“秋天”正确。

【例8】

新房子装修好了，我们家马上就要搬家了。可是这个时候奶奶却生病了，爸爸去老家照顾奶奶了，还有很多事情需要办，妈妈很着急，我在外地也帮不上忙，只能让她别累着，慢慢来。

【49】妈妈因为什么事而着急？

A 搬家

B 奶奶病了

C 爸爸出差了

D 女儿去外地

（样卷第 49 题）

正确答案是 A。本题主要考查的是考生获取阅读材料的主要信息及细节判断的能力。题干中提问的主语是“妈妈”，因此要查找到与妈妈着急有关的细节。“妈妈很着急”前一句是“还有很多事情需要办”，根据材料内容可以判断是与搬家相关的事情。选项 B、C 不符合文意；选项 D 材料中虽然提到了，但与题干不符。

【例 9】

听说过翻车鱼吗？这是一种很特别的鱼，它长得有点儿奇怪，身体短而扁，尾巴也很短，看上去好像被人用刀切去一样。这种鱼游得很慢，生活在热带海洋中，它的身上常常带着许多发光动物。它一游动，身上的发光动物便会发出明亮的光，远远看去就像美丽的月亮，所以有着“月亮鱼”的美名。翻车鱼看起来笨笨的，而且又不太会游泳，常常被海洋中其他鱼类吃掉。但是到现在，海洋中还有翻车鱼，是因为它们有着强大的生产能力，翻车鱼在海洋中可以算是最会生孩子的鱼妈妈了。

【54】关于翻车鱼，下列说法正确的是：

A 身体较短

B 没有尾巴

C 形状像刀

D 游得很快

（样卷第 54 题）

正确答案是 A。本题主要考查的是考生获取主要信息的能力。材料中提到翻车鱼“身体短而扁”，因此选项 A 正确；“尾巴也很短，看上去好像被人用刀切去一样”说明翻车鱼有尾巴，选项 B 错误；材料中并未提及翻车鱼的形状像刀，因此选项C不正确；“这种鱼游得很慢”，因此选项D错误。

应试策略和技巧

这种题型主要考查考生能否根据需要获取阅读材料中的主要信息，包括材料中涉及的时间、地点、数字、原因、结果、相关人物和事物等细节。要想解答好这类题，应该把握以下几点：

（1）注意每段的开头句和结尾句。

（2）注意与人物和事件有关的原因及结果。

（3）注意与人物和事件有关的时间、地点、数字等。

（4）边读边把重要词句画出来。

（5）抓住问题中的关键词语，到原文中寻找解释，学会跨越文字、文化及知识的障碍，直接寻找与问题有关的关键信息。

•考点四 能基本领会阅读材料的主要内容和中心意思。

例题解析

【例 10】

我的爷爷读了很多关于中国历史的书。他说，只有明白昨天的历史，才能做好今天的事情，看到明天的希望。

【46】这段文字的主要意思是：

A 爷爷很重视历史

B“我”喜欢学历史

C 爷爷有很多历史书

D“我”知道很多历史知识

（样卷第 46 题）

正确答案是 A。本题主要考查的是考生对材料中心意思的理解能力。语料描述的是爷爷，回答时应围绕爷爷，所以选项 B、D 均错。根据爷爷喜欢读历史书，不能直接推出爷爷有很多历史书，故选项 C 错；从爷爷喜欢读历史书到他对历史作用的重视，可以得出选项 A 正确。

【例 11】

妈妈是一位小学数学老师，她虽然很年轻，但是课讲得很好。不管多难的数学题，她都能耐心地给同学们讲清楚，所以受到了全班同学的欢迎。

【47】这段文字主要说的是：

A 数学课有点儿难

B 妈妈的数学很好

C 妈妈是位好老师

D 同学们爱上数学课

（样卷第 47 题）

正确答案是 C。本题主要考查的是考生对材料中心意思的概括能力。材料第一句点明了主旨是妈妈“课讲得很好”，是位好老师，因此选项C正确。选项A、B、D的内容都与材料内容相关，但并不是材料主要想说明的。

【例12】

鲁迅的成功，有一个重要的秘诀，就是珍惜时间。鲁迅十二岁在家乡上学的时候，父亲正生着重病，两个弟弟年纪还小，鲁迅不仅经常跑药店，还得帮助母亲做家务。为不影响学业，他必须做好精确的时间安排。

此后，鲁迅几乎每天都在挤时间。他说过：“时间，就像海绵里的水，只要你挤，总是有的。”鲁迅读书的兴趣十分广泛，又喜欢写作，对于民间艺术，特别是传说、绘画，也十分感兴趣。正因为他广泛地阅读，又多方面学习，所以时间对他来说，实在非常重要。他一生多病，工作条件和生活环境都不好，但他每天都要工作到深夜才肯罢休。

在鲁迅的眼中，时间就如同生命。“美国人说，时间就是金钱。但我想：时间就是生命。假如无缘无故地浪费别人的时间，其实就等于谋财害命。”因此，鲁迅最讨厌那些“成天东家跑跑，西家坐坐，说长道短”的人。在他忙于工作的时候，如果有人来找他聊天儿或闲扯，即使是很要好的朋友，他也会毫不客气地对人家说：“唉，你又来了，就没有别的事好做吗？”

【60】短文主要谈的是什么？

A 鲁迅喜爱阅读

B 鲁迅的家庭情况

C 鲁迅成功的经过

D 鲁迅很珍惜时间

（样卷第60题）

正确答案是D。本题主要考查的是考生对材料大意的概括能力。根据每段的第一句话可以看出，材料主要内容是与“时间”有关的，因此可以判断出短文主要谈论的是“鲁迅很珍惜时间”，选项D正确；选项A、B、C的内容材料中都有所涉及，但并不是材料的主旨。

应试策略和技巧

这种题型主要考查考生能否领会阅读材料的主要内容和中心思想。常见的出题方式是：“这句话主要说的是：”“这句话告诉我们：”“这句话是什么意思？”“从这句话中我们知道：”“这段文字主要是说：”“这篇文章主要讲的是什么？”等等。可以通过一些重要的事实与信息，如时间、地点、数量、事件、事物的特征、人物的身份或职业、人物关系等掌握阅读材料的主要内容；也可以通过分析阅读材料的根本的、中心的内容来把握主要内容。

这一考点是 MHK（一级）阅读理解考试中常考的内容，它可能出现在对一句话的阅读理解中，也可能出现在对一段话的阅读理解中。

1. 掌握人物、事件、时间、地点、原因、结果等几个要素，抓住文中的关键信息，从而掌握叙述的主要事实，把握材料的主要内容

记叙类的语料尤其要注意这一点。叙述事件过程中往往出现很多要素，要学会抓关键信息。

【例 13】

哥哥喜欢踢足球，周末他经常去学校踢球。我也总是跟他一起去，慢慢地，我也迷上了足球。

这段文字主要是说：

A 哥哥喜欢踢足球

B 哥哥经常去学校

C“我”是怎样迷上足球的

D“我”跟哥哥一起踢足球

正确答案是 C。本题主要考查的是考生对材料中心意思的概括能力。这段文字叙述的是“我”迷上足球这件事，因此 C 选项说的才是这段文字的主要内容。其他选项所说的都是叙述事件过程中涉及的一个要素，所以都可以排除。

2. 要从整体上把握主要内容

注意阅读材料提供的细节，但不能把某一个细节当作主要内容来理解，这样得出的结论往往是片面的。只有从细节出发，综合推断阅读材料表达的主要内容，才能全面、准确地把握主要内容。

【例 14】

听说老师病了，我从超市买了点儿水果、牛奶，去老师家里看望他。

这句话主要说的是：

A 老师病了

B“我”去超市了

C“我”买东西了

D“我”去看老师了

正确答案是 D。本题主要考查的是考生对材料中心意思的概括能力。前三个选项的内容都是具体细节，都不是这句话的主要内容，而“去老师家里看望他”才是这句话主要想说的，所以 D 为正确答案。

三 书面表达考点分析

以下对书面表达题型和考点的分析均以《MHK 大纲（一级）》(修订版）为依据。

书面表达是 MHK（一级）考试中的一个重要组成部分，共 11 题，25 分钟。书面表达分测验由两部分试题组成：

第一部分为书写题，共 10 题，5 分钟。这部分试题，每道题的句子中都有一处拼音，要求考生根据句意认读拼音，写出文字。

第二部分为作文题，1 题，20 分钟。这部分试题，为考生提供某种写作材料，要求考生根据所提供材料的具体内容，按要求完成作文。作文的形式主要包括看图写话、日记、书信、通知等。

书面表达分测验主要考查考生的文字书写能力和书面表达能力。

书面表达的考点

书写题：

（1）能正确规范地写字，字迹清楚工整；

（2）能根据句意认读拼音，写出正确的文字。

作文题：

（1）能根据图片或提示写出语句通顺，句意清楚，内容比较具体、连贯的语段；

（2）能写简单的小故事、便条、贺卡、书信、日记、留言条、请假条、通知等；

（3）能正确使用逗号、句号、问号、感叹号、冒号和引号等常用标点符号；

（4）能达到 150 字左右的写作要求。

• 书写题考点一 能正确规范地写字，字迹清楚工整。

这里所说的“正确规范地写字”是指写字时要注意字的结构、笔画和笔顺。

例题解析

【例 1】上中下结构

61. 同学们都在为明天的考试而认真 fù 习。

（样卷第 61 题）

［答案］复

“复”字是上中下结构，一级字。考查考生对上中下结构的书写安排，上面为“𠂉”，中间为“曰”，下面为“夂”，考生易错写成“又”。

【例 2】上下结构

65. 明天学校就要 jǔ 行秋季运动会了。

68. 每个班干部都应该清楚地知道自己身上的 zé 任。

（样卷第 65、68 题）

［答案］65. 举；68. 责

“举”字是上下结构，一级字。主要考查上半部分的写法，前两笔是“丶”，第三笔是“丿”；下半部分考生易错写成“丰”。

“责”字是上下结构，一级字。上半部分考查对笔画“一”长短的把握，考生易写成一样长短；下半部分考查偏旁“贝”，最后一笔为“丶”，考生易写得过长，写成“㇏”，或者将“贝”写成“见”。

【例 3】左中右结构

63. 今晚来看演出的大 gài 有上万人。

（样卷第 63 题）

［答案］概

“概”字是左中右结构，一级字。重点考查考生对左中右结构的书写安排。“概”是形声字，难点是要正确书写出“既”，尤其是第七笔“𠃊”，考生易将右边偏旁错写成“无”。

【例 4】左右结构

62. 他是一个懂礼 mào 的好孩子。

66. 爸爸是大学教师，每年都要去国外的大学交 liú 访问。

67. 这家工厂发展很快，规 mó 越来越大。

69. 每当我看到奶奶那慈祥的笑脸，我都会从心底感到 wēn 暖。

70. 今天是三八妇女节，zhù愿所有的妈妈都过一个完美、开心的节日！

（样卷第62、66、67、69、70题）

[答案]62. 貌；66. 流；67. 模；69. 温；70. 祝

“貌”字是左右结构，一级字。重点考查偏旁“豸”，考生易错写成偏旁“犭”。

“流”字是左右结构，一级字。除了考查偏旁“氵”外，重点考查右边部分“㐬”，考生容易忘了写第四笔“、”。

“模”字是左右结构，一级字。左半部分考查偏旁“木”，尤其是最后一笔应变形为“丶”；右半部分为稍微复杂的上中下结构的“莫”。

“温”字是左右结构，一级字。主要考查考生对“氵”“日”“皿”三个分离部分的结构安排，其中偏旁“氵”最后一笔“㇀”易错写成“丶”，偏旁“皿”最后一笔稍长，易写得不够到位变成“罒”。

“祝”字是左右结构，一级字。重点考查考生对“礻”的掌握情况，考生容易混淆，将其写成“衤”。另外“兄”字的最后一笔“乚”，考生容易写成“㇏”。此外，考生易写成常用同音字“住”。

应试策略和技巧

同学们复习这部分内容时，首先要了解一些基础知识。

1. 字的结构

根据文字部件的多少，可分为独体字和合体字。

独体字只有一个部件，又称为单一结构。如：人、中、上、下、申

合体字有多个部件，根据部件与部件的方位关系，主要分为：

（1）上下结构，如：思、想、冒、安、全

（2）上中下结构，如：草、暴、意、竟、竞

（3）左右结构，如：好、和、蜂、往、明

（4）左中右结构，如：谢、树、倒、搬、鞭

（5）全包围结构，如：围、困、田、因、国

（6）半包围结构，如：包、区、闪、这、句

（7）品字形结构，如：品、森、晶、磊、焱

2. 笔顺规则

（1）先横后竖，如：十、干

（2）先撇后捺，如：人、八

（3）从上到下，如：字、思

（4）从左到右，如：汉、刘

（5）从外到内，如：贝、间

（6）先中间后两边，如：小、少

（7）先外后内再封口，如：国、困

补充规则：

（1）点在上边或左上先写，如：衣、为

（2）点在右上或里边后写，如：我、瓦

（3）半包围结构有以下几种情况：

①上右和上左包围的，先外后里，如：句、压

②左下包围的，先里后外，如：边、道、延

③上边未包围的，先里后外，如：凶、幽、函

④下边未包围的，先外后里，如：用、同、冈

⑤右边未包围的，先上后里再左下，如：医、巨、匠

有的比较特殊，如：出、非、兆、舅、方、火。

3. 造字法

造字法是古人对已有的字加以分析总结概括出来的方法，主要有：象形、指事、会意、形声、转注、假借（称为“六书”）。我们主要介绍一下形声字。

形声字中的形旁一般表示意义，而声旁一般表示读音。如：“功”字中的“力”是形旁，表示意义；“工”是声旁，表示读音。形旁和声旁的组合方式有：

（1）上形下声，如：苦、竿、宇、花、雾

（2）上声下形，如：忠、盒、堡、想、犁

（3）左形右声，如：呼、蚊、喉、咙、哗

（4）左声右形，如：功、攻、顶、领、期

（5）内形外声，如：闷、问、闻、辩、辨

（6）内声外形，如：闺、阁、固、圆、衷

（7）特殊结构，如：颖、旗、荆、修、珊

• 书写题考点二 能根据句意认读拼音，写出正确的文字。

应试策略和技巧

1. 注意同音词语

考生要记住常用同音词语（注：同音词语是指语音相同而意义不同的词，如“必须”和“必需”），包括形异同音（即字不同、音相同，如“黑暗”的“暗”和“按时”的“按”）和形近同音（即字相似、音相同，如“空气”的“气”和“汽油”的“汽”）。

2. 注意词语搭配

考生在记住同音词语的基础上，还要注意词语搭配。因为书面表达第一部分虽然是书写题，但它也和词语搭配有关。如：认真复习、懂礼貌、举行运动会、交流访问、感到温暖、优秀学生、取得成绩、改正错误、一瓶饮料等。了解词语搭配能帮助考生更快更准地判断出用哪个字。

3. 注意上下文语境

考生可根据上下文语境（上下文语境指与本词语有关系的前后词语，或本句话前后的语句）来推断所缺词语的意义，从而写出正确的字。如样卷第63、67、68、70题中的“大概”“规模”“责任”“祝愿”等。

• 作文题考点一、二 能根据图片或提示写出语句通顺，句意清楚，内容比较具体、连贯的语段；能写简单的小故事、便条、贺卡、书信、日记、留言条、请假条、通知等。

例题解析

作文提示：

春天到了，太阳一照，到处都暖洋洋的，草绿了，花也开了。老师带领全班同学来到了郊区的公园春游，同学们度过了愉快的一天。

请你以日记的形式，写一篇150字左右的小作文，把春游活动的内容、过程以及自己的收获记录下来。

应试策略和技巧

样卷作文题，就是要求考生根据提示语，写一篇150字左右的日记。为了便于同学们复习，我们根据考试大纲，将作文的形式主要分成了两大类：第一类，看图写故事；第二类，根据提示语写日记、书信、通知、请假条、留言条等。

下面我们就开始讲练作文题。

第一类：看图写故事

看图写故事就是根据所给的一幅画儿或连续的几幅画儿叙述事情的经过，或用客观的语言进行说明，或说明自己的观点。它是常见的一种作文形式。同学们在写作前，首先要仔细观察画面。既要看清楚图上画的是谁、在干什么、发生了什么事情等主要内容，又要弄清楚事情发生的时间、地点以及图上景物、人物和事件之间的关系等次要内容。好，现在我们先看下面这幅画儿。

通过这幅画儿，我们可以了解到以下信息：

时间：冬天

地点：室外

人物：五位小朋友

事件：在堆雪人

根据观察到的这些情况，再发挥想象力，我们就可以写一篇150字左右的作文了。

【例文1】

堆　雪　人

红红早晨起床一看，外面下雪了。她走出家门，外面已经有好几个小朋友了。她对小朋友们说："今天我们先扫雪，然后堆雪人吧！"大家都很赞同。

说干就干，小朋友们拿上扫雪工具开始扫了起来，人多力量大，一会儿就扫好了。他们把扫好的雪堆在一起开始堆雪人，堆好了身子，又堆脑袋，红红负责做雪人的眼睛、鼻子、嘴，兰兰给雪人戴上了一顶帽子。小朋友们很快就堆出来一个胖胖的、大大的雪人。

小朋友们围着雪人跳着、笑着，玩儿得真开心啊！

好，大家再看看下面这幅画儿。

通过这幅画儿，我们可以了解到以下信息：

时间：春天

地点：公园

人物：妈妈和女儿

事件：女儿想摘花，妈妈不让摘。

根据观察到的这些情况，再发挥想象力，我们就可以写一篇150字左右的作文了。

【例文2】

不要摘花

春天到了，公园里到处都开满了鲜花，景色非常美丽。

星期天，天气晴朗，妈妈带着小丽一起游览人民公园。公园里的人可真多呀！小丽和妈妈边走边看，突然，小丽看到花盆里有自己特别喜欢的花，她忍不住伸手去摘。妈妈看见后赶忙阻止她，并对她说："公园里的花是让大家看的，我们都要爱护，不能随便摘啊！"

听了妈妈的话，小丽想：对呀！平时老师不也常常教育我们要爱护公共财物吗？以后我再也不随便摘花了。

第二类：根据提示语写日记、书信、通知、请假条、留言条等

根据提示语写作，一般是给考生提供可以适当发挥想象力的材料，考生按照要求写作。作文形式可以是日记、书信，也可以是通知、请假条、留言条等。写这类作文，首先要认真读“作文提示”，其次要特别注意“写作要求”，最后要紧紧围绕提示材料，按照写作要求写作文。好，下面我们开始讲练。

1. 根据提示语写日记

日记就是记录你一天生活中比较有意义的事情或者比较重要的事情的文字材料。每天写日记有助于同学们写作能力的提高。那么怎样根据提示语写日记呢？

首先，要注意提示语中的时间，这样就可以在作文的第一行中间写上某月某日、星期几，有时也可以写上当天的天气情况。

其次，要注意提示语的内容和整体风格。正文一般用记叙文的形式写，完整地叙述一件事情，有时也可以用议论文的形式来写。不管用什么形式写，都要准确描述当天遇到的事情，反映自己这一天的思想感情。

最后，要注意日记的写作格式，一般把时间写在第一行，第二行空两格开始写正文。

好，现在我们就来练一练日记的写法。

【例文 3】

作文提示：

暑假到了，有一天妈妈去上班了，你在家帮妈妈洗衣服。妈妈下班回来看到你洗的衣服，非常高兴。

请你以日记的形式，写一篇 150 字左右的作文，把你帮妈妈洗衣服的过程及自己的感受记录下来。

根据作文提示语，我们知道了下列信息：

时间：暑假的一天

事件：帮妈妈洗衣服

作文形式：日记

作文字数：150 字左右

按照要求，根据了解到的信息，我们就可以写日记了。

7 月 15 日　星期一　晴

今天早上，我看见妈妈忙着去上班，周末换下来的衣服也没来得及洗，我就学着妈妈洗衣服的样子，认真地洗起来，然后把洗好的衣服拿到阳台上，一件一件地放好衣架，再挂到衣杆上。瞧，我把衣服晒得整整齐齐的。

妈妈下班回家后，看到我洗的衣服，不停地夸我。我对妈妈说："妈妈，您那么辛苦，假期我要多帮您做点儿家务。"今后我一定多做家务，让劳累的妈妈多多休息。

【例文4】

作文提示：

初夏，草绿了，花也开了。星期天，爸爸妈妈带你到郊区游玩，你们度过了愉快的一天。

请你以日记的形式，写一篇150字左右的作文，把你郊游的过程及自己的感受记录下来。

根据作文提示语，我们知道了下列信息：

时间：初夏的一个星期天

事件：和爸爸妈妈郊游

作文形式：日记

作文字数：150字左右

按照要求，根据了解到的信息，我们就可以写日记了。

6月10日　星期日　晴

6月的早晨，蓝蓝的天空飘着几朵白云。一大早我们一家就开着车来到郊区游玩。

到了郊区，爸爸妈妈去打羽毛球。我坐在草地上，静静地看着远处。山坡绿，河水清，一座座房子点缀在山脚下，真是一幅美丽的图画啊！我又来到小河边，河里有许多小鱼游来游去。

傍晚，我和爸爸妈妈高高兴兴地走在河边的小路上。到处可见各种颜色的野花，闻一下，还带着香味。它们虽然没有公园里的花漂亮，但也让人越看越喜欢。

大自然是美好的，我们要保护环境，爱护美丽的山山水水。

2. 根据提示语写书信

书信是指写给家人、朋友、同学、老师等的信，内容大多是介绍自己的学习、生活、工作情况，或向对方表达自己的关心等。

书信有固定的格式，一般包括五个部分：

称呼：写在第一行，不空格，后面写冒号。

正文：在称呼的下一行空两格写，是书信的主要内容。

祝语：正文写完后，一般要写"祝您身体健康！""祝您节日快乐！""祝你学习进步！"等祝语，祝语一般要空两格写。

署名：写信人的姓名要写在信的右下角。

日期：写信的日期，一般要写在名字的下边。

根据提示语写书信，首先要注意提示语中书信是写给谁的，这样就可以在第一行顶格写称呼了。其次，要注意提示语中的事由，这是书信的主要内容，也是书信的正文，一般要空两格写。最后，要特别注意书信的写作格式，署名和日期要写在信的右下角。

好，现在我们就来练一练书信的写法。

【例文 5】

作文提示：

你考上了学校的舞蹈班，学了一段时间的舞蹈后，你给父母写了一封信，感谢他们的养育之恩，同时也表达了自己的决心。

请你以书信的形式，写一篇 150 字左右的作文。

根据作文提示语，我们知道了下列信息：

收信人：父母

书信内容：感谢父母，表达自己的决心

作文形式：书信

作文字数：150 字左右

按照要求，根据了解到的信息，我们就可以写书信了。

亲爱的爸爸妈妈：

你们辛苦了！谢谢你们在这十年里对我的关心和照顾。你们放心吧，我在学校里过得很快乐。你们知道吗？我考上了舞蹈中班！现在我学会了舞蹈基本功，也会跳一些民族舞了。每天练功虽然很辛苦，但我觉得很开心。爸爸妈妈，我会努力学习，天天向上的！我会通过自己的努力和成绩回报你们对我的爱和关心！

爸爸妈妈，祝你们身体健康，万事如意！

我永远爱你们！

你们的乖乖女：甜甜

9 月 12 日

【例文 6】

作文提示：

在学校开展的“一帮一”活动中，你认识了一位小同学，你们建立了友谊，虽然不在一地，但你很关心她。

请你以书信的形式，给远方的小朋友写一封150字左右的书信。

根据作文提示语，我们知道了下列信息：

收信人：远方的小朋友

书信内容：关心小朋友

作文形式：书信

作文字数：150字左右

按照要求，根据了解到的信息，我们就可以写书信了。

王月小同学：

你好！

我是杨洋，一个淘气但活泼开朗、乐于助人的女孩儿。虽然我们交往的时间不长，但我希望这封信能让我们的友谊更深。

假期里我们在一起的时候，你刻苦学习的精神感动了我。现在，你家的生活好些了吗？你的学习用品是否齐全？你有什么困难一定要写信告诉我啊！我和我的同学们一定会帮助你。希望我们能够经常联系，分享快乐，成为无话不谈的好友。

虽然远隔千里，但我们有着一个共同的心愿——未来生活步步高。让我们手牵手，心连心，共同创造美好的明天吧！

祝你开心快乐！

你的朋友：杨洋

9月20日

3. 根据提示语写通知

召开会议或开展活动之前，要让有关人员知道在什么时间、什么地点、谁去参加、参加什么等信息，就需要写通知。

写通知，有一定的要求和固定格式，一般包括五个部分：

标题：写在第一行正中。一般只写“通知”二字，如果事情重要或紧急，也可写“重要通知”或“紧急通知”等，以引起注意。

称呼：写在第二行，不空格，后面写冒号。

正文：在称呼的下一行空两格写，是通知的主要内容。

署名：写通知人的姓名或单位的名称等，要写在通知的右下角。

日期：写通知的日期，一般要写在署名的下边。

根据提示语写通知，首先要注意提示语中的通知是写给谁的，这样就可以在第二行顶格写称呼了。其次，要注意提示语中通知的事由，这是通知的主要内容，也是通知的正文，一般要空两格写。最后，要注意通知的写作格式，署名和日期要写在通知的右下角。

好，现在我们就来练习写通知。

【例文 7】

作文提示：

学校教导处通知全校师生 3 月 12 日早晨八点参观市科技馆，在学校大门口集合。

请你根据提示内容写一个通知。

根据作文提示语，我们知道了下列信息：

通知对象：全校师生

通知内容：参观市科技馆

作文形式：通知

按照要求，根据了解到的信息，我们就可以写通知了。

通 知

全体师生：

3 月 12 日，我校组织全体师生去市科技馆参观学习，请各班提前做好准备，到时由各班班主任带领，集体乘校车出发。出发时间为 12 日早晨八点整，集合地点为学校大门口。各班同学原则上不得缺席，如果确有特殊情况，应向班主任请假。

校教导处

3 月 10 日

【例文 8】

作文提示：

学校体育组通知全校师生 4 月底举行春季运动会，要求各班组织学生在 4 月 10 日前报名。

请你根据提示内容写一个通知。

根据作文提示语，我们知道了下列信息：

通知对象：全校师生

通知内容：举行春季运动会

作文形式：通知

按照要求，根据了解到的信息，我们就可以写通知了。

关于举行运动会的通知

全校师生：

经学校研究决定，我校将于4月底举行春季运动会，具体比赛项目已经发到各个班级。希望各位老师及同学高度重视，积极参与。报名结束日期为4月10日。请大家互相转告。

学校体育组

4月6日

4. 根据提示语写请假条

请假条是个人因病或因事不能上学或上班，需要向老师或领导请假时写的一种便条，要以简明的语言写清向谁请假以及请假的理由、时间，请假人的姓名等。

写请假条，有一定的要求和固定格式，一般包括五个部分：

标题：在第一行正中写“请假条”。

称呼：写在第二行，不空格，后面写冒号。

正文：在称呼的下一行空两格写，是请假条的主要内容。

署名：请假人的名字要写在请假条的右下角。

日期：请假条的日期一般要写在名字的下边。

根据提示语写请假条，首先要注意提示语中请假条是写给谁的，这样就可以在第二行顶格写称呼了。其次，要注意提示语中请假的事由，要写清事由、请假要求，用语要得当。这是请假条的主要内容，一般要空两格写。最后，要注意请假条的写作格式，署名和日期要写在请假条的右下角。

好，现在我们就来练习写请假条。

【例文9】

作文提示：

李文同学昨晚开始发烧，因此不能上今天的课了。请你以李文同学家长的名义给班主任王老师写一个请假条。

根据作文提示语，我们知道了下列信息：

请假者：李文

请假对象：王老师

请假事由：因病不能上课

作文形式：请假条

按照要求，根据了解到的信息，我们就可以写请假条了。

请　假　条

尊敬的王老师：

您好！李文从昨晚开始发烧，因此不能上今天的课了，特向您请一天假，请您批准。

此致

敬礼！

李文妈妈

5 月 12 日

【例文 10】

作文提示：

张娜同学昨天在体育课上不小心把腿摔伤了，刘萍萍同学要陪她去医院看病，因此她俩不能上今天的课了。请你给许老师写一个请假条。

根据作文提示语，我们知道了下列信息：

请假者：张娜、刘萍萍

请假对象：许老师

请假事由：去医院看病，不能上课

作文形式：请假条

按照要求，根据了解到的信息，我们就可以写请假条了。

请　假　条

许老师：

您好！昨天上体育课时，张娜不小心摔伤了腿，今天我要陪她去医院看病，因此我俩不能上今天的课了，特向您请半天假，请您批准。

谢谢老师！

刘萍萍

4 月 11 日

5. 根据提示语写留言条

当你有事需找人交谈，但对方不在时，你可以给他写留言条。写留言条时，要写清楚来访的目的、时间以及要办的事情。

写留言条，有一定的要求和固定格式，一般包括五个部分：

标题：在第一行正中写“留言条”。

称呼：写在第二行，不空格，后面写冒号。

正文：在称呼的下一行空两格写，是留言条的主要内容。

署名：留言者的名字要写在留言条的右下角。

日期：写留言条的日期，一般要写在名字的下边。

根据提示语写留言条，首先要注意提示语中留言条是写给谁的，这样就可以在第二行顶格写称呼了。其次，要注意提示语中留言的事由，一般要空两格写。最后，要注意留言条的写作格式，署名和日期要写在留言条的右下角。

好，现在我们就来练习写留言条。

【例文 11】

作文提示：

教师节前，几位同学一起去看张老师，可张老师不在家，他们就给张老师写了一个留言条贴在门上，准备第二天下午再来看老师。

请你按照要求写一个留言条。

根据作文提示语，我们知道了下列信息：

留言者：几位同学

留言对象：张老师

留言事由：今天来时张老师不在，第二天下午再来看张老师

作文形式：留言条

按照要求，根据了解到的信息，我们就可以写留言条了。

留　言　条

敬爱的张老师：

您好！教师节就要到了，我和李勇、张军一起来看您，您不在家，我们想明天下午再来看您。我们很想和您聊一聊自己的学习情况。

王芳

9 月 8 日

【例文 12】

作文提示：

张叔叔的朋友来找他，不巧张叔叔不在。于是这位朋友留下电话号码，并请你转告张叔叔，让张叔叔看到后联系他。

请你按照要求给张叔叔写一个留言条。

根据作文提示语，我们知道了下列信息：

留言者：你

留言对象：张叔叔

留言事由：朋友让张叔叔给他打电话

作文形式：留言条

按照要求，根据了解到的信息，我们就可以写留言条了。

留　言　条

张叔叔：

您好！今天下午您的一位朋友来找过您，您不在。他要我转告您，请您打电话给他，他的电话号码是 8430213。

东东

10 月 5 日

•作文题考点三、四　能正确使用逗号、句号、问号、感叹号、冒号和引号等常用标点符号；能达到 150 字左右的写作要求。

应试策略和技巧

1. 注意标点符号的使用

写作文时，正确使用标点符号也很重要。如果标点符号用得不对，就会影响意思的表达。为了便于同学们集中复习，我们将常用标点符号列成表格，请大家在理解每种标点符号的基础上记住它们的书写形式。

表五　常用标点符号

名称	符号	意义	举例
句号	。	表示一句话说完之后的停顿。	我姐姐在中央民族大学学习。
逗号	，	表示一句话中间的停顿。	只要努力学习，就一定能学好数学。

续表

名称	符号	意义	举例
顿号	、	表示一句话中并列词语之间的停顿。	她是一个美丽、健康、活泼的姑娘。
分号	；	表示一句话中并列分句之间的停顿。	上课时，他专心听讲、记笔记；回家后，他认真复习、预习。
冒号	：	主要用来提起下文。	大宝说："放心吧，妈妈，我一定好好学习。"
问号	？	表示一句问话完了之后的停顿。	明天你准备干什么？
感叹号	！	用在表示强烈感情的句子末尾。	她唱得多么好听啊！
引号	"" ''	表示文中的引用部分。	昨天小红对我说："我准备上七中。"
省略号	……	表示文中省略的部分。	桌子上放着书、本子、杂志……
书名号	《》 〈〉	表示文中的书名、篇名之类。	你写的文章就登在今天的《人民日报》上。
破折号	——	表示下文是对上文的解释。	我国古代有四大发明——造纸术、印刷术、火药、指南针。
连接号	— ～	表示时间、地点、数目等的起止。	1982—1986，北京—西安，5℃～10℃
着重号	·	表示文中需要强调的部分。	我们谈论的是现在，不是将来。
间隔号	·	表示月份和日期之间的分界以及有些民族人名的音界。	再过两天就是"3·15"消费者权益日了。
括号	（）	表示文中注释的部分。	明天组织学生（一年级学生除外）劳动。

2. 注意字数要求

一般来说，除了通知、请假条、留言条等应用文体之外，MHK（一级）的作文都要求字数在150字左右。写作时要审清题目，注意字数要求。如果字数过少，作文就很难拿到高分。

第二部分

模拟试题

模拟试题（一）

一、听力理解（30 题，约 20 分钟）

扫一扫，听录音

第一部分

说明： 1 ～ 10 题，这部分试题，你在听到录音中的一句话后，请根据说话的内容，在 A B C D 四个备选答案中选出与这句话搭配最恰当的一句话。

例如： 第 6 题，你听到：

女：她要借你的铅笔，你怎么不借呢？

你在试卷上看到四个答案：

A 我会答应的

B 我也忘带了

C 她想用新的

D 她借给我了

第 6 题最恰当的答案是 B，你应在答题卡上找到号码 6，在字母 B 上画一横道。横道一定要画得粗一些，重一些。

6. [A] [redacted] [C] [D]

1. A 现在三点
   B 明天下午
   C 走了两小时了
   D 一个小时以前

2. A 他在家
   B 学校旁边
   C 他去商店了
   D 他家人很多

3. A 还没放假
   B 国庆节后
   C 国庆节前
   D 还没想好

4. A 天黑了
   B 没关系
   C 路程很长
   D 多谢关心

5. A 我去旅行了
   B 旅行非常累
   C 和我爸妈一起
   D 旅行很有意思

6. A 电影院很大
   B 电影很好看
   C 20 块钱一张
   D 我们去看电影

7. A 非常感谢
   B 我来帮你
   C 我很不开心
   D 我们帮他一下

8. A 谢谢你
   B 没关系
   C 没问题
   D 不客气

9. A 我不会踢球
   B 快到周末了
   C 我的左脚受伤了
   D 你的球打得很好

10. A 天气不错啊
   B 我们一起去
   C 我们出去玩儿吧
   D 是啊，我都要感冒了

第二部分

说明：11 ～ 30 题，这部分试题，你将听到两个人的对话和几段简短的对话或讲话，每段话之后，根据内容提出问题，请你在 A B C D 四个备选答案中选出最恰当的答案。

例如：第 18 题，你听到：

男：李小芳，我是王刚，今天数学老师留的是什么作业？

女：把第五课的课后练习全部做一遍。

问：王刚正在做什么？

你在试卷上看到四个答案：

A 休息　　B 上课　　C 打电话　　D 写作业

根据对话，第 18 题最恰当的答案是 C，你应在答题卡上找到号码 18，在字母 C 上画一横道。横道一定要画得粗一些，重一些。

18. [A]　　[B]　　■　　[D]

一段对话或一段简短讲话的答题形式跟上面的例题相同。

11. A 宿舍
B 教室
C 操场
D 图书馆

12. A 家里
B 学校
C 餐馆
D 单位

13. A 有经验了
B 向男的学的
C 有好老师教她
D 她每天都打球

14. A 教室里很冷
B 外面风很大
C 已经放学了
D 要离开教室了

15. A 外面刮风
B 要去上课
C 需要买东西
D 要参加考试

16. A 一个
B 两个
C 三个
D 四个

17. A 他的腿断了
B 他爬山很轻松
C 他很喜欢爬山
D 他不爱锻炼身体

18. A 春天
B 夏天
C 秋天
D 冬天

19. A 女的有一个哥哥
B 女的有一个弟弟
C 说话人是兄妹关系
D 女的的哥哥比她大两岁

20. A 女的
B 男的
C 女的的妹妹
D 男的的妹妹

21. A 晚会没意思
B 他忘了时间
C 他要准备考试
D 他更想去爬山

22. A 跳舞
B 唱歌
C 爬山
D 考试

23. A 师生
B 同事
C 父女
D 同学

24. A 书
B 书包
C 钢笔
D 铅笔

25. A 天下雨了
B 河水很凉
C 河里有很多鱼
D 小鸭子很怕人

26. A 游泳
B 做饭
C 看鸭子
D 吃东西

27. A 刮大风了
B 下小雨了
C 太阳出来了
D 出现了乌云

28. A 二班
B 三班
C 四班
D 五班

29. A 他们球队的人多
B 他们都受过专门训练
C 有一个人受过专门训练
D 他们踢球的水平都很高

30. A 一个
B 两个
C 三个
D 五个

二、阅读理解

第一部分
（15 题，15 分钟）

说明： 31 ～ 45 题，每题中都有一个空，每个空都有 A B C D 四个答案，请根据句子前后的意思选出最恰当的答案填上，并在答题卡上找到试题号码，在代表正确答案的字母上画一横道。

31. ____这样的问题都答不上来，你这次考试肯定过不了。

A 就

B 要

C 才

D 连

32. 明天气温将下降10℃左右，而且还____降雨。

A 可能

B 希望

C 大概

D 或者

33. 下雨了，出去得带上一____伞。

A 个

B 支

C 把

D 根

34. 唐老师美术学得特别好，她能教我们____是我们的幸运。

A 还

B 真

C 也

D 不

35. 两年前他的哥哥就离家出走了，他到处____哥哥的消息。

A 选择

B 打听

C 了解

D 查找

36. 这部电影讲的是一个____的故事。

A 真实

B 准确

C 实际

D 确实

37. 要____伟大的中国梦，必须继续走改革开放的路。

A 为了

B 作用

C 生产

D 实现

38. 老师上课____，学生应该遵守纪律，认真听讲。

A 期间

B 中间

C 之前

D 时期

39. 同学们精神状态都挺好，看____假期过得不错呀。

A 上来

B 下来

C 下去

D 上去

40. 保护环境，是我们每个公民的____。

A 工作

B 任务

C 责任

D 职业

41. ____老师，我最喜欢刻苦钻研的学生。

A 当作

B 认为

C 作为

D 成为

42. 我们____是去散步的，但是下雨了，所以我们就打出租车回来了。

A 原来

B 尽管

C 本来

D 最终

43. 弟弟和姐姐的性格____，开朗大方。

A 同样

B 相当

C 一样

D 一同

44. 他学习____投入了，以至我走到他身边，他都没有发现。

A 很

B 也

C 又

D 太

45. 我看了这部感人的电影，____流下了眼泪。

A 不由得

B 不得了

C 好容易

D 有的是

第二部分
（15 题，15 分钟）

说明：46 ～ 60 题，每段文字后都有一个或几个问题，每个问题都有 A B C D 四个答案，请阅读后根据每题要求选出最恰当的答案，并在答题卡上找到试题号码，在代表正确答案的字母上画一横道。

46

爸爸工作很忙，记得我读小学时，经常几天都见不到爸爸一面。因为我晚上睡觉时他还没有回家，等我早晨起床了，他已经到单位上班去了。

【46】这段文字的主要意思是：

A 爸爸工作辛苦

B 爸爸起得很晚

C 爸爸回家很晚

D“我”见不到爸爸

47

老师对我们说，父母每天都为我们做很多事，回家以后，一定要帮父母干些简单的活儿，如洗碗、拖地、洗水果等，以报答父母的养育之恩。

【47】老师主要对我们说的是：

A 父母每天要做很多事

B 我们要帮父母干活儿

C 我们一定要努力学习

D 我们应该早点儿回家

48

去年暑假，王红一家去哈尔滨旅游了，她说太阳岛可美了。我问妈妈明年暑假能不能也带我去哈尔滨玩儿，妈妈却说那里的雪景更壮观，今年寒假她就带我去。

【48】根据这段文字，妈妈打算什么时候去哈尔滨？

A 春天

B 夏天

C 秋天

D 冬天

49

我喜欢看有关动物的节目是受我爸爸的影响。我爸爸几乎每天都看电视里播放的《动物世界》。奔跑的猎豹、健壮的犀牛、凶猛的狮子、可爱的企鹅……这些画面都留在了我童年的记忆里。

【49】这段文字主要说的是：

A 不同的动物有不同的特点

B “我”一直喜欢看动物节目

C “我”爸爸喜欢看动物节目

D “我”喜欢看动物节目的原因

50

人们都说北京的夏天很难过，气温高，雨水少，晒得地面都是烫的。所以，每年暑假我都去东北奶奶家过。那里平均气温比北京低10℃左右，早晚还挺凉快，抬头就能看到蓝天、白云。在那里生活，心情真的非常好。

【50】“我”暑假为什么要去奶奶家过？

A 奶奶家天气好

B “我”想念奶奶

C 奶奶家很少下雨

D “我”不喜欢北京

51 ～ 53

还记得十年前那个冬天，一个阳光普照的早晨，父亲带我和弟弟去城里的姑姑家做客。在车站，父亲走到售票窗口问道：“我们三个人到郑州要花多少钱？”

年轻的售票员回答：“大人四元，高于一米二的小孩儿和大人一样。他们两个有多高？”

父亲答道：“这个小的一米一五，那个大的一米二二，我想我得付八元钱。”

那位售票员笑道："嘿！先生，你是刚捡了钱还是发了大财？你只要告诉我较大的男孩儿身高一米二，你就可以省下四元。我的眼睛不是标尺，我又看不出有什么差别。"

父亲答道："你说得没错，但是孩子们知道他自己有多高。"

【51】"我" 那时有多高？

A 一米一五

B 一米二

C 一米二二

D 一米二四

【52】父亲买车票花了多少钱？

A 4 元

B 6 元

C 8 元

D 12 元

【53】这段文字主要是说：

A 做人就应该诚实

B 售票员是个好人

C 父亲是个有钱的人

D 父亲喜欢帮助别人

54 ～ 56

新学期开学报名时，英语学习班来了一位老者。负责报名的小姑娘问老人是不是给孩子报名，老人回答说是他自己要报名。小姑娘很惊讶，屋里那些年轻的报名者也很惊讶。老人解释说，他儿子在美国找了个媳妇，每次回来，儿媳妇说的话他一点儿都听不懂，所以心里很着急。他想要听懂儿媳妇说的话。

小姑娘问老人多大年纪了，老人说他今年 68 岁了。小姑娘笑了，说："您想听懂人家的话，最少要学两年。可两年后您都 70 岁了！" 老人笑呵呵地说："如果我不学，两年后我也不会变成 66 岁呀！"

事情往往就是这样，我们总以为开始得太晚，因此放弃。其实只要开始做，就永远不晚。老人学与不学，两年后都是 70 岁。差别是：学就能开心地和儿媳交谈，不学就还是完全听不懂儿媳说的话。

【54】老人为什么要学英语？

A 想去美国旅游

B 想找个事情做

C 想来班上交朋友

D 想听懂儿媳说的话

【55】听说老人要学英语，负责报名的小姑娘感到：

A 很难过

B 很吃惊

C 很开心

D 很着急

【56】本文告诉我们的道理是：

A 学外语得从小时候开始

B 老年人也可以学好外语

C 老年人应该好好享受生活

D 任何事只要开始做就不晚

57～60

一位哲学家在城外散步。突然，背后传来一声问话：“先生，打扰您，从这儿到城里要走多久？”哲学家头也不回地说：“你往前走！”

问路者以为哲学家没有听清他的意思，就走上前去诚恳而有礼貌地说：“先生，我是问您从这儿走到城里要多长时间。”

哲学家依然头也不回地说：“你往前走！”

问路者十分纳闷，加快了脚步，继续往前走。不一会儿，哲学家在他背后高声说道：“喂，朋友，你得走两个小时！”

问路者感到很不理解：“先生，您为什么不直接告诉我呢？”

哲学家说：“我不看看你步行的速度，怎么能回答出你所需要的时间呢？”

问路者听了，无可奈何地说：“可是先生，人走路的速度不可能一直不变啊！再说了，我只想知道一个大概的时间，您又何必准确地计算呢？”

【57】问路者想去哪里？

A 城里

B 城外

C 自己的家

D 哲学家的家

【58】哲学家让问路者往前走的时候，问路者感到：

A 很高兴

B 很失望

C 很奇怪

D 很生气

【59】哲学家为什么不直接回答问路者的问题？

A 他需要思考一下

B 问路者问路时不太礼貌

C 他不清楚这里离城里多远

D 他不知道问路者的步行速度

【60】关于哲学家，下列说法正确的是：

A 不想帮助问路者

B 计算能力比较差

C 开始没听清问路者的话

D 做事方法跟一般人不同

三、书面表达

第一部分

（10题，5分钟）

说明：61～70题，下面每个句子中都有一处拼音。请根据拼音，结合句子内容写出字来。请在答题卡上找到试题的号码，把字写在号码处的空格里，一个空格里写一个字。

61. 小朋友们都要自 jué 遵守交通规则。
62. 商店服务员的 tài 度应该改一改了。
63. 想不到年轻人的服装这么丰富多 cǎi。
64. 她能讲好几种方言，苏州话说得 yóu 其流利。
65. 我们一定要完成上级交给的这 xiàng 光荣的任务。
66. 花瓶里插着一 shù 五颜六色的鲜花，好看极了。
67. 据报道，从西伯利亚来的 lěng 空气已进入我国。
68. 对班长的意见，同学们都表示 zàn 成。
69. 经过十年的 jiān 苦努力，这个厂终于有了今天这个规模。
70. 这里水果品种很多，价钱又很便 yi，怪不得被称为“瓜果之乡”啊！

第二部分

（作文，20分钟）

作文要求

1. 写作前认真阅读作文提示，按提示要求在规定的时间内写完。
2. 每个空格写一个字，书写要清楚工整；每个标点符号占一个空格，标点符号使用要规范。
3. 作文中不得出现跟考生有关的校名、地名和真人姓名。
4. 保持卷面整洁，不得涂划损坏答卷。

作文提示：

六一儿童节那天，你和家里人一定度过了愉快的一天。

请你以日记的形式，写一篇150字左右的作文，把儿童节那天活动的内容、过程以及你自己的收获记录下来。

模拟试题（二）

一、听力理解（30 题，约 20 分钟）

扫一扫，听录音

第一部分

说明：1 ～ 10 题，这部分试题，你在听到录音中的一句话后，请根据说话的内容，在 A B C D 四个备选答案中选出与这句话搭配最恰当的一句话。

例如：第 6 题，你听到：

女：她要借你的铅笔，你怎么不借呢？

你在试卷上看到四个答案：

A 我会答应的

B 我也忘带了

C 她想用新的

D 她借给我了

第 6 题最恰当的答案是 B，你应在答题卡上找到号码 6，在字母 B 上画一横道。横道一定要画得粗一些，重一些。

6. [A] ■ [C] [D]

1. A 小王很高
   B 小王很热情
   C 小王比我大
   D 小王是我同学

2. A 上课了
   B 下课了
   C 去打球
   D 语文课

3. A 火车站很大
   B 火车站人很多
   C 火车站很漂亮
   D 前面路口右转

4. A 这场雨太大了
   B 下了一整天雨
   C 今天我不想回家了
   D 同学借给我一把伞

5. A 他出去了
B 他的事情很多
C 我认识王老师
D 王老师是个好老师

6. A 我很喜欢
B 我朋友的
C 作者是刘明
D 书很有意思

7. A 他们喜欢运动
B 他们是我同学
C 他们会说普通话
D 他们一直很努力

8. A 我迟到了
B 他没迟到
C 他今天没来
D 我起床晚了

9. A 去不了啊
B 草原很美
C 我去过草原
D 我快放暑假了

10. A 还行
B 看电影去
C 我们一起去
D 我喜欢看电影

第二部分

说明： 11 ～ 30 题，这部分试题，你将听到两个人的对话和几段简短的对话或讲话，每段话之后，根据内容提出问题，请你在 A B C D 四个备选答案中选出最恰当的答案。

例如： 第 18 题，你听到：

男：李小芳，我是王刚，今天数学老师留的是什么作业？

女：把第五课的课后练习全部做一遍。

问：王刚正在做什么？

你在试卷上看到四个答案：

A 休息　　B 上课　　C 打电话　　D 写作业

根据对话，第 18 题最恰当的答案是 C，你应在答题卡上找到号码 18，在字母 C 上画一横道。横道一定要画得粗一些，重一些。

18. [A]　　[B]　　■　　[D]

一段对话或一段简短讲话的答题形式跟上面的例题相同。

11. A 河边
B 路上
C 山上
D 山下

12. A 警察
B 作家
C 教师
D 军人

13. A 遇到堵车
B 喜欢迟到
C 没有迟到
D 不会开车

14. A 考试之前
B 立刻就去
C 考试的时候
D 两个星期后

15. A 食堂
B 书店
C 办公楼
D 图书馆

16. A 下雨了
B 阴天了
C 太阳出来了
D 天气预报开始了

17. A 男的想换换口味
B 女的今天不想吃饭
C 男的每天做同样的菜
D 女的不想去餐馆吃饭

18. A 不要出门
B 不要穿大衣
C 多穿点儿衣服
D 记得带把雨伞

19. A 这个字很难念
B 男的认识这个字
C 女的不认识这个字
D 女的不想告诉男的

20. A 女的喜欢运动
B 女的喜欢看书
C 男的喜欢踢足球
D 男的不喜欢运动

21. A 同学
B 师生
C 父女
D 母子

22. A 起早了
B 迟到了
C 生病了
D 请假了

23. A 女的的同学
B 男的的妹妹
C 女的同学的妹妹
D 男的妹妹的同学

24. A 6 岁
B 8 岁
C 14 岁
D 24 岁

25. A 姑姑
B 大伯
C 大娘
D 表哥

26. A 变化很大的地方
B 有很多灯的河边
C 爸爸生活过的地方
D 爸爸从前常去的地方

27. A 认识朋友
B 制作彩灯
C 旅游参观
D 吃好吃的

28. A 去买葡萄了
B 去吃葡萄了
C 去图书馆了
D 去学画画儿了

29. A 很一般
B 很高兴
C 很担心
D 很害怕

30. A 自己学习了画葡萄
B 喜欢听老师讲故事
C 最喜欢的颜色是紫色
D 下课后去听别人讲故事了

二、阅读理解

第一部分

（15 题，15 分钟）

说明：31 ～ 45 题，每题中都有一个空，每个空都有 A B C D 四个答案，请根据句子前后的意思选出最恰当的答案填上，并在答题卡上找到试题号码，在代表正确答案的字母上画一横道。

31. ____妈妈的抚养教育下，他长大成人了。

A 从

B 由

C 在

D 于

32. 他说____的话一定会算数的。

A 过

B 着

C 来

D 去

33. 从山顶看____，上山的小路弯弯曲曲的，而且很陡。

A 出去

B 上来

C 回来

D 下去

34. 要想练习长跑，____应该买一双合适的跑鞋。

A 首先

B 重要

C 第一

D 主要

35. 许多文物____是难得一见的珍品。

A 全

B 而

C 都

D 要

36. 性格开朗的我，____喜欢热闹。

A 过来

B 一向

C 原来

D 本来

37. 学好普通话是____重要啊！

A 那么

B 这么

C 多么

D 怎么

38. 我国与其他国家____同时起步，在这一项目上有一定的实力。

A 好像

B 直接

C 几乎

D 确定

39. 有观点认为，宇宙的创生不需要____外在条件，它是一个自组织过程。

A 全部

B 任何

C 共同

D 一般

40. 这次考试没考好，他____到了很大的打击。

A 让

B 受

C 被

D 得

41. 今天，成千上万的儿童，____从四五岁开始，就被家长送到补习班补习。

A 甚至

B 于是

C 反正

D 而且

42. 他打字的速度很快，一分钟____打 80 多个字。

A 想

B 能

C 要

D 会

43. 老师给我____了一项任务，我不知道自己能否完成。

A 指导

B 制造

C 发明

D 分配

44. 尽管存在着一些困难，但我们____尽自己最大的努力去完成它。

A 必须

B 千万

C 可以

D 能够

45. 一个人成功的背后____艰苦的努力和辛勤的汗水。

A 看不起

B 对不起

C 少不了

D 没关系

第二部分

（15 题，15 分钟）

说明：46 ～ 60 题，每段文字后都有一个或几个问题，每个问题都有 A B C D 四个答案，请阅读后根据每题要求选出最恰当的答案，并在答题卡上找到试题号码，在代表正确答案的字母上画一横道。

46

我小时候没有上过幼儿园，是在爷爷奶奶家长大的。我的童年只有一个小伙伴——比我大一岁的表哥。表哥带着我做了很多调皮的事，可是被批评的总是他一个人。奶奶经常讲表哥带着我追鸭子的事，每次结尾都说，鸭子被追得跑不动了，差点儿被累死了。

【46】这段文字主要讲的是：

A 爷爷奶奶喜欢“我”

B“我”没上过幼儿园

C“我”童年时有趣的事

D“我”童年时不太懂事

47

我小的时候喜欢画画儿，尤其喜欢画动物。记得六岁的时候，妈妈带着我坐火车，我画了一只大公鸡，画完后把纸折成飞机在车厢里飞着玩儿。一个叔叔看了我的画儿说：“你画得不错，愿意学的话，我可以教你。”

【47】这段文字主要讲的是：

A“我”画动物画得好

B“我”很喜欢画飞机

C“我”跟叔叔学画画儿

D“我”小时候喜欢画画儿

48

下雨天我喜欢待在家里，听着窗外的雨声，静静地读自己喜欢的书，没有人打扰，日子就这样平静、愉快地过下去。

【48】根据这段文字，“我”喜欢的事情是：

A 一直下雨

B 在家休息

C 听下雨声

D 安静看书

49

我每天起床时，妈妈都把早点做好了。吃完早点我去上学，爸爸妈妈去上班。我晚上放学回来，饭菜又做好了，而且家里收拾得干干净净的，每天都是这样。妈妈是什么时候干的这些活儿呢？

【49】这段文字主要讲的是：

A 妈妈起得很早

B 妈妈做饭好吃

C 妈妈非常勤劳

D 妈妈工作不忙

50

有个牧场的主人，叫他的孩子每天到牧场工作。朋友对他说："你不需要让孩子如此辛苦，农作物一样会长得很好的。"牧场主人回答说："我不是在培养农作物，我是在培养我的孩子。"

【50】根据这段文字，牧场主人认为培养孩子的方法是：

A 让孩子好好读书

B 让孩子学会种地

C 让孩子好好做人

D 让孩子辛勤劳动

51 ～ 53

在整个社会大力倡导节约的今天，办公室、楼道、教室等不少场所都贴了"随手关灯"的提示语，这种随时的提醒很有必要。其实有些人没有做到随手关灯并非故意，而只是因为忘记了，但也有些人确实是因为头脑中没有树立起节约的意识。

中华民族历来以节约为美德。随手关灯是件非常细微的小事，也许这样做的人都没有意识到他关灯时已经体现出节约的美德。不过，事情虽小，如果每个人都能养成随手关灯的良好习惯，那么一年不知能省下多少电呢。有资料显示，北京仅高能耗照明，一年就要耗费秦山核电站一年所发的电。

【51】为什么说贴上"随手关灯"的提示语很有必要？

A 可以节约很多电

B 可以起到提醒作用

C 人们觉得关灯很麻烦

D 有人不知道开关在哪儿

【52】作者对随手关灯的事怎么看？

A 应重视

B 不关心

C 无所谓

D 容易做

【53】本文主要想告诉我们：

A 要节约用电

B 要随手关灯

C 节约是美德

D 关灯是小事

54 ～ 56

富有的父亲带着小儿子去乡下旅行，想让他感受一下穷人是怎么生活的。他们在农场最穷的人家里度过了一天一夜，一起吃饭，一起劳动。

旅行结束后，父亲问儿子：“旅行怎么样？”儿子回答：“好极了！”父亲又问：“这次你知道穷人是怎么过日子的了？”儿子回答：“我发现咱们家里只有一条狗，可是他们家里却有四条狗；咱们家里只有一个水池通向花坛中央，可他们竟有一条望不到边的小河；咱们的花园里只有几盏灯，可他们却有满天的星星；还有，咱们的院子只有那么一点儿，可他们的院子却有整个农场那么大！”儿子说完，父亲哑口无言。接着儿子又说：“感谢父亲让我明白我们有多么贫穷！”

【54】富有的父亲为什么带着小儿子去乡下旅行？

A 让他去乡下看星星

B 让他去农场干活儿

C 让他认识穷人的生活

D 让他跟穷人一起过日子

【55】关于富人的家，我们知道：

A 养着四条狗

B 看不到星星

C 有水池和花坛

D 院子像农场一样大

【56】富人的儿子认为自己家怎么样？

A 很穷

B 一般

C 富有

D 不清楚

57 ～ 60

学校聘请了一位男老师教学生口语。一次，他买回一大袋小地球仪，准备当奖品发给学生。一个老师的小孩儿看见了，便想让这位男老师送他一个玩儿玩儿。男老师不肯，小孩儿就请坐在旁边的我帮忙。

我对这位男老师说：“这是本校老师的孩子，你送他一个吧，反正你的地球仪最后都要送出去的。”可男老师仍是不肯。我生气道：“你真不给面子，一个小地球仪值多少钱？现在，人家求到我，你不给，人家就会认为是我没尽力。”

男老师想了想，说：“我写出五个词来，你教这个小孩儿说，说对了我就给他一个。”好在小孩儿很机灵，一教就会，不到五分钟，五个词全会说了。这位男老师除了送出一个地球仪，还高兴地亲了亲小孩儿的脸蛋。

后来，他对我说：“白送东西给人，是对人的一种侮辱。因为‘送’意味着施舍，相当于把对方当成乞丐。那个小孩儿很可爱，绝不应该侮辱他。只有在别人取得了成绩时，我们才能把东西奖给他，这是对人的一种鼓励。作为老师永远只能‘奖’，而不能‘送’，否则，就违背了一个教育工作者应该坚守的准则。”

【57】那位男老师为什么买了许多小地球仪？

A 要作为奖品发给学生

B 要作为礼物送给学生

C 要用小地球仪来教学

D 要送给老师们的孩子

【58】老师的孩子要小地球仪干什么？

A 想学习地理知识

B 想跟男老师交流

C 想让男老师奖励他

D 想要一个过来玩儿

【59】男老师为什么不肯送小地球仪给同事的孩子？

A 他舍不得送给孩子

B 他不喜欢这个孩子

C 他要留给自己的学生

D 他不愿白送东西给人

【60】这位男老师认为，教育工作者应该：

A 鼓励学生进步

B 送给学生礼物

C 奖励可爱的孩子

D 发现学生的弱点

三、书面表达

第一部分

（10 题，5 分钟）

说明：61 ～ 70 题，下面每个句子中都有一处拼音。请根据拼音，结合句子内容写出字来。请在答题卡上找到试题的号码，把字写在号码处的空格里，一个空格里写一个字。

61. 这件事情对她的影 xiǎng 很大。

62. 大家都说她很 cōng 明，我可不这样看。

63. 这孩子太 táo 气了，一点儿也不听大人的话。

64. 他不听大家的 quàn，才出现这种情况。

65. 多年以来，我国人民就有大年三十吃 jiǎo 子的习惯。

66. 在这次活动中，我们班的同学表现得很 tū 出。

67. 小王从没正式学过书法，可他的字却写得 tǐng 好。

68. 放暑假后，他领孩子去医院做了一次全面 jiǎn 查。

69. 还有两个星期就要期 mò 考试了，我一定要好好复习。

70. 地球上的自然资 yuán 是有限的，我们一定要节约用水。

第二部分

（作文，20 分钟）

作 文 要 求

1. 写作前认真阅读作文提示，按提示要求在规定的时间内写完。
2. 每个空格写一个字，书写要清楚工整；每个标点符号占一个空格，标点符号使用要规范。
3. 作文中不得出现跟考生有关的校名、地名和真人姓名。
4. 保持卷面整洁，不得涂划损坏答卷。

作文提示：

每个妈妈都是伟大的，为了你的健康成长，她付出了很多很多。

请你给妈妈写一封信，表达你对她的感激之情，150 字左右。

模拟试题（三）

一、听力理解（30 题，约 20 分钟）

扫一扫，听录音

第一部分

说明： 1 ～ 10 题，这部分试题，你在听到录音中的一句话后，请根据说话的内容，在 A B C D 四个备选答案中选出与这句话搭配最恰当的一句话。

例如： 第 6 题，你听到：

女：她要借你的铅笔，你怎么不借呢？

你在试卷上看到四个答案：

A 我会答应的

B 我也忘带了

C 她想用新的

D 她借给我了

第 6 题最恰当的答案是 B，你应在答题卡上找到号码 6，在字母 B 上画一横道。横道一定要画得粗一些，重一些。

6. [A] ■ [C] [D]

1. A 不想起床
   B 早上六点
   C 我睡得很晚
   D 妈妈起床很早

2. A 天气很不错
   B 我很喜欢跑步
   C 我一个人跑步
   D 参加的人很多

3. A 一会儿就走
   B 下课后就走了
   C 我喜欢张老师
   D 他是我们的老师

4. A 睡着了
   B 快点儿睡觉
   C 做完作业就睡
   D 睡了很长时间

5. A 谢谢
B 打扰了
C 不客气
D 对不起

6. A 这是十字路口
B 前面的路很宽
C 右边有个红绿灯
D 这附近没有银行

7. A 我的词典丢了
B 学校旁边的书店
C 我最喜欢这本词典
D 我常常用这本词典

8. A 爷爷
B 妈妈很忙
C 爸爸是老师
D 奶奶很爱我

9. A 还可以
B 下雨了
C 阴天了
D 今天很热

10. A 不像话
B 真了不起
C 真舍不得你
D 实在不好意思

第二部分

说明： 11 ～ 30 题，这部分试题，你将听到两个人的对话和几段简短的对话或讲话，每段话之后，根据内容提出问题，请你在 A B C D 四个备选答案中选出最恰当的答案。

例如： 第 18 题，你听到：

男：李小芳，我是王刚，今天数学老师留的是什么作业？

女：把第五课的课后练习全部做一遍。

问：王刚正在做什么？

你在试卷上看到四个答案：

A 休息　B 上课　C 打电话　D 写作业

根据对话，第 18 题最恰当的答案是 C，你应在答题卡上找到号码 18，在字母 C 上画一横道。横道一定要画得粗一些，重一些。

18. [A]　[B]　[■]　[D]

一段对话或一段简短讲话的答题形式跟上面的例题相同。

11. A 朋友送的
B 学校发的
C 家长买的
D 别人寄的

12. A 男的平时睡得很早
B 现在还不到十一点
C 女的认为已经很晚了
D 男的想让女的早点儿睡

13. A 忘带橡皮了
B 愿意借橡皮
C 想借橡皮用
D 橡皮不好用

14. A 问路
B 上课
C 打电话
D 买东西

15. A 一节
B 两节
C 三节
D 四节

16. A 吃饭
B 上课
C 跑步
D 见朋友

17. A 不认识字
B 不喜欢学习
C 不爱看报纸
D 看报纸有困难

18. A 男的要过生日
B 班里举行活动
C 同学要过生日
D 明天是个节日

19. A 男的想进去
B 女的想进去
C 男的同意女的进去
D 女的同意男的进去

20. A 朋友
B 师生
C 同学
D 父女

21. A 八点
B 九点
C 十点
D 一点半

22. A 旅游
B 开会
C 上课
D 聚会

23. A 出国
B 旅行
C 上学
D 看朋友

24. A 男的要出国读书
B 女的要出国读书
C 男的没去过英国
D 女的没去过英国

25. A 学习
B 看书
C 运动
D 看电视

26. A 打球
B 休息
C 游泳
D 学习

27. A 很激动
B 很害怕
C 不开心
D 很伤心

28. A 看望朋友
B 去接电话
C 去帮助病人
D 去帮助邻居

29. A 医生
B 教师
C 司机
D 工程师

30. A 很勇敢
B 很讨厌
C 很伟大
D 很热情

二、阅读理解

第一部分

（15题，15分钟）

说明： 31～45题，每题中都有一个空，每个空都有ABCD四个答案，请根据句子前后的意思选出最恰当的答案填上，并在答题卡上找到试题号码，在代表正确答案的字母上画一横道。

31. 我曾经在云南工作、生活了 8 年，____那里充满了感情。

A 给

B 在

C 为

D 对

32. ____你不同意我这样做，我就放弃这个计划吧。

A 既然

B 虽然

C 即使

D 不但

33. 爷爷出生在 20 世纪 60 年代，那时候国家的经济____不太好。

A 情景

B 状态

C 状况

D 风景

34. 到了一个新的环境，一切都得____开始。

A 重复

B 反复

C 重新

D 复印

35. 中国共产党领导中国人民制定了一条____中国实际情况的发展路线。

A 符合

B 配合

C 等于

D 接近

36. 他有话直说，无所顾忌，____不是一种金子般的品格吗？

A 什么

B 怎样

C 难道

D 怎么

37. 她女儿用的那____小提琴，还是她大学时买的呢。

A 根

B 把

C 匹

D 条

38. 人家到家里来做客，你怎么不理人啊？这样太不____了。

A 道理

B 理想

C 适合

D 礼貌

39. 我要坚持把这件事做完，____再难也绝不放弃。

A 尤其

B 哪怕

C 甚至

D 既然

40. 现代科学已经____证明，太阳不是宇宙的中心。

A 充满

B 补充

C 充足

D 充分

41. 积极努力是做好工作的必要条件，但是，仅仅____这一点是不够的，还必须有正确的思想做指导。

A 重视

B 具备

C 操心

D 坚持

42. 对不起，我们不该____翻你的书包。

A 突然

B 随地

C 随便

D 坚决

43. 人年纪一大，手脚就不____年轻人灵活了。

A 如

B 对

C 像

D 比

44. 我们____忘不了你对我们的关心和帮助。

A 到底

B 经常

C 终于

D 永远

45. 新买的衣服有点儿厚，我一穿在身上就感觉热得____。

A 不要紧

B 不得了

C 没什么

D 差点儿

第二部分

（15 题，15 分钟）

说明：46 ～ 60 题，每段文字后都有一个或几个问题，每个问题都有 A B C D 四个答案，请阅读后根据每题要求选出最恰当的答案，并在答题卡上找到试题号码，在代表正确答案的字母上画一横道。

46

爸爸喜欢历史，经常看历史题材的电视剧，还经常一边看一边给身边的人讲有关的历史故事。受爸爸影响，我现在也爱看历史故事片，这还真是了解历史知识的好办法。

【46】根据这段文字，“我”认为：

A 爸爸喜欢历史书

B 爸爸喜欢讲故事

C 历史故事片有意思

D 看历史故事片长知识

47

从前的冰棍儿才 3 分、5 分一根，3 分的是一般的白糖冰棍儿，5 分的是奶油冰棍儿。吃到奶油冰棍儿时，幸福感可强烈了，那味道，至今都留在我的记忆中。

【47】这段文字主要是说：

A 从前的冰棍儿便宜

B 奶油冰棍儿很好吃

C 童年的记忆很美好

D 现在的冰棍儿难吃

48

我本来困得不行了，想早点儿睡，可洗洗脸又精神了。还是再写一会儿作业吧，反正都是自己的事，早晚都得做。

【48】根据这段文字，“我”现在的心情怎样？

A 失望

B 后悔

C 平静

D 激动

49

我第一次钓鱼是和爸爸一起钓的，那时我还小，爸爸教我。一条鱼上钩了，我用力地拉了一下鱼竿，可鱼逃掉了。爸爸告诉我："要轻轻地拉鱼竿，不然鱼受了惊，会马上跑掉的。"一会儿，鱼又咬钩了，我轻轻地拉鱼竿，一拉一放，来回几次，果然和爸爸说的一样，我钓到鱼了！从那一次开始，我学会了钓鱼。

【49】根据这段文字，钓鱼时：

A 拉鱼竿的动作要快

B 拉鱼竿的动作要轻

C 千万不要大声说话

D 耐心地等待鱼上钩

50

上小学时，教室的后墙上贴着一大张纸，上面画着表格，写着同学们的名字。老师说这是红花榜，谁学习好、纪律好、有礼貌、帮助同学等，老师就把小红花贴在谁的名字后面。我的红花可多了，可我每天还是想做得更好，得到更多的小红花。

【50】根据这段文字，老师创建红花榜的目的是：

A 发给同学们小红花

B 让同学们好好学习

C 让同学们遵守纪律

D 鼓励同学们好好表现

51 ～ 53

一个星期天的上午，我和爸爸妈妈在家里看电视。电视上正在播放一场篮球比赛。看了一会儿，爸爸对我说："我来考你一个数学问题。红队 1 分钟投 8 个球，蓝队 1 分钟投 6 个球，他们一起投了 8 分钟之后，红队比蓝队多投进多少球？"我想了一会儿说："红队 8 分钟投 64 个球，蓝队 8 分钟投 48 个球，它们差……"还没等我说完，妈妈就说："红队多 16 个球。"我一愣，说："你怎么算得这么快？"妈妈笑着说："红队 1 分钟比蓝队多投进 2 个球，一共投了 8 分钟，也就是 $8\times2=16$（个）。"我说："原来这么简单！我怎么没想到呢？"爸爸说："这说明你考虑问题还不够灵活。在现实生活中，我们要善于发现事物，找出它们的规律，那你就会觉得生活中的数学比课堂上讲的有意思多了。"

通过这件事，我发现生活中的数学确实是无处不在。从此，我就更加喜欢数学了。

【51】根据这段文字，妈妈比“我”：

A 算得准

B 算得快

C 说得快

D 看得清楚

【52】根据这段文字，爸爸认为在生活中什么很重要？

A 认真看篮球比赛

B 遇事反应速度快

C 寻找事物的规律

D 掌握好数学知识

【53】关于“我”，下列说法正确的是：

A“我”更喜欢数学了

B“我”回答得不正确

C“我”的数学没学好

D“我”受到了爸爸的批评

54 ～ 56

胡同里住着一个年轻人，在一家印刷厂工作。他很爱读书，却因为家穷，拿不出多余的钱来买。因此，他常常站在一家书店的玻璃窗前，贪婪地朝里面看着。一天早晨，上班途中，他看到玻璃窗里放着一本打开的新书，便如饥似渴地读了起来。第二天，奇怪的是那本书往后翻开了两页，他又一口气读完了。第三天，前一天的奇迹又出现了，于是他又站在那儿读了起来。就这样，那本书每天往后翻两页，直到他把全书读完。读完那天，书店的老板走出来对他说：“从今天起，你可以翻阅这里所有的书籍了。”

后来，这个年轻人成了一位著名的作家。是那位可敬的老板，引导他步入了书的美好世界。

【54】年轻人在哪儿读到了一本新书？

A 书店

B 学校

C 印刷厂

D 图书馆

【55】为什么年轻人每天只读两页书？

A 他累得不想读太多

B 他工作太忙没时间

C 书每天只打开两页

D 他每天只想读两页

【56】年轻人后来从事的是什么职业？

A 老师

B 作家

C 记者

D 工人

57 ～ 60

父亲年轻时家里很穷，为了挣钱，他挖河沟、搬石头、当建筑工人，脏活儿苦活儿都抢着干。

有一次，父亲在去工地的路上捡到了一块手帕，里面裹着 300 元钱。在以前，这是一笔了不得的财富。父亲想，丢了钱的人这时一定很着急，于是就在原地等人来认领。那是一个冬天，乡村的田野里寒风刺骨，父亲的手脚都冻僵了，他只好不停地在原地踏步。一直等到太阳快下山时，他终于看见一位姑娘匆匆赶来。原来这位姑娘的母亲病了，她借了 300 元钱想陪母亲去治病，不想在半路上丢了。见钱分毫不少地回来了，姑娘非常感激，拿出 10 元钱给父亲，父亲死活不肯收。姑娘就把这手帕送给了父亲。两年后，这姑娘就成了我的母亲。

以后，这块手帕一直放在父亲身边。父亲除了用它包钱外，每次赶集还会用它包些糖果、饼干之类的零食带给我吃。父亲喜欢抽烟，因此这手帕也沾了些烟味。我吃着带了烟味的零食，心里总是很开心。

【57】根据这段文字，父亲捡到钱以后：

A 放在原地了

B 在原地等着

C 给失主送去了

D 拿回自己家了

【58】母亲借钱去干什么？

A 给外婆治病

B 给父亲买烟

C 要送给父亲

D 给“我”买零食

【59】母亲当年为什么要给父亲 10 元钱？

A 父亲太穷了

B 想感谢父亲

C 想让父亲帮助她

D 想让父亲买手帕

【60】这段文字主要告诉我们：

A 做人一定要老实

B 好人会得到好报

C 勤劳才能有好日子

D 做事需要小心谨慎

三、书面表达

第一部分

（10 题，5 分钟）

说明：61 ～ 70 题，下面每个句子中都有一处拼音。请根据拼音，结合句子内容写出字来。请在答题卡上找到试题的号码，把字写在号码处的空格里，一个空格里写一个字。

61. 每天跑步有利于身体 jiàn 康。

62. 北京动物园里有很多 zhēn 贵的动物。

63. 边吃饭边看电视是一个不好的习 guàn。

64. 不管学哪种语言，开始一定要打好基 chǔ。

65. 立秋后早晚凉，穿短袖容易冻着胳 bo。

66. 我们各方面的工作都取得了很大的成 jì。

67. 这孩子渴坏了，一口气把一大 bēi 水都喝了下去。

68. 晚上，我在生日的幸福与欢乐中进入了 mèng 乡……

69. 快要到儿童节了，她在忙着为孩子们准备节日 lǐ 物。

70. 昨天晚上的电 yǐng 不好看，我们班只去了几个同学。

第二部分
（作文，20 分钟）

作 文 要 求

1. 写作前认真阅读作文提示，按提示要求在规定的时间内写完。
2. 每个空格写一个字，书写要清楚工整；每个标点符号占一个空格，标点符号使用要规范。
3. 作文中不得出现跟考生有关的校名、地名和真人姓名。
4. 保持卷面整洁，不得涂划损坏答卷。

作文提示：

请仔细观察下面这幅画儿，然后自定题目，写一篇 150 字左右的作文。

模拟试题（四）

一、听力理解（30 题，约 20 分钟）

扫一扫，听录音

第一部分

说明：1 ～ 10 题，这部分试题，你在听到录音中的一句话后，请根据说话的内容，在 A B C D 四个备选答案中选出与这句话搭配最恰当的一句话。

例如：第 6 题，你听到：

女：她要借你的铅笔，你怎么不借呢？

你在试卷上看到四个答案：

A 我会答应的

B 我也忘带了

C 她想用新的

D 她借给我了

第 6 题最恰当的答案是 B，你应在答题卡上找到号码 6，在字母 B 上画一横道。横道一定要画得粗一些，重一些。

6. [A] [redacted] [C] [D]

1. A 没关系
   B 忙死了
   C 忙什么呢
   D 最近没去

2. A 小说
   B 京剧
   C 足球
   D 电影

3. A 小王拿走了
   B 运动鞋很漂亮
   C 我喜欢运动鞋
   D 这是一双球鞋

4. A 天很蓝
   B 白色的云
   C 草是绿色的
   D 除了黑色都喜欢

5. A 通知他
B 放心吧
C 上午九点
D 明天考试

6. A 一层办公室
B 这月底召开
C 运动员很精神
D 可报的项目很多

7. A 准备一下
B 考试很难
C 在三楼教室考试
D 我每天都学到半夜

8. A 她在上课
B 她告诉我的
C 她头有点儿晕
D 她喝了很多水

9. A 西瓜真甜
B 葡萄是紫色的
C 苹果味道不错
D 我最喜欢橘子

10. A 球赛真精彩
B 球场上人真多
C 我要去图书馆
D 我常常去看比赛

第二部分

说明：11 ～ 30 题，这部分试题，你将听到两个人的对话和几段简短的对话或讲话，每段话之后，根据内容提出问题，请你在 A B C D 四个备选答案中选出最恰当的答案。

例如：第 18 题，你听到：

男：李小芳，我是王刚，今天数学老师留的是什么作业？

女：把第五课的课后练习全部做一遍。

问：王刚正在做什么？

你在试卷上看到四个答案：

A 休息　　B 上课　　C 打电话　　D 写作业

根据对话，第 18 题最恰当的答案是 C，你应在答题卡上找到号码 18，在字母 C 上画一横道。横道一定要画得粗一些，重一些。

18. [A]　　[B]　　▬　　[D]

一段对话或一段简短讲话的答题形式跟上面的例题相同。

11. A 回姥姥家了
B 去看奶奶了
C 复习功课了
D 在家照顾奶奶

12. A 妈妈
B 爸爸
C 奶奶
D 姑姑

13. A 女的很着急
B 火车开过来了
C 现在是一点半
D 他们准备坐火车

14. A 十字路口
B 中央公园
C 工商银行
D 街道中央

15. A 没吃饱
B 不想出门
C 想出去散步
D 去外面吃东西

16. A 学校活动丰富
B 学校学生很多
C 他们是同学关系
D 学生生活太简单

17. A 回家
B 吃饭
C 买东西
D 聊天儿

18. A 打平了
B 五班赢了
C 三班赢了
D 比赛取消了

19. A 母子
B 父女
C 同学
D 师生

20. A 餐馆
B 家里
C 商店
D 菜市场

21. A 上午九点
B 上午十一点
C 下午一点
D 下午两点

22. A 小明家
B 男的的家
C 女的的家
D 学校食堂

23. A 两元
B 三元
C 五元
D 十元

24. A 新鲜的
B 便宜的
C 最红的
D 最大的

25. A 一年级
B 二年级
C 三年级
D 六年级

26. A 妈妈忘了
B 妈妈很忙
C 他不让妈妈接
D 妈妈想让他独立

27. A 他想和同学一起回
B 他喜欢一个人回家
C 他不想让妈妈操心
D 他想得到妈妈的奖励

28. A 小鸟受伤了
B 小鸟在练习飞
C 小鸟想找吃的
D 小鸟不害怕人

29. A 一次
B 三次
C 五次
D 八次

30. A 很后悔
B 很吃惊
C 很兴奋
D 很痛苦

二、阅读理解

第一部分
（15 题，15 分钟）

说明：31 ～ 45 题，每题中都有一个空，每个空都有 A B C D 四个答案，请根据句子前后的意思选出最恰当的答案填上，并在答题卡上找到试题号码，在代表正确答案的字母上画一横道。

31. 他接到录取通知书那天，激动____一夜没睡觉。

A 得

B 地

C 的

D 着

32. ____身体不好，他提前三年就退休了。

A 只有

B 既然

C 因为

D 如果

33. 每个成功人士背后，____有一段艰难而又心酸的故事。

A 也

B 还

C 都

D 便

34. 他拿着一____报纸认真地阅读着，有时还抄录一些重要内容。

A 面

B 块

C 张

D 个

35. 社会主义初级阶段是一个____长的历史阶段。

A 异常

B 同样

C 正常

D 相当

36. 学校____小学生的特点，开展了一系列丰富多彩的活动。

A 面对

B 认识

C 针对

D 知道

37. 我们____盼到放假了，终于可以好好休息一下了。

A 总之

B 最后

C 总算

D 一直

38. 这首歌曲的曲调多么____啊！

A 优美

B 美好

C 优秀

D 优良

39. ____来到北京，爸爸的工作就一直很忙碌。

A 开始

B 刚刚

C 自从

D 刚才

40. 张师傅会修录音机，可他太忙，我____亲自动手了。

A 应该

B 只好

C 一定

D 必须

41. 在任何时候、任何情况下，我们都不能动摇这一基本____。

A 规定

B 原则

C 道理

D 规律

42. ____复习不全面，我这次考试成绩很不理想。

A 关于

B 由于

C 对于

D 在于

43. 只有这样去理解，才能____住它丰富而深刻的内容。

A 管理

B 掌管

C 左右

D 把握

44. 刚才还好好的，____突然生起气来了？

A 怎么

B 那么

C 什么

D 这么

45. 你生病后大家都在努力照顾你，你还闹情绪，太____了。

A 闹笑话

B 什么的

C 不像话

D 对不起

第二部分

（15 题，15 分钟）

说明：46 ～ 60 题，每段文字后都有一个或几个问题，每个问题都有 A B C D 四个答案，请阅读后根据每题要求选出最恰当的答案，并在答题卡上找到试题号码，在代表正确答案的字母上画一横道。

46

每年暑假，我和弟弟都要到城里的爷爷奶奶家玩儿，这是我们哥俩最高兴的事。奶奶会给我们做各种各样的好吃的，我们还会跟大伯家的哥哥一起玩儿，开心极了。

【46】这段文字的主要意思是：

A 看到爷爷奶奶很高兴

B 喜欢吃奶奶做的东西

C 暑假去爷爷家很愉快

D 跟哥哥一起玩儿很开心

47

我要买一双凉鞋，虽然穿运动鞋走路舒服，活动方便，但这几天实在是太热了。每年到夏季才热呢，今年怎么热得这么早啊！

【47】现在最有可能是什么季节？

A 春季

B 夏季

C 秋季

D 冬季

48

妈妈说，小时候她们可盼着过年了，有新衣服穿，有一年当中最好吃的东西，有压岁钱，还可以放鞭炮、串亲戚，可热闹啦。但现在的年对妈妈已经没有吸引力了。

【48】说话人的妈妈觉得现在的年：

A 比以前热闹

B 跟以前一样

C 比以前更好

D 没有意思了

49

隔壁王爷爷总是把电视的声音开得特别大，他看电视时，我是没有办法看电视的。好在他休息得早，每晚九点以后，我就可以安静地看自己喜欢的电视节目了。

【49】为什么王爷爷看电视的时候“我”没办法看？

A 他不让“我”看

B 他把声音调得很大

C “我”每天都睡得很早

D 他看的节目“我”不喜欢

50

李阿姨才出差一个星期，回来后，家里的冰箱空了，洗衣机里的衣服满了，平常收到整理箱里的零食都跑出来了，丈夫的枕头、被子也搬到客厅的沙发上了。

【50】根据这段文字可知，平时在家里：

A 妻子干活儿

B 丈夫干活儿

C 妻子不爱吃零食

D 丈夫在客厅里睡觉

51 ～ 53

有一个穷孩子，他在工厂里干活儿的时候，对科学产生了兴趣，开始做简单的实验。一次偶然的机会，他去听一位科学家做的化学报告。回来后，他把自己做的学习笔记寄给了这位大科学家。不久后的一天，大科学家寄给他一封信，请他参加第二场报告会。在大科学家的鼓励和指导下，这个穷孩子做了许多出色的实验。几年后，这个孩子开始被人邀请给大家做报告了。最后，他成为一名出色的科学家。

善良、真诚和无私，是希望的太阳。大科学家的帮助成就了这个穷孩子，使他创造了奇迹。

【51】穷孩子对什么产生了兴趣？

A 数学

B 物理

C 化学

D 生物

【52】大科学家给穷孩子寄去的东西是：

A 信

B 图书

C 实验记录

D 学习笔记

【53】这篇短文主要赞美的是：

A 科学家的无私帮助

B 穷孩子的认真努力

C 科学的强大吸引力

D 工厂对工人的照顾

54 ～ 56

一位母亲正骑着自行车，后座上坐着年幼的女儿。一不小心，孩子手中的饼干掉在地上。母亲马上停下车，轻声对女儿说："来，咱们把它扔到垃圾桶里去。"说着便把孩子抱下来，俩人弯腰一起去捡地上的碎饼干。就是这普通的一幕，让人不由得想起一句话：素质是一种习惯。

我们不必抱怨自己的力量太单薄，对社会的影响不大。试想一下，如果做父母的都能从小事开始教育好自己的孩子，每个孩子都能在社会上体现自己的价值，还用担心人们的素质和整个社会的文明程度吗？

【54】母亲停下自行车的目的是：

A 和女儿一起吃饼干

B 自己捡起掉在地上的饼干

C 把地上的饼干扔进垃圾桶

D 告诉女儿爱护环境的重要性

【55】根据这篇短文，母亲的素质如何？

A 一般

B 不好

C 很高

D 无法判断

【56】这篇短文主要想告诉我们：

A 提高素质要从小事做起

B 反对浪费应该从我做起

C 孩子要从小养成好习惯

D 父母要做好孩子的榜样

57 ～ 60

许多成功人士出席了一个捐款活动，他们每一个都是有钱人。此外，有一位在报社写专栏的作家捐了 5 万元，也被邀请参加了这次活动。

这些成功人士，几乎每一个人的名字都是这座城市的荣耀，而且他们之间十分熟悉，都面带笑意地交谈着。只有专栏作家一个人静静地坐着，没有人理睬他。一位骄傲的先生来到作家面前问他是谁，作家说明了自己的身份。骄傲的先生听了，就问他捐了多少钱。作家说他捐了 5 万元。这位先生听了哈哈大笑："你可能走错了地方，出席这个活动的都是成功人士，我们每个人至少捐了 100 万元。"专栏作家说："我捐了我所有财富的 25%，而你们只捐了 1%，请问谁更有资格待在这里呢？"骄傲的先生听完，脸红了，什么话都说不出来。

【 57 】参加捐款活动的大多数是：

A 普通人

B 有钱人

C 努力的人

D 爱读书的人

【 58 】专栏作家被邀请的原因是：

A 他要写篇报道

B 捐了 5 万元钱

C 他是成功人士

D 他也非常有钱

【 59 】专栏作家的财富大概有多少？

A 5 万

B 10 万

C 20 万

D 25 万

【 60 】关于专栏作家，下列说法正确的是：

A 他捐的钱更多

B 他捐了 100 万

C 他不应该参加活动

D 他是个有爱心的人

三、书面表达

第一部分

（10 题，5 分钟）

说明：61 ～ 70 题，下面每个句子中都有一处拼音。请根据拼音，结合句子内容写出字来。请在答题卡上找到试题的号码，把字写在号码处的空格里，一个空格里写一个字。

61. 下午我要去医院，我想向您请 <u>jià</u>。

62. 文章虽短，但是读起来十分有 <u>qù</u>。

63. 老师一讲完，同学们都高兴得 <u>gǔ</u> 起掌来。

64. 他不认识我，甚 <u>zhì</u> 连我的名字也不知道。

65. 今天我高兴极了，因为王阿姨送给我一 <u>jiàn</u> 小礼物。

66. 熊猫性 <u>gé</u> 温顺，它最爱吃新鲜的竹子了。

67. 快到元 <u>dàn</u> 了，你们班要举行什么庆祝活动啊？

68. 你再 <u>nài</u> 心等一会儿，好不好？我马上就做完了。

69. 妈妈要我转达她的谢意，<u>gǎn</u> 谢您对她的照顾。

70. 每个星期一的早上，我们学校都要举行 <u>zhuāng</u> 严的升旗仪式。

第二部分

（作文，20 分钟）

作 文 要 求

1. 写作前认真阅读作文提示，按提示要求在规定的时间内写完。
2. 每个空格写一个字，书写要清楚工整；每个标点符号占一个空格，标点符号使用要规范。
3. 作文中不得出现跟考生有关的校名、地名和真人姓名。
4. 保持卷面整洁，不得涂划损坏答卷。

作文提示：

冬天到了，天气越来越冷了。但冬天里发生的某件事让你得到了很多温暖，也让你很难忘。请你以日记的形式，写一篇 150 字左右的作文，把这件事记录下来。

模拟试题（五）

一、听力理解（30 题，约 20 分钟）

扫一扫，听录音

第一部分

说明：1 ～ 10 题，这部分试题，你在听到录音中的一句话后，请根据说话的内容，在 A B C D 四个备选答案中选出与这句话搭配最恰当的一句话。

例如：第 6 题，你听到：

女：她要借你的铅笔，你怎么不借呢？

你在试卷上看到四个答案：

A 我会答应的

B 我也忘带了

C 她想用新的

D 她借给我了

第 6 题最恰当的答案是 B，你应在答题卡上找到号码 6，在字母 B 上画一横道。横道一定要画得粗一些，重一些。

6. [A]　[redacted]　[C]　[D]

1. A 楼前
B 楼后
C 楼右边
D 在四楼

2. A 老师很好
B 数学老师
C 老师很热情
D 老师不认识我

3. A 骑自行车
B 地铁上人很多
C 马路上都是车
D 公共汽车路线很多

4. A 我喜欢读书
B 去年刚建的
C 学习的人很多
D 那里有个博物馆

5. A 你说吧
B 好建议啊
C 没什么建议
D 这是谁的建议

6. A 谢谢
B 糖很甜
C 不客气
D 我喜欢吃糖

7. A 我有笔
B 没问题
C 真漂亮
D 对不起

8. A 现在是夏天
B 我刚去过草原
C 这里离草原不远
D 现在是最美的时候

9. A 我同桌
B 她是我同学
C 我们是好朋友
D 我们好久没见了

10. A 我也是
B 快考试了
C 大学很漂亮
D 这所大学很好

第二部分

说明： 11 ～ 30 题，这部分试题，你将听到两个人的对话和几段简短的对话或讲话，每段话之后，根据内容提出问题，请你在 A B C D 四个备选答案中选出最恰当的答案。

例如： 第 18 题，你听到：

男：李小芳，我是王刚，今天数学老师留的是什么作业？

女：把第五课的课后练习全部做一遍。

问：王刚正在做什么？

你在试卷上看到四个答案：

A 休息　　B 上课　　C 打电话　　D 写作业

根据对话，第 18 题最恰当的答案是 C，你应在答题卡上找到号码 18，在字母 C 上画一横道。横道一定要画得粗一些，重一些。

18. [A]　　[B]　　■　　[D]

一段对话或一段简短讲话的答题形式跟上面的例题相同。

11. A 三节
B 四节
C 五节
D 六节

12. A 父女
B 师生
C 兄妹
D 姐弟

13. A 男的
B 女的
C 男的的同学
D 女的的同学

14. A 41 个
B 42 个
C 43 个
D 44 个

15. A 女的有很多作业
B 男的周末没有作业
C 女的可以出去玩儿
D 男的不想出去玩儿

16. A 女的迟到了
B 男的没有手表
C 女的不想来太早
D 男的不知道几点

17. A 女的要考试了
B 男的在整理房间
C 女的马上要出门
D 男的的房间太乱

18. A 写作文
B 写作业
C 出去玩儿
D 玩儿游戏

19. A 餐馆
B 学校
C 医院
D 家里

20. A 逛公园
B 看朋友
C 买东西
D 出去玩儿

21. A 教室
B 宿舍
C 图书馆
D 办公室

22. A 一本
B 三本
C 五本
D 八本

23. A 四月
B 五月
C 六月
D 七月

24. A 男的是女的的老师
B 期末考试还没开始
C 女的已开始准备考试了
D 男的的成绩不如女的好

25. A 洗碗
B 洗衣服
C 看电视
D 躺着休息

26. A 被儿子抱住了
B 儿子陪他看电视
C 儿子帮他洗碗了
D 儿子记得他的生日

27. A 很难过
B 很感动
C 很生气
D 很失望

28. A 早上
B 上午
C 中午
D 下午

29. A 他一直看动画片
B 他吃了很多东西
C 他喝了凉凉的饮料
D 他没完成作业就去玩儿了

30. A 他暑假很忙
B 他今天很开心
C 他很喜欢吃饼干
D 他每天晚上看动画片

二、阅读理解

第一部分
（15 题，15 分钟）

说明：31 ～ 45 题，每题中都有一个空，每个空都有 A B C D 四个答案，请根据句子前后的意思选出最恰当的答案填上，并在答题卡上找到试题号码，在代表正确答案的字母上画一横道。

31. 她不____做重复的事情，觉得同样的事情反复做很没有意思。

A 能够

B 可能

C 愿意

D 可以

32. 任何思想，只有同____情况相结合，才能充分发挥它的作用。

A 现在

B 实际

C 当时

D 实践

33. 你不要总____别人找麻烦。

A 对

B 给

C 把

D 让

34. 小明气冲冲地跑____了家门，爸爸赶紧追了上去。

A 去

B 进

C 来

D 出

35. 他很快就____了新环境，和同学们相处得非常好。

A 适应

B 了解

C 适合

D 掌握

36. 人到中年，身体会发生很大的变化，所以要____注意健康问题。

A 加强

B 应该

C 一定

D 特别

37. 小君刚上学时很____读书，没想到时间长了，反而喜欢读书了。

A 希望

B 仇恨

C 是否

D 讨厌

38. ____你同不同意，我都决定参加这次比赛。

A 即使

B 不管

C 既然

D 如果

39. ____学校的规定，必须办好入学手续才能来听课。

A 经过

B 关于

C 按照

D 对于

40. 今年春天，我们学校种了300____小树。

A 棵

B 个

C 颗

D 枝

41. 住在这个地方的人大多数____能歌善舞。

A 都

B 也

C 还

D 就

42. 别看他老说你，____他对你最好了。

A 真正

B 其实

C 总之

D 总算

43. 全国各族人民大团结，是我们的事业取得胜利的根本____。

A 保证

B 做法

C 证明

D 计划

44. 要想到马路那边去，必须____这座立交桥。

A 除了

B 根据

C 通过

D 沿着

45. 今天我起得太晚了，____吃早饭就赶紧去上学了。

A 少不了

B 看不起

C 差不多

D 来不及

第二部分

（15 题，15 分钟）

说明：46 ～ 60 题，每段文字后都有一个或几个问题，每个问题都有 A B C D 四个答案，请阅读后根据每题要求选出最恰当的答案，并在答题卡上找到试题号码，在代表正确答案的字母上画一横道。

46

夏天天气热，小学生的活动量大，出汗较多，因此，家长必须丰富家庭的日常饮食，提高小学生的食欲。另外，还要培养孩子良好的饮食习惯，如吃饭定时、定量、不挑食，保证小学生饮食规律、营养平衡。

【46】这段文字是针对什么人说的？

A 小学生

B 所有学生

C 小学生家长

D 所有的家长

47

下课铃响了，大家你追我赶地来到操场上，有的跳绳，有的捉迷藏，有的踢毽子。其中玩儿跳绳的人最多，我也加入了。我们先分组，三人一组，两个人摇绳，第三个人跳，跳一会儿再轮换。我们玩儿得可开心啦！

【47】根据这段文字，“我”玩儿的是：

A 跑步

B 跳绳

C 捉迷藏

D 踢毽子

48

暑假结束了，小明为即将开始的新学期制订好了计划。第一，写完作业之后再玩儿，养成检查作业的习惯。第二，整理好书包和书桌，坐姿端正。第三，读书要记牢读的内容，写字时要把字写好。面对着这份计划，小明在心里对自己说：加油！

【48】这段文字主要说的是：

A 假期结束了

B 已经开学了

C 新学期事情多

D 新学期的打算

49

昨天跟朋友去公园散步，有一个老人走在我们前面，手里拿着手机，大声放着歌曲，一边走一边听，看那样子很愉快。可是音乐的声音这么大，周围散步的人会有那份愉快吗？

【49】这段文字主要说的是：

A “我”去公园散步了

B 周围散步的人不喜欢老人

C 老人手机里放的歌曲好听

D 不该在公共场所大声放音乐

50

每周五晚上七点到九点，学校的小操场上总会聚集一些学生，一起跳舞。伴着优美的音乐，学生们欢快地跳着。观看的人有学生，有老师，还有经过的路人。无论是跳舞的人还是观看的人，脸上都露出轻松的笑容。

【50】这段文字主要描述的是：

A 学生在跳舞

B 观看的人很多

C 优美动听的音乐

D 操场上愉快的人们

51 ～ 53

有一位作家，常常外出散步。有一次，他怕有人找他，临出门时在大门上写了几个字：“我不在家，请来访者下午来。”

他一边散步一边想小说接下来该怎么写，几个小时后他饿了，就开始往家里走。到了门口，一眼看见大门上的字，他十分遗憾地叹了一口气说：“原来我要找的人不在家呀。”说完他又掉头往回走，继续想他的小说。

一个人注意力太集中时，竟然会忘记自己的家？其实仔细分析一下，这并不奇怪。从心理学的角度来看，当一个人迷恋某件事时，他可能已进入忘我的状态，除了他所思考的问题，世界上的一切仿佛都不存在了。在这种情况下，暂时忘记自己的家庭住址是完全可能的。这种状态，正是他们的创造力达到高峰的表现。

【51】作家在门上写字的目的是：

A 提醒自己不要走错门

B 告诉自己先不要回家

C 告诉来访者有事下午来

D 怕有人到家里打扰自己

【52】根据本文，作家为什么没回家？

A 找不到回家的路

B 家里的门锁上了

C 忘记了自己是谁

D 他特别喜欢散步

【53】关于作家，我们知道：

A 记忆力不好

B 专心于创作

C 心理有问题

D 经常忘事情

54 ～ 56

我是一个北方女孩儿，我喜欢在冰天雪地里打雪仗、堆雪人。冬天到来时，鹅毛般的大雪从空中飘落下来，一朵朵，一簇簇，像银花，似白蝶。每到这时候，我就兴奋得不得了。

那是一个冬天的早上，我起床后，风定了，雪停了。打开门，一道白色的寒光刺得人眼花缭乱。于是，我和弟弟、表哥拿起铲子就在院子里堆起了雪人。洁白的身子，圆圆的头，煤球做黑眼睛，棉花捏成的鼻子还向上翘着呢！表哥又用红墨水给雪人涂了嘴巴，红嘴唇咧开，正朝着我们哈哈大笑呢！弟弟用一张红色的纸给雪人做了一顶漂亮的帽子，雪人一下变得神气多了。雪人堆好了，又迎来一场大仗。表哥捏好一个雪球向我发起进攻，还没等我反击表哥，他已经被弟弟的雪球打中了，雪球在表哥的头顶上开了花。这时，院子里充满了欢笑声。

【54】堆雪人时，表哥给雪人：

A 做了眼睛

B 捏了鼻子

C 涂了嘴巴

D 做了帽子

【55】根据本文，打雪仗是在：

A 刚起床的时候

B 堆完雪人以后

C 下大雪的时候

D 太阳出来的时候

【56】本文主要讲的是：

A 怎样堆雪人

B 北方的大雪

C 雪天的乐趣

D 童年的故事

57 ～ 60

我和小红发生过矛盾，我一直很讨厌她。

后来，一次体育课上，我和同学们一起跳绳，可是不小心把脚扭了，我疼得受不了。体育老师和几个同学把我扶进教室，去找班主任，可恰巧班主任不在，同学们都不知道该怎么办。我催大家先去上课，我自己等着班主任。别人都走了，小红却不肯走。她过来看了看我那肿得高高的脚，关切地问我："怎么样？疼得轻点儿了吗？"我忍住疼痛说："不用你管，别装好心了。"她没有理会我的话，说："你等一下，我去去就来。"然后我就见她跑前跑后地忙起来，一会儿去找班主任，一会儿帮我联系家长……我的心顿时暖和起来。我轻轻地问她："对不起，你能原谅我吗？"她笑着点了点头。

后来，我的脚好了，以前的敌人也变成了好朋友，我们班里又多了一对好姐妹。

不要轻易说你讨厌某个人，人的一生离不开关怀和爱。要用关怀和爱去打动别人的心，让每个人的心里都开出爱的玫瑰。

【57】根据本文，体育课上发生的事是：

A "我"和小红发生了矛盾

B "我"和同学发生了矛盾

C 跳绳时"我"的脚扭伤了

D "我"和小红被老师批评了

【58】"我"的脚受伤后，小红：

A 去找医生了

B 积极地想办法

C 去找同学帮忙了

D 扶"我"进教室了

【59】根据本文，"我"接受了小红的：

A 道歉

B 关怀

C 治疗

D 仇恨

【60】本文主要想告诉我们：

A 不能讨厌别人

B 要学会解决矛盾

C 友情是最珍贵的

D 要多去关怀别人

三、书面表达

第一部分

（10 题，5 分钟）

说明：61 ～ 70 题，下面每个句子中都有一处拼音。请根据拼音，结合句子内容写出字来。请在答题卡上找到试题的号码，把字写在号码处的空格里，一个空格里写一个字。

61. 新年晚会上，每个同学都唱了一 shǒu 歌。
62. 在我们年级，她可是最用 gōng 的学生了。
63. 这种洗衣机不但洗得干净，而且节 yuē 水。
64. 昨天芳芳和同学们一起 yóu 览了人民公园。
65. 每当我看到这张 zhào 片，心中都感到很温暖。
66. 在爸爸的指 dǎo 下，我终于学会骑自行车了。
67. 只要你天天 àn 时吃药，你的病很快就会好起来的。
68. 我们要 chǔ 理好看电视与学习、生活的关系。
69. 爷爷每天吃完晚饭后，都要 dài 上耳机听一会儿京剧。
70. 大力发展教育事业，为国家培养更多的优 xiù 人才。

第二部分

（作文，20 分钟）

作 文 要 求

1. 写作前认真阅读作文提示，按提示要求在规定的时间内写完。
2. 每个空格写一个字，书写要清楚工整；每个标点符号占一个空格，标点符号使用要规范。
3. 作文中不得出现跟考生有关的校名、地名和真人姓名。
4. 保持卷面整洁，不得涂划损坏答卷。

作文提示：

现代社会发展很快，每天都有新的变化。你想象过20年后的你会有什么样的变化吗？请你以书信的形式，展开丰富的想象，给未来的自己写一封信，字数在150字左右。

模拟试题（六）

一、听力理解（30 题，约 20 分钟）

扫一扫，听录音

第一部分

说明：1 ～ 10 题，这部分试题，你在听到录音中的一句话后，请根据说话的内容，在 A B C D 四个备选答案中选出与这句话搭配最恰当的一句话。

例如：第 6 题，你听到：

女：她要借你的铅笔，你怎么不借呢？

你在试卷上看到四个答案：

A 我会答应的

B 我也忘带了

C 她想用新的

D 她借给我了

第 6 题最恰当的答案是 B，你应在答题卡上找到号码 6，在字母 B 上画一横道。横道一定要画得粗一些，重一些。

6. [A]　■　[C]　[D]

1. A 那是窗户
   B 就在那里
   C 有个东西
   D 没什么啊

2. A 人很多
   B 操场很大
   C 去操场了
   D 上体育课呢

3. A 你去吗
   B 有美术展览
   C 展览很好看
   D 没看过美术展览

4. A 天很黑
   B 等一下
   C 帮帮我
   D 谢谢你

5. A 下雨了
B 确实不错
C 想要多少
D 已经买了

6. A 别吵，忙着呢
B 是的，不客气
C 都行，没关系
D 好的，下次见

7. A 我都知道了
B 你问过他吗
C 他们都很好
D 好久不见了

8. A 好的
B 是吗
C 可以啊
D 是不是

9. A 兰兰回家了
B 时间太晚了
C 咱们走一走吧
D 做完作业再走

10. A 他没吃早饭
B 刘校长很好
C 刚才还在呢
D 他是我们学校的

第二部分

说明：11 ～ 30 题，这部分试题，你将听到两个人的对话和几段简短的对话或讲话，每段话之后，根据内容提出问题，请你在 A B C D 四个备选答案中选出最恰当的答案。

例如：第 18 题，你听到：

男：李小芳，我是王刚，今天数学老师留的是什么作业？

女：把第五课的课后练习全部做一遍。

问：王刚正在做什么？

你在试卷上看到四个答案：

A 休息　B 上课　C 打电话　D 写作业

根据对话，第 18 题最恰当的答案是 C，你应在答题卡上找到号码 18，在字母 C 上画一横道。横道一定要画得粗一些，重一些。

18. [A]　[B]　▬　[D]

一段对话或一段简短讲话的答题形式跟上面的例题相同。

11. A 不喜欢吃苹果
B 没去过苹果园
C 很想去苹果园
D 正在苹果园里

12. A 质量不太好
B 颜色很不错
C 大小正合适
D 适合自己穿

13. A 朋友
B 父女
C 母子
D 姐弟

14. A 银行
B 邮局
C 学校
D 医院

15. A 男的刚出去了
B 女的不想出门
C 最近天气不好
D 女的很久没出门

16. A 男的睡得很好
B 邻居家在吵架
C 女的一直在唱歌
D 邻居是刚搬来的

17. A 散步
B 考试
C 学语文
D 上数学课

18. A 九岁
B 十岁
C 十一岁
D 十二岁

19. A 喜欢听女的唱歌
B 和女的关系不好
C 对女的不够了解
D 想和女的一起听歌

20. A 必须妈妈参加
B 周五上午召开
C 男的的妈妈参加
D 女的的爸爸参加

21. A 一年级
B 二年级
C 五年级
D 六年级

22. A 现在正在上六年级
B 是女的的语文老师
C 刚从别的学校转过来
D 认识女的的数学老师

23. A 家
B 教室
C 办公室
D 图书馆

24. A 今天中午
B 今天下午
C 明天中午
D 明天下午

25. A 一月一日
B 五月一日
C 七月一日
D 十月一日

26. A 去餐馆吃的
B 在公园里买的
C 吃了自己带的饭
D 用泉水自己做的

27. A 公园里的空气不好
B 我们玩儿得很开心
C 我们买了很多瓶水
D 我们不想再去公园了

28. A 晴天
B 阴天
C 下雨了
D 下雪了

29. A 不太好
B 考了零分
C 倒数第一
D 有些进步

30. A 好多了
B 更差了
C 没有变化
D 越来越伤心

二、阅读理解

第一部分
（15 题，15 分钟）

说明： 31 ～ 45 题，每题中都有一个空，每个空都有 A B C D 四个答案，请根据句子前后的意思选出最恰当的答案填上，并在答题卡上找到试题号码，在代表正确答案的字母上画一横道。

31. 不让你说话时你话很多，给你机会说你____不说了。

A 就

B 倒

C 才

D 也

32. 我们不但要____丰富的知识，还要有一个强健的身体。

A 了解

B 认识

C 掌握

D 熟悉

33. ____前面有多少困难，我都决定走下去。

A 就是

B 尽管

C 无论

D 既然

34. 他跑得很快，已经拿过好几____全校冠军了。

A 下

B 次

C 阵

D 遍

35. 班主任刚通知今天下午要____班会。

A 组织

B 召开

C 选举

D 开展

36. 虽然这件事情我做错了，但爸爸还是____了我。

A 原谅

B 处理

C 理解

D 批评

37. 这次活动安排得十分合理，大家都很____。

A 同意

B 赞成

C 满意

D 合适

38. 看图作文可以根据图画的内容____合理的想象。

A 发展

B 打开

C 展开

D 开展

39. 我____端起碗来，电话铃就响了。

A 一下

B 刚刚

C 第一

D 首先

40. 虽然我很累了，____我今晚必须把论文写完。

A 但是

B 而且

C 并且

D 还是

41. 他每天都是先复习功课，____才看电视。

A 后来

B 以后

C 然后

D 最后

42. 为了给芳芳送行，同学们____为她准备了一份礼物。

A 尽快

B 突然

C 明显

D 专门

43. 考试时一定要认真，不能太____。

A 简单

B 随便

C 轻松

D 马虎

44. 人们____看到祖国早日和平统一，两岸亲人得到团圆。

A 愿望

B 想念

C 想象

D 盼望

45. 学校离家远点儿____，多走走路对身体还有好处呢。

A 不要紧

B 来得及

C 为什么

D 有意思

第二部分

（15 题，15 分钟）

说明： 46 ～ 60 题，每段文字后都有一个或几个问题，每个问题都有 A B C D 四个答案，请阅读后根据每题要求选出最恰当的答案，并在答题卡上找到试题号码，在代表正确答案的字母上画一横道。

46

夏天，妈妈经常给我煮毛豆或玉米，还给我买葡萄、樱桃、西瓜等水果。虽然夏天很热，但有了这些好吃的，我坚定地认为夏天是最好的季节。

【46】这段文字主要说的是：

A 妈妈非常爱“我”

B 夏天天气会非常热

C“我”喜欢夏天的原因

D“我”喜欢吃毛豆和玉米

47

爷爷和我们一起生活。爸妈白天都上班，我也去学校上学了，爷爷一个人在家可寂寞了。所以爸爸买了一台大电视，想让他老人家看得舒服些。

【47】从这段文字中，我们感受到：

A 爷爷很开心

B 爸爸很孝顺

C 爸妈工作很忙

D 电视节目很好看

48

今天下了一天雨，傍晚雨停了，外面空气特别清新。吃完晚饭，我们就去公园散步。公园里可热闹了，有的人散步，有的人跑步，有的人跳舞，有的人舞剑，大家都在享受雨后的美好。

【48】这段文字主要描写的是：

A 散步的情景

B 雨后的公园

C 清新的空气

D 一天的活动

49

长城在我心中一直是个梦幻般的存在。从“孟姜女哭长城”的传说，到人们常说的“不到长城非好汉”，都让我对长城充满了向往。我早就想亲自登上长城，亲手摸一摸那厚实的青砖。暑假的一天，我终于实现了这个愿望。

【49】说话人此时的心情是：

A 期待

B 好奇

C 激动

D 害怕

50

市场上牙膏的种类很多，有药物的，有纯植物的，有含化学成分的。一般来说，人们都喜欢选前两种，虽然价格高一点儿，但是用着更安全。

【50】根据这段文字，人们选牙膏更注意：

A 刷牙效果

B 安全可靠

C 牙膏味道

D 牙膏价格

51 ～ 53

小时候，我以为生活是一条线段，简单而乏味，两个端点就是家和学校。每天清晨，我在紧张的自行车铃声中，背着书包，跨进学校的大门，开始一天的学习；傍晚，在《回家》的音乐声中，我收拾起零乱的文具，背着重重的书包回家。

随着年龄的增长，我逐渐知道了：生活其实有很多种形状，复杂而又多彩。

果园里，灿烂的桃花、娇艳的杏花、雪白的梨花下，不时传来银铃般的欢笑声。我们的身影与花相映，人比花娇，花比人艳。牢固的友谊从此奠定。嗯，生活是个三角形！

书城里，我努力搜寻着自己的目标，那一部部长方形的“大块头”都是我喜爱的书。啊，生活还是个四边形！

田野里，和朋友们一起嬉戏，捉蝴蝶，听虫鸣，赏花开……这时，我忽然感到：生活是五角形、六边形……

生活啊，越长大，我就越能发现你的美！

【51】这段文字的主要意思是：

A 生活像一条线段

B 越长大越懂生活

C 生活其实很复杂

D 生活是有形状的

【52】小时候，“我”怎么去上学？

A 走路

B 坐公交车

C 骑自行车

D 家长送“我”

【53】在书城里，“我”觉得生活是：

A 三角形

B 四边形

C 六边形

D 多边形

54 ～ 56

玩儿稻草、爬草堆和打稻草人是我们农村孩子最喜欢的游戏了。我们家有很多稻草，一堆堆的，每堆都有两三米高。每当大人不在的时候，我们就去爬稻草堆。我们都喜欢爬最高的稻草堆，爬上去，看看下面的小伙伴，很得意。开始，我和小伙伴们爬上去的时候总是会摔下来，摔得很痛，而且把衣服也弄脏了。我第一次摔下来时还差点儿哭了，可是小伙伴们看着我呢，我想：我是男子汉，不能哭。还好我坚持住了。我们乐此不疲地玩儿，一会儿爬上去，一会儿摔下来，爬着，摔着，快乐地笑着。

【54】本文主要讲了哪个游戏？

A 玩儿稻草

B 爬稻草堆

C 打稻草人

D 登高比赛

【55】我们选择什么时候去爬稻草堆？

A 天黑以后

B 放学以后

C 大人不在时

D 白天的时候

【56】第一次从稻草堆上摔下来时，“我”为什么没哭？

A 没有摔疼

B 衣服没弄脏

C 小伙伴来扶“我”

D 觉得自己要坚强

57 ～ 60

在我读小学的时候，有一次，妈妈过生日。那天我带上存了很久的零用钱，买了一件闪闪发亮的毛衣，兴奋不已地抱在怀里，准备送给妈妈。谁知道妈妈拆开纸袋拿出毛衣后，生气地说：“这是什么东西啊？拿去退了！”“我买给你的生日礼物，你不喜欢吗？”我幼小的心灵受到了极大的伤害。“我怎么能穿？这么难看，价钱也不便宜。走，去退货。”她不高兴地要我带她去那家店，坚持把这礼物退掉了。

长大之后回想起来，我心里还是隐隐作痛。我认为是妈妈做错了。有一天，我向她提起这件童年旧事：“妈，就算你再不喜欢，也不该生气啊，我毕竟是一片好心。”“哦，我当时那样做是不对。”妈妈似乎有些后悔，背过脸去，沉默了很久。接着她又说：“当时我们家没钱，我不想穿那么贵的衣服。”

原来是这样，看来是我没有理解妈妈。

【57】“我”给妈妈买了毛衣，妈妈：

A 穿着不合适

B 拿去退掉了

C 感动得哭了

D 高兴地收下了

【58】妈妈生日这天，“我”的心情怎样？

A 一直非常高兴

B 由兴奋变伤心

C 由兴奋变激动

D 由伤心变高兴

【59】妈妈当年坚持退掉毛衣的原因是：

A 毛衣不合身

B 毛衣不好看

C 毛衣太贵了

D 妈妈不喜欢

【60】本文主要讲的是：

A “我”和妈妈的矛盾

B 妈妈对“我”的伤害

C “我”和妈妈关于礼物的争论

D “我”和妈妈互相理解的过程

三、书面表达

第一部分

（10 题，5 分钟）

说明：61 ～ 70 题，下面每个句子中都有一处拼音。请根据拼音，结合句子内容写出字来。请在答题卡上找到试题的号码，把字写在号码处的空格里，一个空格里写一个字。

61. 姐姐的这两条新裙子都很 piào 亮。
62. 山 qū 的天气像小孩子的脸，说变就变。
63. 去年夏天，我们去北京参观了自然 bó 物馆。
64. 参加比 sài 的运动员都集中到了操场上。
65. 这次班会使同学们 zēng 长了许多知识。
66. 虽然你不愿意接 shòu 我的意见，但我还是要说。
67. 我校加强了 guǎn 理，从而大大提高了教学质量。
68. 北京动物园里有许多动物，最吸 yǐn 人的是大熊猫。
69. 虽然天气很冷，但是大家的头上都 mào 出了汗。
70. 今天，同学们在学校 fù 近的山上开展了一次有意义的植树活动。

第二部分
（作文，20 分钟）

作 文 要 求

1. 写作前认真阅读作文提示，按提示要求在规定的时间内写完。
2. 每个空格写一个字，书写要清楚工整；每个标点符号占一个空格，标点符号使用要规范。
3. 作文中不得出现跟考生有关的校名、地名和真人姓名。
4. 保持卷面整洁，不得涂划损坏答卷。

作文提示：

请仔细观察下面这幅画儿，然后写一篇 150 字左右的作文，自定题目。

模拟试题（七）

一、听力理解（30题，约20分钟）

扫一扫，听录音

第一部分

说明：1～10题，这部分试题，你在听到录音中的一句话后，请根据说话的内容，在A B C D四个备选答案中选出与这句话搭配最恰当的一句话。

例如：第6题，你听到：

女：她要借你的铅笔，你怎么不借呢？

你在试卷上看到四个答案：

A 我会答应的

B 我也忘带了

C 她想用新的

D 她借给我了

第6题最恰当的答案是B，你应在答题卡上找到号码6，在字母B上画一横道。横道一定要画得粗一些，重一些。

6. [A] ▬ [C] [D]

1. A 铅笔断了
   B 不是这支吗
   C 那是一支毛笔
   D 这是红色的铅笔

2. A 刚买的
   B 电脑很贵
   C 你要用吗
   D 爸爸送给我的

3. A 山很高啊
   B 这里很漂亮
   C 可以看很远啊
   D 马上就到山顶了

4. A 好啊
   B 走错了
   C 很远啊
   D 琳琳常去

5. A 去玩儿吧
B 快去医院吧
C 医院在哪儿
D 我们一起去吧

6. A 我不如你高
B 你是她弟弟
C 姐姐和弟弟
D 你是男孩子嘛

7. A 是啊，时代进步了
B 我打算下周末回家
C 网速比以前快多了
D 小方的车票很难买

8. A 我只有一支
B 我家里有三支笔
C 行，我借你的吧
D 我的笔是红色的

9. A 这本词典很贵
B 这本词典很厚
C 这是一本词典
D 这是很多年前买的

10. A 要买票
B 没办法
C 没想好
D 看书呢

第二部分

说明： 11 ～ 30 题，这部分试题，你将听到两个人的对话和几段简短的对话或讲话，每段话之后，根据内容提出问题，请你在 A B C D 四个备选答案中选出最恰当的答案。

例如： 第 18 题，你听到：

男：李小芳，我是王刚，今天数学老师留的是什么作业？

女：把第五课的课后练习全部做一遍。

问：王刚正在做什么？

你在试卷上看到四个答案：

A 休息　　B 上课　　C 打电话　　D 写作业

根据对话，第 18 题最恰当的答案是 C，你应在答题卡上找到号码 18，在字母 C 上画一横道。横道一定要画得粗一些，重一些。

18. [A]　　[B]　　■　　[D]

一段对话或一段简短讲话的答题形式跟上面的例题相同。

11. A 喜欢打篮球
B 个子比较高
C 篮球打得好
D 喜欢看比赛

12. A 有点儿大
B 有点儿小
C 穿起来麻烦
D 穿着很舒服

13. A 三口
B 四口
C 五口
D 六口

14. A 骑车很舒服
B 她不太舒服
C 应该坐车去
D 她不会骑车

15. A 公园
B 饭店
C 家里
D 商店

16. A 还书
B 借书
C 买书
D 送书

17. A 前边
B 后边
C 左边
D 右边

18. A 需要拿手套
B 不想出门了
C 衣服穿少了
D 忘带雨伞了

19. A 父女
B 夫妻
C 兄妹
D 母子

20. A 感冒了
B 写完作业了
C 肚子不舒服
D 不想参加考试

21. A 书包里
B 桌子上
C 桌子下面
D 女的的手里

22. A 女的没见过
B 女的看完了
C 男的给弄丢了
D 是男的借来的

23. A 晴转阵雨
B 比较寒冷
C 由晴转阴
D 一直下雨

24. A 去北京
B 去南京
C 观察天气
D 出去玩儿

25. A 夏天的早上
B 夏天的傍晚
C 冬天的早上
D 冬天的傍晚

26. A 吃饭
B 聊天儿
C 关电视
D 玩儿游戏

27. A 睡觉
B 做客
C 看电视
D 吃东西

28. A 爸爸
B 妈妈
C 姥姥
D 奶奶

29. A 春节
B 元旦
C 劳动节
D 国庆节

30. A 奶奶夸奖他
B 奶奶生气了
C 爸妈批评他
D 礼物不精美

二、阅读理解

第一部分
（15 题，15 分钟）

说明： 31 ～ 45 题，每题中都有一个空，每个空都有 A B C D 四个答案，请根据句子前后的意思选出最恰当的答案填上，并在答题卡上找到试题号码，在代表正确答案的字母上画一横道。

31. 明天你是坐公交车去学校，____跟我一起骑车去？

A 不是

B 或许

C 还是

D 或者

32. 他一转身____花瓶碰倒了，玻璃碎了一地。

A 使

B 把

C 被

D 给

33. 他把新买来的画儿挂___客厅左边的墙上了。

A 在

B 了

C 着

D 上

34. 雨后的天空中出现了一____美丽的彩虹。

A 艘

B 个

C 片

D 道

35. 这道题做错了，请你____做一遍。

A 也

B 又

C 再

D 还

36. 每个人都要从自己的实际情况____考虑问题。

A 开始

B 出发

C 投入

D 起点

37. ____去年的这个时候，我见过他一面。

A 大约

B 根据

C 估计

D 按照

38. 世界上的水资源是有限的，我们要____每一滴水。

A 珍贵

B 珍惜

C 保护

D 爱护

39. 你想去就自己去吧，____我不去。

A 正好

B 反正

C 一定

D 肯定

40. 这几句话____了全书的主要思想。

A 概括

B 表现

C 包括

D 包围

41. ____你不愿意跟我合作，我就自己干。

A 即使

B 或者

C 尽管

D 假如

42. 我转到这所学校的第一天，____的同学们就带着我熟悉了校园环境。

A 热心

B 激烈

C 着急

D 激动

43. 为了让学习效果更好，应该____时间来学习。

A 收集

B 总结

C 集中

D 一共

44. 刘丽她们小组____的节目受到了老师和同学们的欢迎。

A 表现

B 表示

C 表演

D 表达

45. 我怎样做才能让别人____我呢？

A 开玩笑

B 看得起

C 没关系

D 打招呼

第二部分

（15 题，15 分钟）

说明：46 ~ 60 题，每段文字后都有一个或几个问题，每个问题都有 A B C D 四个答案，请阅读后根据每题要求选出最恰当的答案，并在答题卡上找到试题号码，在代表正确答案的字母上画一横道。

46

经常旅游的人，不仅可以欣赏祖国的大好河山，还可以了解各地的风俗习惯，吃到各地的风味小吃，提高适应环境的能力。

【46】这段文字主要说的是：

A 旅游的形式

B 旅游的目的地

C 旅游带来的好处

D 旅游对人的影响

47

今天，我们在老师的带领下参观了新校区。新校区好大啊！好漂亮啊！我们激动地到处看。新的教室，新的图书馆，新的食堂，一切东西都是新的，都是美好的，我们充满期待。

【47】根据这段文字，我们参观的目的地是：

A 新教室

B 新食堂

C 新校区

D 新图书馆

48

现在人们基本上都用电脑写东西、查资料，但长时间坐在桌前盯着电脑屏幕，眼睛往往又疼又痒，腰容易酸，颈椎会疼，提笔忘字的现象也很严重。

【48】这段文字主要说的是：

A 电脑损害人的眼睛

B 电脑使人忘了怎么写字

C 使用电脑应该注意什么

D 长时间用电脑影响身体健康

49

妈妈在家翻看几年前的相片，自言自语地说："不比较不知道，那时候好年轻啊。不知不觉头发都白了，脸上皱纹也多了。唉，是该退休了。"

【49】从这段文字中，我们可以了解到：

A 妈妈变老了

B 妈妈已经退休了

C 妈妈不想工作了

D 妈妈年轻时很漂亮

50

一年一度的运动会就要到来了。同学们都十分热情，争先恐后地报名参加各种项目，生怕自己被落下。虽然我不太喜欢户外运动，但我不想错过和同学们一起参加集体活动的机会，就报了一个袋鼠跳。

【50】根据这段文字，我们知道：

A 运动会已经开始了

B "我"特别喜欢运动

C 我们班取得了好成绩

D "我"积极参加运动会

51 ～ 53

一名学生因为怕麻烦老师，所以总是不敢问问题。有位老师非常细心，经过长时间和学生们的相处，发现了这个现象，就问这名学生原因。学生说："老师，很抱歉，您给我的答案我又忘记了。我很想再次请教您，但想到我已经麻烦您许多次了，就不敢再去打扰您了！"老师想了想，对他说："你先去点一根蜡烛。"学生照做了。老师接着说："再去多拿几根蜡烛来，用第一根去点燃它们。"学生也照做了。这时老师笑着对他说："其他蜡烛都是用第一根点燃的，但是第一根蜡烛的光芒有损失吗？”学生回答道：“没有啊！”老师又对他说：“和你们分享我拥有的知识，我不但不会有损失，反而会有更大的快乐和满足。所以，有问题的时候，欢迎你来找我。”

【51】老师发现的现象是：

A 一名学生胆子太小了

B 一名学生不愿问问题

C 一名学生从来没有问题

D 一名学生性格太内向了

【52】根据本文，我们知道这名学生：

A 成绩太差

B 记忆力差

C 害怕老师

D 讨厌老师

【53】老师用蜡烛的故事告诉这名学生：

A 有问题不用担心

B 老师很愿意帮助他

C 老师的知识很丰富

D 爱提问题才是好学生

54 ～ 56

村里人都知道妈妈的勤劳和辛苦。我家人口多，爸爸妈妈，我们兄妹两人，加上年迈的奶奶和双目失明的五大爷，总共六口人。爸爸是村干部，他只忙村里的事情，在家的时间少。妈妈则一年四季没有休息日，春种秋收，打井积肥，做饭砍柴，家里家外忙个不停。我们都习惯了妈妈的忙碌。

记得有一年中秋节，我只有十三四岁吧，我和哥哥跟着妈妈去地里捡土豆。妈妈弯着腰不停地往筐里捡拾着土豆，一筐筐地装进了麻袋。不经意间，我看见从妈妈额头上滚落下来的一颗颗晶莹的汗珠，突然心里有一种疼痛的感觉。我当时什么也没说，只是更卖力地捡起了土豆。

【54】关于爸爸，下列说法正确的是：

A 不爱回家

B 不会做家务

C 工作特别忙

D 跟妈妈关系不好

【55】妈妈为什么那么忙？

A 要撑起整个家

B 家里人口太多了

C 照顾老人的任务太重

D 想让别人知道自己勤劳

【56】“我”跟妈妈捡土豆时感觉到：

A 干活儿不容易

B 妈妈十分辛苦

C 捡土豆太累了

D 劳动是快乐的

57～60

一个星期天，天气晴朗，阳光明媚，正是出游的好日子。我决定和奶奶一起去附近走一走，活动活动。

到了楼下，咦，怎么有个小男孩儿在草地上踢足球呢？我走近一看，哎呀，他脚下的草已经被压得直不起腰了。我立刻对他喊道：“小弟弟，请不要在草地上踢球，你看，小草都被你压弯了。”“哦，对不起，我错了。”说完，小男孩儿就抱起足球跑出了草地。

走了一会儿，我说：“奶奶，我有点儿饿了。”奶奶说：“那咱们就坐公交车去万达广场买点儿吃的吧。”我们上车后发现正好有两个座位，于是我和奶奶一人一个坐下了。不一会儿，上来一位跟我奶奶年纪差不多的爷爷。我连忙站起来说：“爷爷，您坐我的位置吧。”爷爷看看我说：“真是好孩子！”车上的叔叔阿姨们也向我投来赞许的目光。

和奶奶回到家里，我心情格外舒畅。这次出门，我做了不少好事，心里充满了快乐，我觉得我长大了。

【57】小男孩儿在草地上：

A 跑步

B 做游戏

C 踢足球

D 拔小草

【58】对“我”的劝告，小男孩儿：

A 接受了

B 不愿听

C 没听见

D 不耐烦

【59】公交车上发生了什么事？

A 奶奶给爷爷让座

B “我”给奶奶让座

C “我”给爷爷让座

D 叔叔阿姨表扬“我”

【60】“我”感到快乐的原因是：

A 做了很多好事

B 遇到了好天气

C 出去玩儿了一趟

D 吃到了好吃的东西

三、书面表达

第一部分
（10 题，5 分钟）

说明：61 ～ 70 题，下面每个句子中都有一处拼音。请根据拼音，结合句子内容写出字来。请在答题卡上找到试题的号码，把字写在号码处的空格里，一个空格里写一个字。

61. 这是我最美好的一段回 yì。
62. 美丽的白洋淀，你是河北人民的骄 ào！
63. 每天早晨都有很多同学来这里 lǎng 读课文。
64. wǎn 会上你们班表演的小品太有意思了。
65. 每年春天，我们学校都要 zhào 开春季运动会。
66. 我想 lì 用这一个月的时间，每天练习发音。
67. 王阿姨特别喜欢帮助人，她真是我们的好 lín 居。
68. 时间过得真快，一转眼，两个月的 shǔ 假就过去了。
69. 多亏了老师们的辛勤工作，大家都考上了比较 lǐ 想的学校。
70. 这件事过去很久了，可每次想起来，我都感到那样亲 qiè。

第二部分
（作文，20 分钟）

作 文 要 求

1. 写作前认真阅读作文提示，按提示要求在规定的时间内写完。
2. 每个空格写一个字，书写要清楚工整；每个标点符号占一个空格，标点符号使用要规范。
3. 作文中不得出现跟考生有关的校名、地名和真人姓名。
4. 保持卷面整洁，不得涂划损坏答卷。

作文提示：

为了提高同学们的足球水平，丰富校园文化生活，加强班级之间的交流，学校决定举行春季足球赛，四到六年级每个班均可组织球队参加。比赛时间为 4 月至 5 月，报名截止时间为 3 月 30 日。

请你根据以上信息写一则通知，鼓励符合条件的班级积极参与。

模拟试题（八）

一、听力理解（30 题，约 20 分钟）

扫一扫，听录音

第一部分

说明：1 ～ 10 题，这部分试题，你在听到录音中的一句话后，请根据说话的内容，在 A B C D 四个备选答案中选出与这句话搭配最恰当的一句话。

例如：第 6 题，你听到：

女：她要借你的铅笔，你怎么不借呢？

你在试卷上看到四个答案：

A 我会答应的

B 我也忘带了

C 她想用新的

D 她借给我了

第 6 题最恰当的答案是 B，你应在答题卡上找到号码 6，在字母 B 上画一横道。横道一定要画得粗一些，重一些。

6. [A] ■ [C] [D]

1. A 茶叶很好
   B 一百元两盒
   C 这茶叶很香
   D 喝茶对身体好

2. A 谢谢
   B 哪儿
   C 不用谢
   D 不客气

3. A 我感冒了
   B 我先走了
   C 你高兴就好
   D 老师表扬我了

4. A 妈妈买的
   B 蛋糕很好吃
   C 今天我生日
   D 过生日真开心

5. A 你考得不错
B 咱们回宿舍
C 明天有考试
D 三楼办公室

6. A 草原很大
B 空气很好
C 草原太美了
D 有时间就会骑

7. A 这里有很多花
B 这里的植物真多
C 那里的花真漂亮
D 你是怎么知道的

8. A 我要去上学
B 明天要上课
C 足球队有活动
D 我们家很温暖

9. A 好的
B 谢谢
C 时间很紧
D 准备一下

10. A 新相机
B 去年买的
C 相机很贵
D 相机是我的

第二部分

说明： 11 ～ 30 题，这部分试题，你将听到两个人的对话和几段简短的对话或讲话，每段话之后，根据内容提出问题，请你在 A B C D 四个备选答案中选出最恰当的答案。

例如： 第 18 题，你听到：

男：李小芳，我是王刚，今天数学老师留的是什么作业？

女：把第五课的课后练习全部做一遍。

问：王刚正在做什么？

你在试卷上看到四个答案：

A 休息　　B 上课　　C 打电话　　D 写作业

根据对话，第 18 题最恰当的答案是 C，你应在答题卡上找到号码 18，在字母 C 上画一横道。横道一定要画得粗一些，重一些。

18. [A]　　[B]　　■　　[D]

一段对话或一段简短讲话的答题形式跟上面的例题相同。

11. A 踢球
B 打球
C 学跳舞
D 见朋友

12. A 男的生病了
B 女的快考试了
C 今天是星期六
D 女的不想去看李明

13. A 同学
B 朋友
C 师生
D 同事

14. A 学校
B 银行
C 医院
D 商店

15. A 女的要迟到了
B 男的要迟到了
C 女的走不动了
D 男的走不动了

16. A 男的刚回来
B 女的想出门
C 女的不太舒服
D 男的请女的帮忙

17. A 5天
B 10天
C 15天
D 20天

18. A 他想多吃点儿
B 妈妈以前不做菜
C 想让妈妈多吃点儿
D 妈妈比以前会做菜了

19. A 跑步
B 游泳
C 打球
D 散步

20. A 11：30
B 12：00
C 12：30
D 13：00

21. A 忘了做
B 不想做
C 题太难了
D 没时间做

22. A 男的想帮助女的
B 女的请求男的帮忙
C 男的不会做那道题
D 女的经常不完成作业

23. A 回家了
B 踢球去了
C 上课去了
D 开会去了

24. A 一班
B 二班
C 三班
D 四班

25. A 狗
B 猫
C 鸟
D 鼠

26. A 乐乐跑了
B 乐乐生病了
C 乐乐在抓老鼠
D 乐乐想吃小鸟

27. A 说话人冲它发脾气
B 说话人打了它一顿
C 说话人不让它抓老鼠
D 说话人把小鸟赶走了

28. A 铅笔
B 钢笔
C 尺子
D 橡皮

29. A 一个女老师
B 一个男老师
C 一个女同学
D 一个男同学

30. A 语文
B 数学
C 外语
D 科学

二、阅读理解

第一部分
（15 题，15 分钟）

说明：31 ～ 45 题，每题中都有一个空，每个空都有 A B C D 四个答案，请根据句子前后的意思选出最恰当的答案填上，并在答题卡上找到试题号码，在代表正确答案的字母上画一横道。

31. 这部电视剧他已经看过两____了。

A 趟

B 道

C 遍

D 下

32. 我的发言完了，老师又在旁边____了两点。

A 说明

B 补充

C 解释

D 增加

33. 小明很不____，不但不写作业，而且还不吃饭。

A 聪明

B 听话

C 正常

D 合适

34. 电影里的主人公____我留下了深刻的印象。

A 对

B 由

C 为

D 给

35. 还有一个月就要期末考试了，____时间复习吧。

A 急忙

B 赶紧

C 及时

D 抓紧

36. 我____着奶奶睡觉，悄悄地去给她洗衣服。

A 提

B 趁

C 抽

D 赶

37. ____将来能上一个理想的大学，现在我必须努力学习。

A 为了

B 因为

C 对于

D 关于

38. 骑自行车要把手套戴上，____冻伤手。

A 以免

B 可是

C 否则

D 或者

39. 我已经____过他好几次了，这次实在不好意思再去找他。

A 反复

B 通知

C 解释

D 麻烦

40. 校长经常____各班了解情况，征求意见。

A 参加

B 掌握

C 深入

D 深刻

41. 他最怕的____老师找家长。

A 只是

B 要是

C 不是

D 就是

42. 在知识经济时代，每个人都要____更新知识，培养新的技能。

A 及时

B 按时

C 准时

D 当时

43. 老师的脸色很____，可能又跟谁生气了。

A 辛苦

B 难看

C 失望

D 痛苦

44. 人不能____于眼前的一点点成就。

A 满意

B 充满

C 满足

D 充足

45. 我这次期末考试没有考出好成绩，最____的是老师。

A 不由得

B 不得了

C 来得及

D 对不起

第二部分

（15 题，15 分钟）

说明：46 ～ 60 题，每段文字后都有一个或几个问题，每个问题都有 A B C D 四个答案，请阅读后根据每题要求选出最恰当的答案，并在答题卡上找到试题号码，在代表正确答案的字母上画一横道。

46

今天是一个欢乐的日子，一个喜庆的日子，更是一个令人紧张、激动的日子。今天阳光明媚，枝头的小鸟唱着欢快的歌，我们蹦蹦跳跳地走进了校园，参加“喜迎十九大，欢度国庆节”歌唱比赛。

【46】这段文字主要说的是：

A 今天天气很好

B 今天是国庆节

C 今天我们很高兴

D 今天我们参加比赛

47

奶奶前段时间摔了一跤，把腿摔坏了。唉，奶奶年纪大了，爸妈平时工作忙，很少有时间带我去看她，我真是想念她啊！

【47】这段文字主要表达了“我”怎样的心情？

A 担心

B 思念

C 吃惊

D 着急

48

每天早晨六点钟，爸爸准时叫我起床，和他一起去晨练，即使是休息日也不间断。我们经常改变跑步路线，今天跑这条路，明天跑那条路。由于有新鲜感，我们跑起步来很轻松、很有劲儿。

【48】我们改变跑步路线的原因是：

A 增加新鲜感

B 新的路线更短

C 寻找最好的路线

D 新的路线更好跑

49

考完试，我觉得一身轻松。放假这几天，我照样是先写作业。经过考前一周认真地学习和复习，现在我写起作业来真是得心应手啊，不一会儿就写完了。剩下的时间，我可以看看喜欢的课外书，玩儿玩儿游戏了。

【49】根据这段文字，平时“我”回到家首先做的事情是：

A 写作业

B 玩儿游戏

C 放松心情

D 看课外书

50

许多人都认为身体健康是令人开心的重要因素，其实不然。只有在病情相当严重时，健康才会影响到人们的心情。事实上，身体健康的人和有点儿小病的人，在高兴程度方面几乎没有差别。

【50】这段文字的主要意思是：

A 人们应该更关注健康

B 心情不好时容易生病

C 心情与健康关系不大

D 身体健康心情就愉快

51 ～ 53

我们学数学时学了很多图形：三角形、长方形、正方形、椭圆形、圆形……在这些图形中，我最喜欢圆形。

圆，是所有图形中最美的图形，是最富有创造力、最富有诗意的图形。

我追求完美，什么事都要求尽善尽美，就像圆一样。所有学科我都要争做第一，就连女孩子们最怕的体育我也要一争高下。

我广交朋友。“手拉手”的小伙伴，我有一大堆。陕西、云南，都有我的朋友。每到属于我们的节日，我们都会给对方一份真挚的祝福。“海内存知己，天涯若比邻”，就像圆心与圆周上的点一样，心心相印。

【51】“我”认为数学中最美的图形是：

A 圆形

B 三角形

C 长方形

D 正方形

【52】根据这段文字，圆代表：

A 图形

B 成功

C 完美

D 朋友

【53】关于朋友，“我”认为：

A 越多越好

B 要付出真心

C 应该手拉手

D 应该经常见面

54 ～ 56

早上我上学时，寒风呼呼地刮着，街上行人稀少，许多人都把头缩进厚厚的棉衣领里。中午放学的时候，同学们陆续走出了校门。我呢？我像往常一样等爸爸给我送盒饭来。我透过玻璃窗向外望着，等着，盼着。过了好一会儿也不见爸爸来，我心想：可能是天气太冷了，爸爸不会来了吧！可我又一想，不可能的，爸爸不会因为天气太冷而让女儿吃不上饭的。于是，我又耐心地等着。啊！窗外出现了一个小小的身影，爸爸果真来了，我赶紧跑出去。爸爸走到我的面前，急切又略带歉意地对我说：“今天单位有点儿事，所以我来晚了，盒饭给你，拿着。”当我从爸爸那冰凉的手中接过盒饭时，我才注意到，爸爸为了给盒饭保温，一直把它揣在怀里。一股暖流瞬间涌上我的心头。

望着爸爸那高大的身影，我哭了，泪水在我的脸上流淌，幸福的暖流在我心中激荡。

【54】这件事最可能发生在什么季节？

A 春天

B 夏天

C 秋天

D 冬天

【55】爸爸为什么来晚了？

A 天气太冷了

B 路上堵车了

C 买盒饭去了

D 单位有些事

【56】爸爸为什么把盒饭揣在怀里？

A 担心盒饭凉了

B 害怕盒饭丢了

C 想暖一暖身体

D 想跑得快一些

57 ～ 60

有一位女士，从小就患上了一种奇怪的病，她的肢体失去了平衡感，手足会时常乱动，口里也经常念叨着模糊不清的词语，模样十分怪异。医生根据她的情况，判定她活不过六岁。在常人看来，她已失去了语言表达能力与正常的身体，更别谈什么前途与幸福了。但她却坚强地活了下来，而且凭着顽强的意志和毅力，考上了一所著名大学，并获得了艺术博士学位。她靠手中的画笔抒发着自己的情感，还出版了作品。在一次读者见面会上，一名观众突然这样提问："你从小就长这个样子，请问你怎么看你自己？你有过怨恨吗？" 在场的人都暗暗责怪这名观众的不敬，但这位女士却没有半点儿不高兴，她十分坦然地在黑板上写下了这么几行字：

一、我好可爱；

二、我的腿很长很美；

三、爸爸妈妈那么爱我；

四、我会画画儿；

五、我有一只可爱的猫；

……

最后，她以一句话作为结论：我只看我拥有的，不看我没有的！

【57】这篇短文主要讲的是：

A 这位女士严重的病情

B 这位女士艰苦的生活

C 这位女士奋斗的精神

D 这位女士取得的成就

【58】关于这位女士，我们知道什么？

A 没考上大学

B 学会了说话

C 长得很难看

D 很有自信心

【59】这位女士的特长是什么？

A 语言

B 美术

C 书法

D 运动

【60】这位女士成功靠的是什么？

A 只看自己的优点

B 认识到自己的缺点

C 觉得自己是完美的

D 全面看待自己的优缺点

三、书面表达

第一部分
（10题，5分钟）

说明：61～70题，下面每个句子中都有一处拼音。请根据拼音，结合句子内容写出字来。请在答题卡上找到试题的号码，把字写在号码处的空格里，一个空格里写一个字。

61. 我的心里一直藏着一个美好的 yuàn 望。
62. 目前我还不清楚你可不可以提前 bì 业。
63. 奶奶每天早晨都要到公园里进行早锻 liàn。
64. 那片菜地是上学路上一 dào 美丽的风景。
65. 虽然困难很多，但我一定要坚 chí 到最后。
66. 有了爸爸妈妈的照顾，他很快就 huī 复了健康。
67. fān 译这本小说是很不容易的，但他做到了。
68. 离开这儿以后，我们就再也没有 lián 系过了。
69. 只有对自己的生活 chōng 满信心的人才能笑得这样开心。
70. 小学 qī 间我遇到过很多位好老师，其中我最难忘的是王老师。

第二部分
（作文，20分钟）

作 文 要 求

1. 写作前认真阅读作文提示，按提示要求在规定的时间内写完。
2. 每个空格写一个字，书写要清楚工整；每个标点符号占一个空格，标点符号使用要规范。
3. 作文中不得出现跟考生有关的校名、地名和真人姓名。
4. 保持卷面整洁，不得涂划损坏答卷。

作文提示：

每年 3 月是学雷锋月，学校号召大家学雷锋做好事，同学们积极响应。

请你以日记的形式，写一篇 150 字左右的作文，把自己参加学雷锋活动的内容、过程以及自己的收获记录下来。

模拟试题（九）

一、听力理解（30 题，约 20 分钟）

扫一扫，听录音

第一部分

说明：1 ～ 10 题，这部分试题，你在听到录音中的一句话后，请根据说话的内容，在 A B C D 四个备选答案中选出与这句话搭配最恰当的一句话。

例如：第 6 题，你听到：

女：她要借你的铅笔，你怎么不借呢？

你在试卷上看到四个答案：

A 我会答应的

B 我也忘带了

C 她想用新的

D 她借给我了

第 6 题最恰当的答案是 B，你应在答题卡上找到号码 6，在字母 B 上画一横道。横道一定要画得粗一些，重一些。

6. [A] ■ [C] [D]

1. A 谢谢
   B 不客气
   C 对不起
   D 早上说

2. A 美极了
   B 现在很热
   C 湖水很漂亮
   D 一年四季都很美

3. A 是不是
   B 过两天
   C 太好了
   D 热闹的春节

4. A 阳光很好
   B 天太热了
   C 你从哪儿来
   D 水龙头坏了

5. A 天气不错
B 胃里难受吗
C 没事，我不怕冷
D 是啊，真不舒服

6. A 有很多钱
B 钱包挺好看
C 是我捡到的
D 就在商店门口

7. A 还不错
B 表现一下
C 他回家了
D 他很高兴

8. A 明天再写
B 马上读完了
C 我写字很慢
D 我现在吃饭

9. A 书很多
B 书包很大
C 书包丢了
D 我也不清楚

10. A 是的
B 我也是
C 她也是
D 谁知道呢

第二部分

说明： 11～30 题，这部分试题，你将听到两个人的对话和几段简短的对话或讲话，每段话之后，根据内容提出问题，请你在 A B C D 四个备选答案中选出最恰当的答案。

例如： 第 18 题，你听到：

男：李小芳，我是王刚，今天数学老师留的是什么作业？

女：把第五课的课后练习全部做一遍。

问：王刚正在做什么？

你在试卷上看到四个答案：

A 休息　　B 上课　　C 打电话　　D 写作业

根据对话，第 18 题最恰当的答案是 C，你应在答题卡上找到号码 18，在字母 C 上画一横道。横道一定要画得粗一些，重一些。

18. [A]　　[B]　　■　　[D]

一段对话或一段简短讲话的答题形式跟上面的例题相同。

11. A 父子
B 母子
C 兄妹
D 姐弟

12. A 作文书
B 图画书
C 故事书
D 辅导书

13. A 白色
B 蓝色
C 红色
D 粉色

14. A 没买到票
B 没去买票
C 排在最后面
D 买到两张票

15. A 银行
B 邮局
C 超市
D 火车站

16. A 生病了
B 住院了
C 病已好了
D 睡不好觉

17. A 男的不认识女的
B 男的没有介绍自己
C 女的向男的介绍邻居
D 女的不认识新来的邻居

18. A 有很多人
B 在办新展览
C 人们挤在一起
D 发生了交通事故

19. A 看医生
B 好好睡觉
C 早点儿睡觉
D 听医生的话

20. A 是最好的
B 刚刚建好
C 刚开始建设
D 已经落后了

21. A 生病了
B 太马虎了
C 试题太难了
D 没好好准备

22. A 不用准备
B 不要迟到
C 认真一些
D 晚点儿交卷

23. A 工作太忙了
B 生病住院了
C 去看老同学了
D 去看望妈妈了

24. A 不想麻烦妈妈
B 想回家吃面条儿
C 不想在外面吃饭
D 妈妈做饭不好吃

25. A 是黄色的
B 是新做的
C 放在客厅里
D 一共有两层

26. A 小说
B 词典
C 报纸
D 作文书

27. A "我"的房间
B "我"的书架
C "我"最喜欢的书
D "我"的家庭成员

28. A 两岁
B 三岁
C 四岁
D 五岁

29. A 哥哥很聪明
B 哥哥很淘气
C 哥哥对她很好
D 哥哥特别勇敢

30. A 爸妈不喜欢哥哥
B 哥哥经常打"我"
C 哥哥让爸妈很头疼
D 哥哥不爱跟"我"玩儿

二、阅读理解

第一部分
（15 题，15 分钟）

说明： 31 ～ 45 题，每题中都有一个空，每个空都有 A B C D 四个答案，请根据句子前后的意思选出最恰当的答案填上，并在答题卡上找到试题号码，在代表正确答案的字母上画一横道。

31. 新型冠状病毒给人类带来了灾难，____给人类敲响了警钟。

A 就

B 也

C 又

D 仅

32. “寿比南山”是____老人祝寿时用的祝福语。

A 带

B 向

C 帮

D 对

33. 只有反复练习，才能____地掌握开车的技术。

A 全部

B 成熟

C 完全

D 熟练

34. 这本书我已经看过三____了。

A 段

B 遍

C 趟

D 个

35. 这部影片讲述了一个略带凄凉又充满温情的____故事。

A 动人

B 感动

C 可怜

D 吓人

36. 课程改革试行的一个多月，大部分学生及家长都对此____欢迎。

A 表示

B 表现

C 显示

D 表达

37. 一个人做一两件好事并不难，但是毕生做好事，不做坏事，就不____了。

A 轻易

B 愿意

C 容易

D 可能

38. 随着经济的快速发展，劳动者的收入也____提高。

A 前后

B 连续

C 一直

D 不断

39. 一场足球赛下来，运动员____了大量体力。

A 消费

B 消耗

C 浪费

D 花费

40. 校长只是____让吴老师当我们班的班主任，新老师一来就会换。

A 短期

B 简短

C 临时

D 马上

41. 艺术家的精彩表演赢得了____的阵阵掌声。

A 群众

B 人民

C 观众

D 百姓

42. 如今，我们仍要____中华民族奋发图强的爱国主义精神。

A 发扬

B 发展

C 发挥

D 发动

43. 这堂语文课，师生____配合，相互呼应，上得生动活泼。

A 秘密

B 亲密

C 亲切

D 密切

44. 前几天我和好朋友吵架了，不过等到我们都____到是自己错了的时候，又马上和好了。

A 意识

B 掌握

C 看法

D 了解

45. 昨晚____睡着了，又被外面的风声惊醒了。

A 好容易

B 来不及

C 有的是

D 怎么样

第二部分

（15题，15分钟）

说明：46～60题，每段文字后都有一个或几个问题，每个问题都有ABCD四个答案，请阅读后根据每题要求选出最恰当的答案，并在答题卡上找到试题号码，在代表正确答案的字母上画一横道。

46

一个健康的人，有足够的水喝，即使一段时间内不进食，也能维持生命。如果没有水，三天就会死亡。如果在酷热的沙漠中，甚至坚持不到两个小时。

【46】这段文字的主要意思是：

A 多喝水能保持健康

B 水对人类非常重要

C 人不吃饭就会死亡

D 人有水喝就能活着

47

人人都知道生气不好，可事到临头，每个人都会不加控制地大生其气。这种情况应该尽量避免。其实大部分人对生气的认识都不够，事实是，你的每一次心情变化，都会在瞬间对你的身体产生巨大影响。

【47】根据这段文字，心情变化会：

A 影响他人

B 影响身体

C 更容易生气

D 影响人的看法

48

调查显示，6至12岁的学生学习兴趣只能维持20至30分钟。教育人士认为，小学应该把原来的45分钟课时缩短至30分钟，这样可以提高学生的听课效率。

【48】现在小学生一节课的时间为：

A 20 分钟

B 30 分钟

C 40 分钟

D 45 分钟

49

我放学回家，看到爸爸把脱下来的袜子放在皮鞋里，于是，一写完作业我就拿起爸爸的袜子走到水池边。我先用水把袜子浸湿，然后抹上肥皂，两手用力搓，最后用水冲干净，晾到阳台上。看到洗好的袜子，我格外高兴。

【49】这段文字主要是说“我”：

A 回家先写作业

B 洗袜子的过程

C 作业已经写完了

D 干活儿后心情好

50

天气好的时候，我就把窗户打开，门也打开，让空气对流一下。屋子里的空气好，人就会感觉很舒服，也不容易生病。只是有时刮风，土也刮进来了，就得搞卫生。

【50】这段文字主要描写的是：

A 天气情况

B 日常生活

C 日常工作

D 健康情况

51 ～ 53

每星期五晚上都是我最开心的时候，因为我能和妈妈一起去健身房健身了。一到健身房就能看到许多有趣的健身器材，如跑步机、拉力器、动感单车等。我特别喜欢在这些器材上锻炼。今天晚上锻炼的人可多了，跑步机都排队呢，我和妈妈只好先骑动感单车。动感单车看似跟自行车差不多，蹬起来可比骑自行车累多了，不一会儿我们就满头大汗了。等到有跑步机空出来，我们又跑了一会儿步。一个小时锻炼下来，真够累的。我不禁想，每天坚持锻炼的人可真有毅力啊！我跟妈妈说，我也要坚持锻炼。

【51】为什么每周五晚上是“我”最开心的时候?

A 周末可以休息了

B 可以骑自行车了

C 可以跟妈妈出门了

D 可以去健身房锻炼了

【52】在健身房里，最受欢迎的健身器材是：

A 跑步机

B 拉力器

C 自行车

D 动感单车

【53】根据本文，“我”：

A 喜欢运动

B 最喜欢跑步

C 每天坚持锻炼

D 嫌运动太累了

54 ～ 56

苏步青，1902 年生，我国著名数学家，曾任复旦大学校长。他出生于贫苦的农民家庭，从小就在地里劳动，放牛、割草、犁田，什么都干。那时他想，这辈子肯定没有读书的机会了。

正好，村里一个有钱人请了家庭教师，教他的公子读书。苏步青一有空就在窗外听，随手写写画画。想不到，那位公子没学好，苏步青却学到了不少知识。他的叔叔见他这么想学习，便拿出钱，说服苏步青的爸爸，把他送到百里之外的一所小学去读书。

小学的第一个学期，苏步青考了倒数第一名，老师把他叫到办公室，热情地鼓励他。这使苏步青大受感动，决心发愤图强。真下了决心，情况就不一样了，从第二学期起一直到大学毕业，苏步青每学期都考第一。

【54】这段文字主要讲的是：

A 苏步青的童年趣事

B 苏步青的光辉成就

C 苏步青的家庭环境

D 苏步青的学习故事

【55】根据这段文字，苏步青最初学习知识的方式是：

A 自学

B 上小学

C 窗外偷听

D 家庭教育

【56】小学的第一个学期，苏步青：

A 考得非常差

B 考了第一名

C 决心好好学习

D 常被老师批评

57～60

那天，数学老师说过几天要进行一次模拟考试，他要我们回家好好复习，所以不布置作业了。回家后，我把书包一丢，心想：最近我都在紧张地复习，多累啊，我需要放松放松。那几天，别说复习数学了，我连书皮也不碰一下，除了玩儿还是玩儿，早就把模拟考试的事情忘得一干二净了。

考完试回到家，我总觉得心里不安。

考完试第二天，数学老师捧着一叠已经改好的试卷走进教室。老师严肃的眼神似乎告诉我这次考得很差。发下卷子后，我看着鲜红的“69”，看着一个个鲜红的“×”，一股悔意涌上了心头……

我非常后悔！我忘不了考试前自己那得意扬扬的样子，我忘不了考试时那抓耳挠腮的情形，我更忘不了交卷时那惊慌失措的样子！为什么我不好好复习呢？为什么我总要那么骄傲自信呢？

生活中，我们往往会忽视一些重要的事，从而导致后悔、失望。可是事后的后悔有什么用呢？关键是要早早地重视起来呀！

【57】本文主要讲的是：

A 数学老师的故事

B 令人失望的成绩

C 两节难忘的数学课

D 让“我”后悔的一件事

【58】数学老师要求我们：

A 上课好好学

B 回家要复习

C 回家要休息

D 考试要认真

【59】成绩出来后，“我”的心情怎样？

A 紧张

B 吃惊

C 高兴

D 后悔

【60】这件事给“我”的启示是：

A 考前要好好准备

B 要认认真真学习

C 生活中不要太骄傲

D 遇事应该提早重视

三、书面表达

第一部分

（10题，5分钟）

说明：61～70题，下面每个句子中都有一处拼音。请根据拼音，结合句子内容写出字来。请在答题卡上找到试题的号码，把字写在号码处的空格里，一个空格里写一个字。

61. 同学们正在jī极准备明天的活动。
62. 南山旅游区有山有水，风jǐng很美丽。
63. 课堂纪lǜ不好，就会影响大家的学习。
64. 孩子们在动物园度过了一个yú快的星期天。
65. 改革开放后，许多大chéng市建设得越来越美了。
66. 假期我应该为父母做点儿事情，jiǎn轻一些他们的负担。
67. 看着自己qīn手洗干净的衣服，我心里高兴极了。
68. 他在高中三年里不断努力，zhōng于考上了西北大学。
69. 当小白兔睡醒后跑到终点时，乌龟早已等在那里yíng接它了。
70. 在我们学校的中心地带，有一块美丽的地方，那就是中心花yuán。

第二部分

（作文，20分钟）

作文要求

1. 写作前认真阅读作文提示，按提示要求在规定的时间内写完。
2. 每个空格写一个字，书写要清楚工整；每个标点符号占一个空格，标点符号使用要规范。
3. 作文中不得出现跟考生有关的校名、地名和真人姓名。
4. 保持卷面整洁，不得涂划损坏答卷。

作文提示：

就要小学毕业了，离开学校前，请你给老师写一封信，表达自己的感恩之情，150字左右。

模拟试题（十）

一、听力理解（30 题，约 20 分钟）

扫一扫，听录音

第一部分

说明：1 ～ 10 题，这部分试题，你在听到录音中的一句话后，请根据说话的内容，在 A B C D 四个备选答案中选出与这句话搭配最恰当的一句话。

例如：第 6 题，你听到：

女：她要借你的铅笔，你怎么不借呢？

你在试卷上看到四个答案：

A 我会答应的

B 我也忘带了

C 她想用新的

D 她借给我了

第 6 题最恰当的答案是 B，你应在答题卡上找到号码 6，在字母 B 上画一横道。横道一定要画得粗一些，重一些。

6. [A]　■　[C]　[D]

1. A 去年夏天
   B 裙子很漂亮
   C 穿裙子很凉快
   D 裙子有点儿小了

2. A 没有，冰箱很高
   B 嗯，洗衣机不转了
   C 是，里面的东西都坏了
   D 你看，冰箱外面太脏了

3. A 给我
   B 给他
   C 给你
   D 给它

4. A 马上来
   B 我不在
   C 等不了
   D 快来呀

5. A 有赢就有输
B 我喜欢踢球
C 明天有球赛
D 你们太棒了

6. A 谢谢你
B 对不起
C 不客气
D 很危险

7. A 想放假
B 两周前
C 两周后
D 还没放假

8. A 她出去了
B 妈妈再见
C 妈妈很爱我
D 我现在在家

9. A 想不明白
B 我听懂了
C 你要求太高了
D 今天没留作业

10. A 我妈妈是医生
B 我想当飞行员
C 我哥哥是大学生
D 她的班主任很好

第二部分

说明：11 ～ 30 题，这部分试题，你将听到两个人的对话和几段简短的对话或讲话，每段话之后，根据内容提出问题，请你在 A B C D 四个备选答案中选出最恰当的答案。

例如：第 18 题，你听到：

男：李小芳，我是王刚，今天数学老师留的是什么作业？

女：把第五课的课后练习全部做一遍。

问：王刚正在做什么？

你在试卷上看到四个答案：

A 休息　　B 上课　　C 打电话　　D 写作业

根据对话，第 18 题最恰当的答案是 C，你应在答题卡上找到号码 18，在字母 C 上画一横道。横道一定要画得粗一些，重一些。

18. [A]　　[B]　　[redacted]　　[D]

一段对话或一段简短讲话的答题形式跟上面的例题相同。

11. A 馒头
B 饺子
C 米饭
D 面条儿

12. A 一遍
B 两遍
C 三遍
D 四遍

13. A 闹钟坏了
B 昨天买电池了
C 女的需要电池
D 电池以前用过

14. A 两本书其实不一样
B 男的想要一本这样的书
C 女的为送男的礼物才买两本
D 女的花一本书的钱买了两本

15. A 她觉得很热
B 外面太冷了
C 外面空气不好
D 不想听男的的话

16. A 生病了
B 旅行去了
C 天气原因
D 不想上课

17. A 喜欢吃药
B 害怕打针
C 打针太贵了
D 吃药也能治好

18. A 父女
B 邻居
C 同学
D 姐弟

19. A 比较好
B 挺差的
C 处于中等
D 不够稳定

20. A 男的唱歌唱得好
B 女的不喜欢音乐
C 说话人是父女关系
D 女的的爸爸喜欢音乐

21. A 不想去
B 要看病
C 要照顾病人
D 老师不让去

22. A 湖
B 森林
C 草原
D 学校

23. A 没有材料了
B 盖得太高了
C 因设计差而停工
D 盖的时间还不长

24. A 浪费建筑材料不应该
B 保证楼房安全最重要
C 最好不要拆了重新盖
D 盖不盖其实都不重要

25. A 星期一
B 星期五
C 六月一日
D 十月一日

26. A 猴子
B 老虎
C 大象
D 大熊猫

27. A 门口
B 前面
C 后面
D 对面

28. A 可以休息一下了
B 可以出去参观了
C 能代表学校去上海交流
D 能跟外地学生深入交流

29. A 起立并鼓掌
B 问他们名字
C 向他们问好
D 与他们交流

30. A 有没有在线课程
B 上海的风景美不美
C 课外活动都做什么
D 上课采用什么形式

二、阅读理解

第一部分
（15题，15分钟）

说明：31～45题，每题中都有一个空，每个空都有ABCD四个答案，请根据句子前后的意思选出最恰当的答案填上，并在答题卡上找到试题号码，在代表正确答案的字母上画一横道。

31. 马上要春游了，班里大部分学生都____去北海公园。

A 允许

B 商量

C 主意

D 主张

32. 一顶帽子花几百元，____夸张了吧。

A 很

B 又

C 太

D 再

33. 他丢掉了工作，家里的经济____一年不如一年。

A 环境

B 情景

C 形势

D 状况

34. 周末我想去海边玩儿，妈妈答应得很____。

A 准时

B 快速

C 立刻

D 痛快

35. 王老师为人和蔼可亲，大家都喜欢他，爱和他____。

A 讨论

B 谈心

C 争论

D 商量

36. 大家只有____起来，才能战胜眼前的困难。

A 一致

B 合作

C 统一

D 联合

37. 我们老师从来不____同学们送的礼物。

A 同意

B 收获

C 接受

D 满意

38. 三个人分六个苹果，____一人两个。

A 总之

B 平等

C 平均

D 公平

39. ____风力发电，既可节约能源，又能保护环境。

A 利用

B 实用

C 用处

D 作用

40. 外面下着这么大的雨，我____你还是不要出门了。

A 见

B 使

C 管

D 劝

41. 蓝天、白云、青山、碧水，构成一____绝妙的图画。

A 个

B 张

C 条

D 幅

42. 老师讲课的主要内容，我们都要____下来。

A 重复

B 复习

C 记录

D 响应

43. 王老师刚来到北方时，吃、住都不____，不过现在好多了。

A 同样

B 习惯

C 区别

D 适合

44. 刘老师讲课声音很大，____在走廊都能听清楚。

A 要是

B 尤其

C 而且

D 甚至

45. 王磊感冒刚好就参加了学校运动会，还拿了 200 米第一名，好____啊！

A 好玩儿

B 看得起

C 了不起

D 没意思

第二部分

（15 题，15 分钟）

说明：46 ～ 60 题，每段文字后都有一个或几个问题，每个问题都有 A B C D 四个答案，请阅读后根据每题要求选出最恰当的答案，并在答题卡上找到试题号码，在代表正确答案的字母上画一横道。

46

节约，从某种意义上说也是创造财富。在新的一年里，希望全体同学都有节约意识，从节约一支笔、一张纸、一滴水、一度电做起，为社会的可持续发展贡献自己的力量。

【46】这段文字的主要意思是：

A 节约的好处

B 要全面发展

C 节约很重要

D 号召大家节约

47

在人的眼中，蜜蜂都是一个模样。但在蜜蜂的眼中，人却不尽相同。科学家一项最新的研究发现，蜜蜂可以识别并记忆不同的人脸。

【47】关于蜜蜂，科学家的新发现是什么？

A 蜜蜂都是一个样子

B 蜜蜂和人有很大区别

C 蜜蜂可记住不同的人脸

D 蜜蜂眼中的人都是一样的

48

大自然真的很神奇。一般来说，阴雨天气人们容易产生低落情绪。特别是连天阴雨，人们更容易烦躁不安。如果天气转晴，心情也就跟着变好了。

【48】这段文字的主要意思是：

A 天气好心情就好

B 心情好天气就好

C 心情与天气有关

D 大自然非常神奇

49

很快就要放暑假了，我有个旅游计划——去内蒙古大草原玩儿玩儿。我希望能看到蓝天白云下辽阔的大草原，成群的牛羊在那里吃草。我还希望听到牧人悠扬的歌声。

【49】根据这段文字，“我”暑假：

A 看到牛羊了

B 想学习唱歌

C 看到大草原了

D 想去大草原玩儿

50

人的短期记忆在早晨是最强的，大约比其他时间强15%。因此学生应当记住，早上考试时，事先看一下笔记确实会有好处，但短期记忆对几天后才举行的考试帮助不大。

【50】这段文字主要讲的是：

A 早晨记忆力好

B 看笔记有好处

C 学生要增强记忆力

D 短期记忆早晨最强

51 ～ 53

还没放学，小明就被学校的一位老师送回来了。这位老师对小明的母亲说，放学前小朋友们排队，可小明根本就不好好站队，还和一个同学起了冲突。班主任批评了小明几句，他就开始哇哇地哭个不停，还跟老师嚷嚷："我没错！我没有打他！"母亲向老师道了谢，然后拉着小明进了门。小明说："我不小心和亮亮撞了一下，结果亮亮就使劲儿地推我，我踢了他一脚，亮亮哭了，老师就说我了。"小明脸上挂着两行泪珠，补充说道："是他先推我的！"听到这里，母亲明白了。母亲说："好，现在我问你，如果你好好按照老师的要求排队，不乱跑，你能不小心撞到别人吗？你没有撞到亮亮，亮亮会推你吗？"小明不作声了。母亲说："你得学会对自己的行为负责！"小明用力地点了点头。

【51】小明提前回家的原因是：

A 身体不舒服

B 学校提前放学

C 跟同学打架了

D 老师批评他了

【52】小明和亮亮发生矛盾的根本原因是：

A 小明先推了亮亮一下

B 亮亮先踢了小明一下

C 亮亮不遵守学校纪律

D 小明不遵守排队要求

【53】母亲教育小明：

A 同学间不要打架

B 学生要遵守纪律

C 学生要听老师的话

D 要对自己的行为负责

54～56

黄老师是我们班的语文老师兼班主任，虽然她很严厉，但我十分敬佩她。

她对我们的要求很高，如果我们犯了错误，她一定不留情面，因此，那些调皮的男生也十分怕她。可是，毕竟古语有云："严师出高徒。" 黄老师这么一调教，我们班的班风还真改了不少。

除了严厉，黄老师也有着慈祥的一面。一次，我生了病，黄老师便打来好几个电话，问我是不是着凉了，还提醒我多喝水，待在家里好好养病，别急着上学。

我很感谢黄老师，因为她不仅把知识传授给了我们，还教会了我们做人的道理。我爱黄老师！

【54】调皮的男生为什么怕黄老师？

A 黄老师很严厉

B 黄老师很不讲理

C 黄老师经常打学生

D 黄老师对学生要求低

【55】关于黄老师，我们知道什么？

A 是教数学的

B 常给学生打电话

C 学生们都喜欢她

D 实际上很关心学生

【56】"我" 心里对黄老师是什么态度？

A 敬爱

B 害怕

C 讨厌

D 看不起

57～60

还有一周就要放暑假了，我非常兴奋。妈妈表情严肃地说："你不要天天惦记着放假，要安下心来复习，只有成绩好，你假期的愿望才能实现。" 但我心里还是想着假期的美好。

这个假期，我的第一个愿望是：我要痛痛快快地玩儿切水果游戏。平时妈妈不让我玩儿，现在我总算有时间把这个游戏玩儿熟练了。

第二个愿望是到姥姥家去爬山。姥姥家在杭州，那里风景非常美，有山有水。我可以和小朋友们比赛爬山，太有意思了！

第三个愿望是看几部动画片。有几个小伙伴给我介绍的片子，我准备在假期里看。

我再坚持一周，好好复习，争取考出好成绩，实现我的愿望。

【57】快放假了，“我”的心情怎样？

A 高兴

B 着急

C 担心

D 紧张

【58】要实现假期愿望，“我”需要：

A 好好复习

B 听妈妈的话

C 考出好成绩

D 做好假期计划

【59】“我”的第一个愿望是：

A 爬山

B 吃水果

C 看动画片

D 玩儿游戏

【60】这篇短文主要是说：

A 严厉的妈妈

B 假期的愿望

C 假期的美好

D 就要放假了

三、书面表达

第一部分

（10 题，5 分钟）

说明：61 ～ 70 题，下面每个句子中都有一处拼音。请根据拼音，结合句子内容写出字来。请在答题卡上找到试题的号码，把字写在号码处的空格里，一个空格里写一个字。

61. 美丽的西宁给我留下了深刻的 yìn 象。
62. 你一定要亲自向她道 qiàn，要不然她会生气的。
63. 回家乡后，请 tì 我向以前的老师和同学问好。
64. 热情的村民常常请我们到家里去 zuò 客。
65. 那些小 dèng 子已经被孩子们搬到院子里去了。
66. 在教师节到来之际，衷心祝 fú 您健康快乐！
67. 李老师的音乐课太精彩了，下课的 líng 声响了，我们都还不想结束呢！
68. 前几天刮了一场大风，把教室的 chuāng 户刮坏了。
69. 虽然我们就要离开学校了，但我希望今后能继 xù 得到您的帮助。
70. 青少年正是长身体的时候，身体不好将来怎么为国家做贡 xiàn 呢？

第二部分

（作文，20 分钟）

作 文 要 求

1. 写作前认真阅读作文提示，按提示要求在规定的时间内写完。
2. 每个空格写一个字，书写要清楚工整；每个标点符号占一个空格，标点符号使用要规范。
3. 作文中不得出现跟考生有关的校名、地名和真人姓名。
4. 保持卷面整洁，不得涂划损坏答卷。

作文提示：

请仔细观察下面这幅画儿，发挥想象，写一篇 150 字左右的作文，题目自定。

第三部分

听力理解录音材料

模拟试题（一）

第一部分

1. 妈妈是几点走的？
2. 王小明的家在哪儿？
3. 国庆节放假的时候你有什么安排？
4. 路上小心，我先走了。
5. 你一个人去旅行吗？
6. 请问，电影票多少钱一张？
7. 不用担心，我们会帮助你的。
8. 可以把你的小说借我看一下吗？
9. 我们周末去打球吧？
10. 今天天气真冷啊！

第二部分

11. 男：你做完作业了吗？做完了咱们就去图书馆吧。
女：好的，我收拾一下，马上就好。
问：他们要去哪儿？

12. 男：这里的菜真好吃，下次我们还来这儿吃饭。
女：嗯，我也很喜欢吃这里的菜。
问：对话最可能发生在哪儿？

13. 男：你的乒乓球打得越来越好了。
女：我请了一个很有经验的老师教我。
问：女的为什么打乒乓球打得越来越好了？

14. 男：教室里怎么这么冷啊？
女：我把门关上吧。
问：女的为什么要关门？

15. 男：外面刮大风呢，你要出去吗？
女：是啊，我今天有考试。
问：女的为什么要出去？

16. 男：明天在晚会上你要表演节目吗？
女：是啊，我要唱一支歌，还要参加集体舞。
问：女的要表演几个节目？

17. 男：爬山太累了，我的腿都要断了。
女：谁让你平时不锻炼呢？
问：关于男的，我们知道什么？

18. 男：我最喜欢冬天的雪，下雪之后，整个世界都那么干净。
女：我最喜欢春暖花开的季节。
问：女的喜欢什么季节？

19. 男：你哥哥比你大几岁？
女：我没有哥哥，只有一个弟弟，比我小两岁。
问：根据对话，我们知道什么？

20. 男：你妹妹的舞跳得真好！
女：是啊，她今年才十岁，已经学了五年舞蹈了。
问：谁跳舞跳得好？

21～22 题是根据下面一段对话：
男：刘娜，昨天的晚会怎么样？
女：很有意思。你怎么没去啊？
男：最近很忙，我在准备考试。
女：我还想约你去爬山呢。
男：等考完试吧。
女：好的。

21. 问：男的为什么没参加晚会？
22. 问：他们准备一起去做什么？

23～24 题是根据下面一段对话：
女：祝你生日快乐，这是送你的礼物。
男：谢谢！这支钢笔真漂亮。
女：我们班同学中你的生日最早。
男：是啊，每年都是我第一个过生日。
女：过几天就是王华的生日了。
男：嗯，我给他准备了一本书作为礼物。

23. 问：说话人最可能是什么关系？
24. 问：女的送给男的什么礼物？

25～27 题是根据下面一段话：
星期天，我和几个同学一起去河边散步。天气真不错，河水非常清，许多小鱼在河里游来游去。

河里还有两只小鸭子，可漂亮了，而且一点儿也不怕人。我们在河边一边晒太阳，一边吃东西。散完步后吃东西，感觉特别香。不过，中午过后天空中出现了乌云，我们担心下雨，所以急急忙忙回家了。

25. 问：根据这段话，我们知道什么？
26. 问：散完步以后他们做什么了？
27. 问：中午过后天气怎么样？

28 ～ 30 题是根据下面一段话：

上个星期五放学后，我们班和五班进行了足球比赛。同学们来到操场，为我们加油。五班有一个同学受过专门的训练，所以他们班很强大。比赛开始了，我们班一个球员先抢到了球，猛地一踢，结果却被五班的球员抢走了。两个班的同学再抢球，再踢，就这样持续了十几分钟，我们踢进了一个球。旁边加油的同学喊得很热烈："二班加油！二班必胜！……"最后，我们班以三比二取得了胜利。

28. 问：说话人是几班的？
29. 问：五班为什么比较强大？
30. 问：我们班一共进了几个球？

模拟试题（二）

第一部分

1. 小王这个人怎么样？
2. 下课后你们做什么？
3. 请问火车站怎么走？
4. 雨这么大，你是怎么回家的？
5. 王老师在吗？我有事找他。
6. 这本书是谁的？
7. 他们的普通话水平比我想象的好多了。
8. 王小明，你今天为什么迟到了？
9. 暑假我们要去草原玩儿，你去吗？
10. 这部电影好看吗？

第二部分

11. 男：终于爬到顶了，好累啊！
女：这里的风景真不错！
问：说话人最可能在哪儿？

12. 女：你理想的职业是什么？
男：小时候想当警察，长大了想当作家，现在我只想当老师。
问：男的现在想当什么？

13. 男：你怎么现在才到啊？
女：路上车太多，没办法。
问：关于女的，我们知道什么？

14. 男：你什么时候去上海？
女：考完试以后，还有两个星期。
问：女的什么时候去上海？

15. 男：请问，办公楼在哪里？
女：直走，过了食堂往右转，图书馆边上就是。
问：男的要去哪里？

16. 男：天阴了，好像要下雨了。
女：天气预报没说有雨啊！
问：根据对话，我们知道什么？

17. 男：每天都吃同样的菜，我都吃腻了。
女：今天我们去外面的餐馆吃吧。
问：根据对话，我们知道什么？

18. 男：外面挺冷的，多穿点儿。
女：没事，我穿着大衣呢。
问：男的让女的做什么？

19. 男：你能告诉我这个字怎么读吗？
女：对不起，我也不认识。
问：根据对话，我们知道什么？

20. 男：我最喜欢打篮球了，你呢？
女：我很少运动，我喜欢看书。
问：根据对话，我们知道什么？

21 ～ 22 题是根据下面一段对话：
男：怎么现在才到？你看起来脸色不太好啊。
女：对不起，昨晚睡得晚，今天就起晚了。
男：早上你爸妈没有叫你起床吗？

女：他们上班时间早，很早就出门了。

男：这样啊，赶紧到座位上坐好吧。

女：好的，谢谢王老师。

21. 问：说话人最可能是什么关系？

22. 问：根据对话，女的怎么了？

23 ～ 24 题是根据下面一段对话：

女：照片上的这个女孩儿真漂亮，她是谁？

男：我妹妹的同学。

女：昨天的联欢会上她好像唱歌了。

男：对。她从 6 岁就开始学唱歌了，快 8 年了。

女：怪不得唱得那么好。

23. 问：照片上的女孩儿是谁？

24. 问：照片上的女孩儿现在大概多大？

25 ～ 27 题是根据下面一段话：

今年春节的时候，爸爸带我回河南老家过年。我见到了很多亲人：大伯、大娘、表哥，还有从武汉回来的姑姑，这还是我第一次见姑姑呢。爸爸带我去了几处他小时候生活过的地方。他说："这些地方变化很大，有些我都快不认识了。"表哥还带我去河边玩儿，那里挂着各种漂亮的灯。在老家，我还吃了好多好吃的东西。我玩儿得很开心。

25. 问：哪位亲人是说话人第一次见到？

26. 问：说话人和表哥一起去哪儿玩了？

27. 问：说话人在老家做了什么？

28 ～ 30 题是根据下面一段话：

今天和往常一样，放学以后我又去上美术课了。我们今天画的是葡萄，那葡萄是用两种颜色调出来的紫色。老师教我们怎么画葡萄，我学得很快。在老师的指导下，我画的葡萄像真的一样，漂亮极了。我非常高兴。最后，老师还给我们讲了一个故事，故事太有意思了。这节课我学会了怎么画葡萄，又听到了精彩的故事，真是太好了！

28. 问：说话人放学后干什么了？

29. 问：说话人课后的心情怎么样？

30. 问：关于说话人，我们知道什么？

模拟试题（三）

第一部分

1. 你每天几点起床？
2. 今天的长跑比赛怎么样？
3. 张老师是什么时候走的？
4. 这么晚了，你还不睡觉？
5. 你不舒服，就早点儿回去休息吧！
6. 您好！请问去银行怎么走？
7. 你这本词典是在哪里买的？
8. 谁给你买的这套书？
9. 明天就要走了，不知道那里的环境怎么样。
10. 因为我父母工作调动，我得转到别的学校去了。

第二部分

11. 男：这个本子是上学期学校发的吗？
女：不是，是爸爸给我买的。
问：这个本子是怎么来的？

12. 男：今天怎么这么早就睡了？
女：已经不早了，都十一点了。
问：根据对话，我们知道什么？

13. 男：可以借你的橡皮用一下吗？我忘带了。
女：当然，没问题。
问：女的是什么意思？

14. 男：喂，您好！
女：您好！请问王老师在吗？
问：说话人最可能在做什么？

15. 男：你今天有几节语文课？
女：上午和下午各一节。
问：女的今天一共有几节语文课？

16. 男：下课后你去哪儿？
女：我先去跑步，然后回家吃饭。
问：女的回家之前要做什么？

17. 男：你看得懂报纸吗？
女：太难了，很多字我都不认识。
问：关于女的，我们知道什么？

18. 男：咱们班王娜明天过生日。
女：那我给她写一张祝福卡片吧。
问：女的为什么要写祝福卡片？

19. 男：我可以进去吗？
女：对不起，这里只有女士可以进去。
问：根据对话，我们知道什么？

20. 男：这道题我不太明白，您可以给我讲讲吗？
女：我现在要去别的班上课，你下午三点到办公室找我，好吗？
问：说话人最可能是什么关系？

21 ～ 22 题是根据下面一段对话：
男：九点的车已经开走了，我们等下一趟吧。
女：下一趟车是几点的？
男：十点。我们要是早点儿出发就好了。
女：没关系，反正时间还早，来得及。
男：下午的会议几点开始？
女：一点半。

21. 问：说话人原来准备坐几点的车？
22. 问：根据对话，说话人要去做什么？

23 ～ 24 题是根据下面一段对话：
女：这个周末你打算做什么？
男：我要去看一个朋友，他马上就要出国读书了。
女：去哪个国家？
男：英国。
女：我去那里旅行过，很漂亮。
男：我还没去过呢。

23. 问：男的周末要去做什么？
24. 问：根据对话，我们知道什么？

25 ～ 27 题是根据下面一段话：
“放假啦！放假啦！我终于有时间打篮球、踢足球、游泳喽……”但是事情并不像想象的那样。

当我高高兴兴地跑回家，正要拿起篮球往外跑时，传来了妈妈的声音："不许出去玩儿！我已经为你制订了暑假的学习计划，快点儿进来！"唉！又不能去打球了。我很不高兴地回到房间，拿起书看了起来。

25. 问：说话人想在假期里做什么？
26. 问：妈妈让说话人做什么？
27. 问：说话人最后的心情怎么样？

28 ～ 30 题是根据下面一段话：

爸爸工作很忙，常常不在家。有一天半夜来了一个电话，爸爸接完电话就匆匆忙忙地走了。我讨厌这个电话，爸爸在家的时候，家里暖暖的，爸爸走了我有点儿害怕。妈妈告诉我："有病人需要爸爸做手术，爸爸才半夜离开家的，他虽然不能在家陪咱们，但是他帮助了需要帮助的病人。"忽然，我觉得我的爸爸很伟大。爸爸，我爱你！

28. 问：爸爸为什么半夜离开家？
29. 问：爸爸是做什么工作的？
30. 问：说话人觉得爸爸怎么样？

模拟试题（四）

第一部分

1. 你最近怎么样？
2. 你喜欢看什么书？
3. 谁看到我的运动鞋了？
4. 你喜欢什么颜色？
5. 千万别忘了通知他明天考试的时间。
6. 我想参加运动会，在哪儿报名？
7. 快考试了，你得抓紧时间复习啊！
8. 你怎么知道她生病了？
9. 你喜欢什么水果？
10. 下课后我们去打篮球，你也去吧！

第二部分

11. 男：好长时间没看见你了。
    女：我回老家看奶奶去了。
    问：女的做什么去了？

12. 男：这件衣服是什么时候买的？
女：春节跟着爸爸回老家后，姑姑给我买的。
问：衣服是谁买的？

13. 男：火车是几点的？
女：别急，还有一个半小时才开。
问：根据对话，我们知道什么？

14. 男：请问，去中央公园怎么走？
女：往前走，到了路口往右转，工商银行对面就是。
问：男的要去哪儿？

15. 男：这么晚了，你还出去？
女：吃得太饱了，出去散散步。
问：关于女的，我们知道什么？

16. 男：最近学校的活动可真多。
女：这样学生们的生活才更精彩嘛。
问：根据对话，我们知道什么？

17. 男：放学后咱们一起回家吧。
女：我想先去门口的文具店买几支笔。
问：女的放学后先要做什么？

18. 男：三班和五班的足球赛谁赢了？
女：比赛结果 2 ∶ 2，平了。
问：足球比赛的结果怎么样？

19. 男：快起来吧，天都大亮了。
女：您让我再睡一会儿吧，昨天晚上我写作业写得太晚了。
问：说话人最可能是什么关系？

20. 男：妈，桌上的苹果是洗过的吗？
女：洗过了，你吃吧。
问：对话最可能发生在哪儿？

21 ～ 22 题是根据下面一段对话：
男：明天有时间吗？我们去小明家玩儿吧。
女：太好了，好久没见小明了。几点去？
男：小明说上午、下午都可以。

女：那咱们下午两点一起去吧，中午你来我家吃饭。

男：我妈说她已经买好了菜，让我叫你来我家吃呢。

女：那好吧，我明天十一点的时候过去。

21. 问：他们准备明天什么时候去小明家？

22. 问：他们明天午饭在哪里吃？

23 ～ 24 题是根据下面一段对话：

女：请问，西红柿多少钱一斤？

男：十块钱两斤。

女：太贵了，能便宜点儿吗？

男：这是最新鲜的，那边的便宜，三块一斤。

女：那些都不太好了，我还是买好的吧。

男：行，您要几斤？

23. 问：新鲜的西红柿多少钱一斤？

24. 问：女的决定买什么样的西红柿？

25 ～ 27 题是根据下面一段话：

我小学快毕业了，但妈妈的工作非常忙，很少有时间陪我。每次放学后，我都在学校门口的人群里找妈妈，但总是找不到。我给妈妈打电话，妈妈说："儿子，今天妈妈没时间，不能来接你，你自己回家吧。""好的。"我痛快地答应着。我不想让妈妈为我操心，也不想伤妈妈的心。我长大了，应该独立了。

25. 问：说话人大概上几年级了？

26. 问：妈妈为什么不去接说话人？

27. 问：说话人为什么痛快地答应了妈妈？

28 ～ 30 题是根据下面一段话：

早上，我在上学的路上看到一只受伤的小鸟。我轻轻地抓住它，把它放在手心里。我发现它想飞，于是我放开手。它飞起来了，只是飞得很低，飞得不远，很快就又掉在地上。我跑上前，再次轻轻捧起它，再次送它起飞。就这样，一次，两次，三次……终于在第八次，小鸟飞起来了，飞得高高的，飞得远远的。我看着它渐渐远去，心里别提多高兴了。

28. 问：小鸟一开始为什么飞得很低？

29. 问：小鸟飞了几次才飞起来？

30. 问：小鸟飞走了，说话人的心情怎么样？

模拟试题（五）

第一部分

1. 二班教室在三楼吗？
2. 你最喜欢哪位老师？
3. 你每天怎么来学校？
4. 你们的图书馆真漂亮！
5. 你有什么建议就说出来吧。
6. 这是开水，小心烫！
7. 能借一下你的橡皮吗？
8. 这片草原好美啊！
9. 这么漂亮的画儿，谁画的？
10. 我的理想是考上一所好大学，你呢？

第二部分

11. 男：你们每天上几节课？
    女：周一到周三每天五节，周四、周五是六节。
    问：女的周五有几节课？

12. 男：这个词是什么意思？
    女：你最好先查一下词典，还是不明白的话，下节课上我讲给你听。
    问：说话人最可能是什么关系？

13. 男：这是谁写的作文？很有意思。
    女：我同学写的。
    问：作文是谁写的？

14. 男：你们班一共有多少个学生？
    女：上学期 41 个，这个学期又转来了两个。
    问：上学期女的班上有多少学生？

15. 男：周末你打算去哪儿玩儿？
    女：还玩儿呢，我有一堆作业要做。
    问：根据对话，我们知道什么？

16. 男：你看看表，现在几点了？
    女：对不起，刚才家里有事，来晚了。
    问：根据对话，我们知道什么？

17. 男：你能不能整理一下你的房间？太乱了！
女：我没时间啊，马上就考试了。
问：根据对话，我们知道什么？

18. 男：什么时候才能玩儿一会儿游戏啊？
女：写完作文再说吧。
问：男的想做什么？

19. 男：医生，我这几天牙特别疼。
女：坐在这儿，我给你看看。
问：对话最可能发生在哪儿？

20. 男：周末我要去兴安市场买东西，你呢？
女：我想去看朋友。
问：男的周末要去做什么？

21～22 题是根据下面一段对话：
男：您好！我还书。
女：好的，还借吗？
男：一次可以借几本？
女：最多借五本。
男：那我先借三本吧。谢谢！
女：不客气。

21. 问：对话最可能发生在哪儿？
22. 问：男的这次借了几本书？

23～24 题是根据下面一段对话：
女：这个学期什么时候期末考试？
男：七月初吧。
女：还有一个月就到了。
男：你开始准备了吗？
女：还没有，你呢？
男：我早就开始准备了。
女：怪不得你的成绩一直那么好，我要向你学习！

23. 问：现在是几月？
24. 问：根据对话，我们知道什么？

25～27题是根据下面一段话：

星期天是我爸爸的生日。吃过早饭，我躺在沙发上想怎样祝福爸爸。过了一会儿，爸爸洗完碗过来看电视，我也想好了送给爸爸的祝福语。我走到爸爸跟前，大声地对他说："爸爸，今天是您的生日，我祝您生日快乐，一直幸福！"看到我记得他的生日，爸爸有点儿吃惊，但他马上抱住我，说："谢谢你，儿子，你长大了！"

25. 问：吃完早饭后爸爸做什么了？
26. 问：爸爸为什么有点儿吃惊？
27. 问：吃惊过后，爸爸感到怎么样？

28～30题是根据下面一段话：

暑假，我每天上午学习，下午看动画片或者出去玩儿。因为妈妈说上午是一天之中最适合学习的时间。每天上午我一定要写完作业，否则不可以看动画片。记得有一次，我没写完作业就出去玩儿了，被妈妈批评了一顿。今天我的作业已经完成了，下午的动画片也开始了。我一边看动画片，一边吃着美味的饼干，喝着凉凉的饮料，真开心！

28. 问：暑假时，说话人每天什么时候学习？
29. 问：妈妈为什么要批评说话人？
30. 问：关于说话人，我们知道什么？

模拟试题（六）

第一部分

1. 你看，窗户上有什么东西？
2. 操场上怎么那么多人啊？
3. 明天你去看美术展览吗？
4. 天黑了，帮我开一下灯吧。
5. 雨后的空气真新鲜！
6. 有空再来玩儿啊！
7. 你爸爸妈妈都好吗？
8. 我们好像见过吧？
9. 你为什么还不回家啊？
10. 谁知道刘校长去哪儿了？

第二部分

11. 男：你去过城外的苹果园吗？
    女：正想去呢，我很喜欢吃新鲜的苹果。
    问：关于女的，我们知道什么？

12. 男：这件衣服怎么样？
 女：不错，我很喜欢这个颜色。
 问：女的觉得这件衣服怎么样？

13. 男：什么时候吃饭啊？我都快饿死了。
 女：我和你爸忙了半天，你也不帮忙，就等着吃。
 问：说话人最可能是什么关系？

14. 男：麻烦问一下，寄这封信需要贴多少钱的邮票？
 女：两块五毛钱。
 问：对话最可能发生在哪儿？

15. 男：好久没出门运动了。
 女：是啊，这天气，想要出去运动是不可能了。
 问：根据对话，我们知道什么？

16. 男：谁一直唱歌啊，吵得我都睡不着了。
 女：刚搬来的邻居。
 问：根据对话，我们知道什么？

17. 男：有时间吗？我们去散步吧！
 女：我都快忙死了，明天要考数学，还有语文。
 问：女的明天要做什么？

18. 男：你妹妹今年多大了？
 女：十岁，和你弟弟一样大。
 问：男的的弟弟多大了？

19. 男：你爱听谁的歌？
 女：咱们是老朋友了，你连我喜欢的歌星都不知道？
 问：关于男的，我们知道什么？

20. 男：星期五下午开家长会，你妈妈来吗？
 女：她太忙了，我爸爸来。
 问：关于家长会，我们知道什么？

21 ～ 22 题是根据下面一段对话：

男：你们新来的那个老师叫什么？
女：你说语文老师还是数学老师？
男：我说的是语文老师，数学老师我认识。

女：哦，他叫李明。

男：他是从别的学校调过来的吗？

女：哪儿呀，他以前一直教六年级，今年刚调来教五年级。

21. 问：女的现在上几年级？
22. 问：关于男的，我们知道什么？

23～24题是根据下面一段对话：

女：王老师，我有些问题想问问您。

男：我现在有点儿事，你中午到办公室找我吧。

女：对不起，中午我得回家，下午行吗？

男：恐怕不行，下午我要开会。

女：那明天下午吧？

男：可以，明天下午三点半吧。

23. 问：一开始，男的让女的去哪儿找他？
24. 问：他们约定什么时候见面？

25～27题是根据下面一段话：

今年，我过了一个快乐的劳动节。劳动节当天，我和同学们到森林公园玩儿。那里的空气很新鲜，小鸟们一直叫个不停。在公园里我们还发现了泉水，泉水很干净，我们装了满满一大瓶。中午我们在那里吃了自己带的午饭。下午该回家的时候我们都不愿意离开。有时间我们还要去。

25. 问：说话人哪天去了森林公园？
26. 问：同学们是怎么吃午饭的？
27. 问：根据这段话，我们知道什么？

28～30题是根据下面一段话：

虽然今天是晴天，但我心里却下起雨来了。一份语文试卷改变了我的心情，试卷上的成绩让我大哭起来。语文老师看见后走过来，用温暖的手拍了拍我的肩膀，轻声对我说："孩子，每个人都会有失败的时候，不要伤心，下次努力做好，老师期待你下次的好成绩。"听到这些话，我心里舒服多了。

28. 问：根据这段话，今天天气怎么样？
29. 问：说话人这次语文考试的成绩怎么样？
30. 问：听了老师的话后，说话人的心情怎么样？

模拟试题（七）

第一部分

1. 我的笔怎么找不到了？
2. 你的电脑开着吗？
3. 别往上爬了，天已经不早了。
4. 这家餐馆菜的味道不错，进去尝尝吧。
5. 这孩子的额头好烫啊！
6. 姐姐比我大，但还没我高呢。
7. 现在可以网上购票，买车票方便多了。
8. 你还有笔吗？借给我用一下。
9. 这么厚一本词典才 20 块钱啊！
10. 寒假我想去北京，你呢？

第二部分

11. 男：虽然小王个子小，但他篮球打得可好了。
女：看不出来啊。
问：男的觉得小王怎么样？

12. 男：这双鞋大小合适吗？
女：小了点儿，麻烦您帮我拿双大一号的。
问：女的觉得鞋子怎么样？

13. 男：这是你们全家的照片吗？
女：是啊，这是我爸爸、妈妈和妹妹，这个是我。
问：女的一家一共几口人？

14. 男：我们骑车去吧！
女：骑车哪有坐车舒服啊！
问：女的是什么意思？

15. 男：慢走啊，以后常来玩儿。
女：好的，好的，您不用送了。
问：对话最可能发生在哪儿？

16. 男：你去图书馆吗？帮我还一本书吧。
女：好的，没问题。
问：男的请女的帮他做什么？

17. 男：请问，去商店怎么走？
女：一直往前走，十字路口往右，白楼后边就是。
问：商店在十字路口的哪边？

18. 男：你怎么又回来了？
女：外面下雪了，特别冷，我回来拿手套。
问：女的为什么回来了？

19. 男：别等了，女儿说晚上不回来吃饭了。
女：这孩子啊，总让人操心。
问：说话人最可能是什么关系？

20. 男：请坐好，考试的时候不能随便走动。
女：老师，我肚子疼，我要去厕所。
问：关于女的，我们知道什么？

21 ～ 22 题是根据下面一段对话：
男：我昨天拿回来的那本书呢？
女：在桌子上吧，刚才我还看见了呢。
男：没有啊！
女：你再看看书包里有没有。
男：快帮我找找，书是我同学的，明天得还给他呢。
女：你看，不是还在桌子上吗？

21. 问：书在哪里？
22. 问：关于这本书，我们知道什么？

23 ～ 24 题是根据下面一段对话：
女：听天气预报了吗？明天的天气怎么样？
男：明天还有雨，温度比今天低。
女：怎么一直下雨啊，我们都没办法出去玩儿了。
男：下周末再出去玩儿吧。
女：下周末你不是要去南京吗？
男：哦，我都忘了。

23. 问：这两天天气怎么样？
24. 问：男的下周末要做什么？

25 ～ 27 题是根据下面一段话：
一个夏天的傍晚，我们一家人一边吃饭一边看电视。忽然从窗外飞进来一只小鸟，它站在电视对面的沙发上，一直认真地看着电视，直到我们把电视关上。第二天，小鸟又来了。第三天，第四天……就这样，小鸟成了我们家的常客。

25. 问：小鸟第一次来是在什么时候？
26. 问：小鸟飞进来时，说话人正在做什么？
27. 问：小鸟来家里做什么？

28 ～ 30 题是根据下面一段话：

小时候，爸爸妈妈工作很忙，就把我放在奶奶家。我上学前，奶奶一直照顾我。后来我上学了，见到奶奶的日子也越来越少了。今年春节，我回家看奶奶时带给她一些礼物。她拿着精美的礼物，脸上满是愉快的表情，还不住地表扬我，说我长大了，懂事了。我不好意思地低下了头。奶奶，我是多么想你啊！

28. 问：说话人上小学前和谁一起生活？
29. 问：说话人是什么时候去看奶奶的？
30. 问：说话人为什么觉得不好意思了？

模拟试题（八）

第一部分

1. 这茶叶怎么卖的？
2. 你的字写得真漂亮！
3. 你今天怎么这么高兴？
4. 这个生日蛋糕是谁给你买的？
5. 在哪儿可以看到考试成绩？
6. 你常常在草原上骑马吗？
7. 听说你对植物很感兴趣。
8. 涛涛，你为什么放了学不回家呢？
9. 抓紧时间准备吧，时间不多了。
10. 你的照相机是新买的？

第二部分

11. 男：今天放学后我们要去踢球，你呢？
女：我和小丽一起去学跳舞。
问：女的放学后要去做什么？

12. 男：这个周末我们去看看李明吧，他都病了好几天了。
女：我也想去，可是我还得准备考试呢。
问：根据对话，我们知道什么？

13. 男：这是我的作业本，我昨天忘带了，请您看一下我这两天的作业吧。
女：好，下午我给你们班上课的时候还给你。
问：说话人最可能是什么关系？

14. 男：快过节了，买东西的人可真多啊！
女：平时来这儿买东西的人也不少。
问：对话最可能发生在哪儿？

15. 男：师傅，能不能开快点儿？我要迟到了。
女：没办法啊，车太多，走不动啊。
问：根据对话，我们知道什么？

16. 男：今天天气不好，我们别出去了。
女：正好我也有点儿不舒服。
问：根据对话，我们知道什么？

17. 男：咱们什么时候放寒假？
女：还有半个月吧。
问：大约还有多长时间放寒假？

18. 男：妈，您现在做的菜比以前好吃多了。
女：好吃你就多吃点儿啊！
问：男的是什么意思？

19. 男：你喜欢什么运动？
女：跑步、游泳、打球什么的都喜欢，特别是游泳。
问：女的最喜欢什么运动？

20. 男：你一般什么时候吃午饭？
女：一般是 12 点，不过今天早了半个小时。
问：女的平常几点吃午饭？

21 ～ 22 题是根据下面一段对话：
男：昨天的作业你做完了吗？
女：就剩一道题了，太难了，我做不出来。
男：那我教教你吧。

女：先不用，让我再想想。

男：也好，想不出来再问我。

女：好的，谢谢！

21. 问：女的为什么还剩一道题没做？

22. 问：根据对话，我们知道什么？

23～24题是根据下面一段对话：

女：请进。

男：你好，请问王强在吗？

女：他去踢球了，一会儿就回来，你进来等他吧。

男：不用了，麻烦你通知他，明天下午三点在二班开会。

女：好的，我会告诉他的。

男：谢谢你！

23. 问：王强做什么去了？

24. 问：明天在哪儿开会？

25～27题是根据下面一段话：

我家有只小猫，它叫乐乐，今年三岁了。乐乐可漂亮了，一身白白的毛，两只黑黑的眼睛在夜里能发光。有一天我放学回来，看见乐乐趴在墙边一动不动，两只眼睛紧紧盯着窗台上的一只小鸟。我知道乐乐能抓老鼠，但是也会吃小鸟，所以赶紧把小鸟赶走了。乐乐很不满意地冲我叫了两声。

25. 问：乐乐是什么动物？

26. 问：放学回来，说话人发现了什么？

27. 问：为什么乐乐很不满意地冲着说话人叫了两声？

28～30题是根据下面一段话：

考试就要开始了，大家都在紧张地准备着。突然我发现尺子不见了，我记得早上放在书包里了，怎么会没有了呢？没有尺子怎么做题啊！我急得脸都红了。一个女同学看到我着急的样子，就问我怎么了，我说尺子找不到了。她说："用我的吧！我还有一把呢。"真是太好了，这样就不会影响我的数学考试了。

28. 问：考试前，说话人发现什么不见了？

29. 问：谁帮助了说话人？

30. 问：接下来要进行的是什么考试？

模拟试题（九）

第一部分

1. 你呀你，怎么不早说呢？
2. 西湖什么时候最漂亮？
3. 再过几天就是春节了。
4. 地上哪儿来这么多水啊？
5. 这天气又闷又热，真难受！
6. 这个钱包是在哪儿捡到的？
7. 老师，这孩子最近表现怎么样？
8. 你怎么还没写完作文？
9. 这个书包是谁的？
10. 我特别喜欢吃面条儿，你呢？

第二部分

11. 男：明天星期六，我起来做早饭，您休息一下吧。
    女：我的儿子长大了。
    问：说话人是什么关系？

12. 男：你的书可真多啊，我可以借两本吗？
    女：当然可以。左边是图画书，你喜欢的故事书都在右边。
    问：男的喜欢什么样的书？

13. 男：那个人是谁？蓝色汽车旁边，穿白衣服的那个。
    女：那是新来的校长啊。
    问：新校长穿着什么颜色的衣服？

14. 男：电影票买到了吗？
    女：别提了，排在我前面的那个人买了最后两张。
    问：关于女的，我们知道什么？

15. 男：您好！两张去上海的火车票。
    女：好的，请稍等。
    问：对话最可能发生在哪儿？

16. 男：你爸爸的身体恢复得怎么样了？
    女：能吃能睡了，只不过还总得往医院跑。
    问：女的的爸爸怎么了？

17. 男：说了半天，你还没给我介绍一下，这是谁啊？
女：哦，她是我们新来的邻居。
问：根据对话，我们知道什么？

18. 男：博物馆前排了那么长的队，有什么新展览吗？
女：我也不太清楚，你再问问别人吧。
问：博物馆门前怎么了？

19. 男：最近我一直牙疼，晚上都睡不好觉。
女：去医院看看吧。
问：女的建议男的做什么？

20. 男：这是我见过的最好的体育馆。
女：刚建的时候是最好的，但现在已经不行了。
问：关于体育馆，我们知道什么？

21 ～ 22 题是根据下面一段对话：
男：期中考试考得怎么样？
女：不怎么样，没考好。
男：那可不行，期末得好好准备啊。
女：其实，期中考试前我也准备得挺好的，就是考试的时候太马虎了。
男：下次可不要再马虎了，认真点儿。
女：嗯，记住了。

21. 问：女的期中考试为什么没考好？
22. 问：男的提醒女的期末考试时应该怎样？

23 ～ 24 题是根据下面一段对话：
女：爸，你跟我妈去哪儿了？我在奶奶家等了半天你们都不来。
男：我们去医院看望一个老同学了，现在刚从医院出来。
女：我们晚上是在奶奶家吃还是回家吃？
男：你奶奶身体不好，我们别给她添麻烦了，还是回家吃吧。
女：好的，那回家你做面条儿给我吃吧。
男：没问题。

23. 问：男的为什么还没来？
24. 问：男的为什么要回家做饭吃？

25 ～ 27 题是根据下面一段话：
走进我的房间，你一眼就可以看到靠着墙壁放着一个小书架。它可是我的宝贝，我喜欢的书都放在上面。这个书架是黄色的，一共有三层。第一层放着我最喜欢的作文书，这些书能帮我提高作文水平；第二层放着词典和报纸；第三层放的是我最喜欢的小说。

25. 问：关于书架，我们知道什么？
26. 问：第一层放着什么书？
27. 问：这段话主要介绍了什么？

28～30题是根据下面一段话：

我有一个哥哥，比我大四岁。他很淘气，常常让爸妈头疼，但他对我非常好，有什么好吃的都给我留着。一天，我们俩在马路边玩儿，突然一辆车朝我开过来，我吃惊地站在那里，不知道该怎么办。这时哥哥冲了过来，一把把我拉开，哥哥救了我。我爱我的好哥哥。

28. 问：说话人的哥哥比她大几岁？
29. 问：说话人为什么喜欢哥哥？
30. 问：根据这段话，我们知道什么？

模拟试题（十）

第一部分

1. 这条裙子是什么时候买的？
2. 这台冰箱好像坏了。
3. 麻烦把那张地图给我。
4. 我都等你好久了，你怎么还不来？
5. 我们球队终于赢了！
6. 快离开那里，危险！
7. 你什么时候放假？
8. 喂，丽丽，你妈妈在家吗？
9. 老师的要求你听明白了吗？
10. 你妈妈是做什么工作的？

第二部分

11. 男：听说北方人都爱吃馒头、面条儿，南方人爱吃米饭。
女：我是北方人，但我爱吃米饭。
问：女的喜欢吃什么？

12. 男：今天的作业是什么？我没记下来。
女：读三遍课文，写一篇作文，还要做两页数学题。
问：今天他们要读几遍课文？

13. 男：昨天我刚给闹钟换的电池，怎么又不走了？
女：那些电池都是用过一阵子的。
问：根据对话，我们知道什么？

14. 男：你怎么有两本一样的书？
女：书店买一送一，所以我有两本。送给你一本吧。
问：根据对话，我们知道什么？

15. 男：麻烦你把门打开吧，有点儿热。
女：别开了，外面空气不太好。
问：女的为什么不同意开门？

16. 男：雪太大了，今天我们班有好几个人没来上课。
女：是啊，我们班也有几个人请假了。
问：为什么有很多人请假？

17. 男：光吃药也治不好你的病啊，还是打针吧。
女：我害怕打针，还是吃药吧。
问：女的为什么希望吃药？

18. 男：咱们什么时候期中考试啊？
女：下个星期二，你忘了？
问：说话人最可能是什么关系？

19. 男：你弟弟成绩怎么样？
女：平均每科都是 80 多分，还行吧。
问：女的认为弟弟的成绩怎么样？

20. 男：你唱歌唱得真好！
女：受父亲的影响，我从小就喜欢音乐。
问：根据对话，我们知道什么？

21 ～ 22 题是根据下面一段对话：
男：你怎么不跟大家一起去旅行？
女：不是我不想去啊！是去不了。
男：为什么？
女：我生病了，下周得住几天院。
男：那太可惜了。这次我们要去草原玩儿，路上还能看到森林和一个很大的湖，三天后才回学校呢。
女：真羡慕啊！祝你们玩儿得愉快！

21. 问：女的为什么不去旅行？
22. 问：男的旅行的目的地是哪儿？

23～24题是根据下面一段对话：

女：这栋大楼已经盖了三年了，怎么还没有盖好啊？
男：听说设计有问题，所以停工了。
女：那接下来怎么办？还盖不盖啊？
男：也许得拆掉一部分，重新盖了。
女：这可太浪费了。
男：是啊，不过安全更重要。

23. 问：这栋楼为什么还没盖好？
24. 问：下列哪一项是女的的看法？

25～27题是根据下面一段话：

"六一"儿童节正好是周末，吃完早饭，我们一家去了动物园。我们一进门就看见了淘气的小猴子，它们跳来跳去，可爱极了。在猴山前面，我们看到了大老虎，它们长得又高又壮，叫声可大了。还有大象、狮子、大熊猫……我们看到了好多可爱的动物。中午我们去动物园对面的饭店吃饭，那里的饭菜可真香。

25. 问：这件事发生在什么时候？
26. 问：说话人最先看到了什么动物？
27. 问：饭店在动物园的什么地方？

28～30题是根据下面一段话：

今天，一些上海的小学生来到我们学校参观，还要来我们班交流学习经验，我们都很高兴。当那些小学生走进教室的时候，同学们都起立鼓掌。老师让我们交流一下，可是我们一下子都不知道说什么好。过了几分钟，才有一个同学问他们开不开在线课程。不过很快，我们的话题就多了起来，从上课的形式、课外活动的内容聊到上海的风景，聊得开心极了。

28. 问：我们为什么都很高兴？
29. 问：上海小学生刚走进教室时，我们做了什么？
30. 问：我们首先向上海小学生提出了什么问题？

第四部分

答案及详解

模拟试题（一）

答案速查

1. D	2. B	3. D	4. D	5. C	6. C	7. A	8. C	9. C	10. D
11. D	12. C	13. C	14. A	15. D	16. B	17. D	18. A	19. B	20. C
21. C	22. C	23. D	24. C	25. C	26. D	27. D	28. A	29. C	30. C
31. D	32. A	33. C	34. B	35. B	36. A	37. D	38. A	39. D	40. C
41. C	42. C	43. C	44. D	45. A	46. A	47. B	48. D	49. D	50. A
51. C	52. C	53. A	54. D	55. B	56. D	57. A	58. C	59. D	60. D
61. 觉	62. 态	63. 彩	64. 尤	65. 项	66. 束	67. 冷	68. 赞	69. 艰	70. 宜

【作文范文】

6月1日　星期六　晴

今天是六一儿童节，又正好是星期六，爸爸说中午要带我们一起去吃自助餐。我别提多高兴了！

中午，我们一家人来到一家名叫巴喜的自助餐厅里。刚坐好，我就赶忙拿起一个大盘子去拿东西。烤鸡翅、烤羊肉串、小蛋糕……我拿了好多好吃的，回到座位上开心地吃起来。还没吃完，我又要去拿，爸爸说："吃完再拿吧，吃不完浪费了多可惜啊！"听了这话，我觉得特别不好意思，是呀，虽然现在生活好了，但我们还是不能浪费，一定要注意节约啊！

详细解析

一、听力理解

1. 正确答案是D。本题主要考查的是考生能否领会听力材料的内容要点。询问时间是日常生活中常见的问题，回答应该围绕时间来进行。另外，问句是一个"是……的"句型，表示已经发生的动作。选项A和B分别表示现在和明天的时间，与题意不符；选项C表示时间的长度，不能回答问题；选项D"一个小时以前"可以表示过去的一个时间点，是正确答案。
2. 正确答案是B。本题主要考查的是考生能否领会听力材料的内容要点。询问地点是日常生活中常见的问题，回答应该围绕地点来进行。问题是"在哪儿"，需要回答具体的地点。选项B"学校旁边"是一个地点，可以回答问题，而选项A、C、D均不是具体地点，不能回答问题。因此正确答案是B。
3. 正确答案是D。本题主要考查的是考生能否领会听力材料的内容要点。问题的要点是"有什么安排”，选项 A “还没放假” 表示出现了一种情况；而选项 B “国庆节后” 和选项 C “国庆节前” 是时间点，虽然出现了 “国庆节”，但与题意不符，属于混淆项；选项 D “还没想好” 表示还没有做出安排，可以回答问题，因此正确答案是 D。

4. 正确答案是 D。本题主要考查的是考生运用语言进行交际的能力。说话人提醒对方路上小心，并且说自己先走了，对方应该对说话人的提醒表示感谢。选项 D “多谢关心” 是表示感谢，而选项 B“没关系” 是表示原谅对方，选项A“天黑了” 和选项C“路程很长” 都是一种描写，与题意不符。因此正确答案是 D。

5. 正确答案是 C。本题主要考查的是考生能否领会听力材料的内容要点。问题是询问对方是不是一个人去旅行。选项 A “我去旅行了” 表示一个事实，选项 B “旅行非常累” 表示旅行的情况，选项 D “旅行很有意思” 可以回答旅行怎么样，虽然都跟旅行有关系，但都没有回答是不是一个人去旅行。而选项 C “和我爸妈一起” 表示是和父母一起去旅行而不是一个人去旅行，可以回答问题，因此正确答案是 C。

6. 正确答案是 C。本题主要考查的是考生能否领会听力材料的内容要点。询问价格是日常生活中常见的问题，说话人在询问电影票的价格。选项 A 是描写电影院的情况，选项 B 是说电影好看，选项 D 是描述要做的事情，只有选项 C 是说价格。因此正确答案是 C。

7. 正确答案是 A。本题主要考查的是考生运用语言进行交际的能力。说话人表示要帮助对方，听话人应该对此表示感谢。选项 B “我来帮你” 是要帮助对方，选项 D “我们帮他一下” 表示要帮助别人，均与题意不符；选项 C “我很不开心” 表示自己不高兴，不能表示对对方的感谢；选项 A “非常感谢” 表示感谢，是正确答案。

8. 正确答案是 C。本题主要考查的是考生运用语言进行交际的能力。说话人想要借对方的小说，对方可以表示同意或者拒绝。选项 A “谢谢你” 表示感谢，选项 B “没关系” 表示原谅对方，选项 C “没问题” 表示同意，选项 D “不客气” 用于回答对方的感谢。因此正确答案是 C。

9. 正确答案是 C。本题主要考查的是考生运用语言进行交际的能力。说话人邀请对方去打球，对方可以表示同意或拒绝。选项 A 说的是不会踢球，但说话人说的是打球；选项 B “快到周末了” 表示时间，不能回答问题；选项 D “你的球打得很好” 是夸奖对方。这三项均与题意不符。只有选项 C 表示因脚受伤而无法接受邀请，属于委婉的拒绝，是正确答案。

10. 正确答案是 D。本题主要考查的是考生能否领会听力材料的内容要点。说话人说天气很冷，显然这不是一个好天气，选项 A “天气不错啊” 与说话人的意思不符；选项 B “我们一起去” 和天气完全没有关系；选项 C“我们出去玩儿吧”，一般也不会在天气很冷的时候提出这样的建议；选项 D 表示同意对方的看法，而且用自己要感冒了来证实天气很冷。因此正确答案是 D。

11. 正确答案是 D。本题主要考查的是考生根据对话关键信息对地点进行推断的能力。男的问女的是否做完了作业，如果做完了建议女的去 “图书馆”，问题是他们要去哪儿。选项A、B、C虽然均是地点，但不是对话中提到的地点，与对话内容不符，只有选项 D 与对话内容相符，是正确答案。

12. 正确答案是 C。本题主要考查的是考生根据对话关键信息对地点进行推断的能力。对话中的两个人在谈论吃饭的事情，而且男的说 “下次我们还来这儿吃饭”，由此可以排除选项 A “家里”。

选项B“学校”和选项D“单位”分别是学习和工作的地方，与吃饭无关。这段对话最有可能是在餐馆发生的，因此正确答案是C。

13. 正确答案是C。本题主要考查的是考生根据对话获取关键信息的能力。男的夸奖女的乒乓球打得越来越好了，女的说她请了一个很有经验的老师教她打乒乓球，所以选项C“有好老师教她”最符合题意，回答了她打球打得好的原因。选项A“有经验了”，固然也是打球打得好的一种原因，但与对话内容不符。选项B是指女的跟男的学习打球，选项D是指女的每天都打球，均与对话内容不符。

14. 正确答案是A。本题主要考查的是考生根据对话获取关键信息的能力。对话中提到“教室里怎么这么冷”，这是关门的主要原因。选项B提到“外面”而不是教室，选项C提到的重点是“放学”，均与对话内容无关，可以排除。选项D提到了“教室”，但“离开教室”与对话内容不符。只有选项A正确。

15. 正确答案是D。本题主要考查的是考生根据对话获取关键信息的能力。男的说外面在刮大风，问女的还要不要出去，意思是不希望女的出去。女的首先肯定地说自己要出去，接着又说“我今天有考试”，可见这是她必须出去的原因。选项A“外面刮风”符合事实，但不是女的出去的原因。选项B、C都能表示原因，但都与对话内容不符。只有选项D正确。

16. 正确答案是B。本题主要考查的是考生根据对话获取重要细节的能力。女的要唱歌和跳集体舞，是两个节目，故选项B正确。

17. 正确答案是D。本题主要考查的是考生根据对话获取关键信息的能力。对话的关键之处是反问句，反问句的肯定形式表示否定，否定形式表示肯定。女的说“谁让你平时不锻炼呢？”，指出男的平时很少锻炼身体，选项D正确。男的说“我的腿都要断了”表示他很累，是夸张的说法，不是真的腿断了，选项A错误。选项B指男的爬山不累，与对话内容不符。选项C说男的喜欢爬山，对话中没有提到。

18. 正确答案是A。本题主要考查的是考生根据对话获取关键信息的能力。女的说她最喜欢“春暖花开的季节”，这是指春天，因此正确答案是A。

19. 正确答案是B。本题主要考查的是考生根据对话获取关键信息的能力。女的否认自己有哥哥，说自己只有一个弟弟，故选项B正确，选项A、D错误。选项C与对话内容不符。

20. 正确答案是C。本题主要考查的是考生根据对话获取重要细节的能力。男的说“你妹妹的舞跳得真好”，听清了这一句就能选出正确答案C，选项A、B、D均为混淆项。

21. 正确答案是C。本题主要考查的是考生根据对话获取关键信息的能力。问题问的是男的为什么没有参加晚会，而在对话中，男的的回答是“最近很忙，我在准备考试”，可见选项C“他要准备考试”正确。选项A与事实不符，且不是男的不参加的原因；选项B在对话中没有提到；对话中提到了“爬山”，但女的邀请男的去爬山并不是男的不去参加晚会的原因，故选项D也不正确。

22. 正确答案是C。本题主要考查的是考生根据对话获取关键信息的能力。对话中提到女的邀请男的去爬山，男的回答“等考完试吧”，也就是同意了，所以选项C正确。选项A、B没有在对话中出现，选项D是男的准备做的事，这三项均不符合题意。

23. 正确答案是 D。本题主要考查的是考生根据对话关键信息对说话人的关系进行推断的能力。女的提到同学中男的的生日是最早的，可见他们应该是同学，选项 D 正确。选项 A、B、C 均为混淆项。

24. 正确答案是 C。本题主要考查的是考生根据对话获取重要细节的能力。关于礼物，对话中提到了“钢笔”和“书”，所以选项 B“书包”和选项 D“铅笔”属于混淆项。问题是“女的送给男的什么礼物”，而对话中男的向女的表达感谢后说“这支钢笔真漂亮”，可见选项 C“钢笔”正确。

25. 正确答案是 C。本题主要考查的是考生根据材料获取重要细节的能力。备选答案中“下雨”“河水”“小鸭子”等词语在材料中都出现了，所以此题的难度比较大。材料中提到“担心下雨”，说明还没下雨，所以选项 A 错误。选项 B“河水很凉”在材料中没有提到。材料中提到小鸭子“一点儿也不怕人”，所以选项 D 错误。只有选项 C“河里有很多鱼”与材料内容相符。

26. 正确答案是 D。本题主要考查的是考生根据材料获取关键信息的能力。材料中提到“散完步后吃东西”，可知选项 D 正确。其他三项都不是他们散完步后做的事情，属于混淆项。

27. 正确答案是 D。本题主要考查的是考生根据材料获取关键信息的能力。材料中提到“中午过后天空中出现了乌云，我们担心下雨”，所以选项 D 正确。其他三项都与材料内容不符。

28. 正确答案是 A。本题主要考查的是考生根据材料获取关键信息的能力。材料中提到了两个班——“我们班”和“五班”。当我们踢进一个球后，旁边加油的同学喊的是“二班加油！二班必胜！……”，可见说话人在二班。选项 A 正确，选项 B、C、D 均为混淆项。

29. 正确答案是 C。本题主要考查的是考生根据材料获取关键信息的能力。材料中提到五班有一个同学受过专门的训练，所以他们班很强大，而选项 B 和 D 都是针对所有队员来说的，与材料内容不符。选项 A“他们球队的人多”也不合适，因为足球比赛时双方的人数应该一致。只有选项 C 与材料内容相符。

30. 正确答案是 C。本题主要考查的是考生根据材料获取重要细节的能力。材料中提到“我们班以三比二取得了胜利”，可见我们班踢进了三个球，选项 C 正确。

二、阅读理解

31. 正确答案是 D。本题主要考查的是连词的搭配。“连……都……”连用，在这里强调说明简单的问题也答不出来。“就”“才”均不与“都”搭配使用，“要……都……”表示假设，因此只有选项 D 正确。

32. 正确答案是 A。本题主要考查的是考生能否把握词语在句子中的含义和用法。“可能”表示一种可能性。“希望”表示主观的愿望，心里想达到的目的。“大概”表示猜测，如果与“还”连用，应该放在“还”的前面。“或者”表示选择。明天降雨是一种可能性，因此选项 A 最恰当。

33. 正确答案是 C。本题主要考查的是量词的搭配。“伞”的量词是“把”，因此正确答案是 C。

34. 正确答案是 B。本题主要考查的是考生能否把握副词在句子中的含义和用法。“还”和“也”用在句子中表示跟前面说到的内容一样，而这句话没有这层含义。“不”是否定副词，用在这里也不符合句意。“真”在这里是副词，表示强调，因此正确答案是 B。

35. 正确答案是B。本题主要考查的是考生能否把握词语在句子中的含义和用法。“打听”意为探问，探听消息。前句说到哥哥已经离家出走两年了，可以判断后句想表达的是他想得知哥哥的消息。“打听”最恰当，“选择”“了解”都与句意不符，“查找”一般用于书面信息而非口头消息，因此正确答案是B。
36. 正确答案是A。本题主要考查的是考生能否把握词语在句子中的含义和用法。“故事”有真假之分，“真实”可以与“故事”搭配，选项A正确。“准确”强调正确性，“实际”指合乎事实，“确实”是副词，这三项用在本句中都不恰当。
37. 正确答案是D。本题主要考查的是考生能否把握词语在句子中的含义和用法。从题干看，本句缺少一个谓语，而“为了”“作用”都不能独立做谓语，故首先排除选项A、B。“生产”与“中国梦”搭配不当，故只有选项D“实现”恰当。
38. 正确答案是A。本题主要考查的是考生能否把握词语在句子中的含义和用法。“期间”表示一个时间概念，指在某个时期里面。“中间”主要用来表示位置，指里面、中心等，用在这里不合适。“之前”表示在某个时间的前面，不符合句意。“时期”指较长的、具有某种特征的一段时间，用在这里不恰当。因此正确答案是A。
39. 正确答案是D。本题主要考查的是固定搭配。“上去”用在动词“看”的后面，表示从表面的情况进行估计，符合句意，因此正确答案是D。
40. 正确答案是C。本题主要考查的是考生能否把握词语在句子中的含义和用法。“责任”指个体分内应做的事，“任务”指交派的工作，一般是有硬性要求的。“保护环境”是责任而不是任务，因此选项B错误。“保护环境”更不是工作或者职业，因此只有选项C恰当。
41. 正确答案是C。本题主要考查的是考生能否把握词语在句子中的含义和用法。“作为”是指就人的某种身份来说，正好符合句意，其他几个词都没有这一义项。因此正确答案是C。
42. 正确答案是C。本题主要考查的是考生能否把握副词“本来”的意义及用法。四个选项都是副词，“本来”表示原先、起初，在这里表示原计划是散步。“原来”主要指当初、从前，强调时间概念。“尽管”表示没有条件限制，可以放心去做。“最终”表示经过某种变化或等待之后出现的情况。“原来”“尽管”“最终”都不符合句意，因此正确答案是C。
43. 正确答案是C。本题主要考查的是固定搭配。“和……一样”是固定搭配，表示两者相同，在这里表示弟弟和姐姐的性格没有差别，因此选项C正确。“和……相当”表示两者差不多，彼此配得上，与句意不符。“同样”“一同”均不能与“和”搭配。故选项A、B、D均错误。
44. 正确答案是D。本题主要考查的是考生能否正确把握副词“太”的意义及用法。四个选项都是副词。“太”在这里表示程度极高，有赞叹的意思。“很”表示程度相当高，句末不用语气助词。“也”表示同前面所说的情况一样。“又”表示情况、行为重复或继续。“很”“也”“又”都不符合句意，正确答案是D。
45. 正确答案是A。本题主要考查的是考生能否把握三字词语的意义及用法。“不由得”是副词，指不由自主地，不自禁；“不得了”是形容词，指情况很严重，程度很深；“好容易”指很不容易；“有的是”强调有很多。本句意思是看了电影不由自主地流下了眼泪，因此正确答案是A。
46. 正确答案是A。本题主要考查的是考生对材料中心意思的理解能力。材料主要描述爸爸的工作情况，所以选项 B、D 可以排除。材料中说“爸爸工作很忙”，忙到“我晚上睡觉时他还没有回家”，说明爸爸工作很辛苦，因此选项 A 正确。爸爸回家晚是一个细节，不是材料要说明的中心意思，故选项 C 错。

47. 正确答案是 B。本题主要考查的是考生对材料中心意思的概括能力。选项 A 是让我们帮父母做家务的原因，选项 C、D 均与材料内容无关，只有选项 B 表达出了老师的主要意思——帮父母做家务，所以选项 B 正确，选项 A、C、D 均不正确。

48. 正确答案是 D。本题主要考查的是考生对材料大意的理解能力及细节判断能力。材料主要说的是“我”想去哈尔滨旅游，妈妈认为寒假可以去看雪景，比暑假去更好。根据这一细节可以判断出妈妈打算冬天去哈尔滨，故选项 D 为正确答案。

49. 正确答案是 D。本题主要考查的是考生对材料中心意思的理解能力。材料第一句就点明主旨“我喜欢看有关动物的节目是受我爸爸的影响”，即“我”喜欢看动物节目的原因，所以选项 D 正确。选项 A、B、C 都与材料内容相关，但并不是材料主要想说明的。

50. 正确答案是 A。本题主要考查的是考生对材料主要内容的理解能力。材料主要说夏天的天气，具体而言，北京的气温高，而奶奶家乡的气温低，这就是“我”暑假去奶奶家的原因，所以选项 A 正确。选项 B、C、D 的内容材料中都没有提到，可以排除。

51. 正确答案是 C。本题主要考查的是考生获取材料中的主要信息的能力和判断推理能力。材料中提到“父亲带我和弟弟去城里的姑姑家做客”，“那个大的一米二二”，由此推出“那个大的”就是“我”，因此正确答案是 C。

52. 正确答案是 C。本题主要考查的是考生对材料主要内容的理解能力及细节判断能力。父亲说“我想我得付八元钱”，只要在理解材料大意的前提下抓住这一细节，就能判断出正确答案是 C。

53. 正确答案是 A。本题主要考查的是考生对材料中心意思的理解能力。材料主要讲述爸爸买车票的过程，从中反映出爸爸十分诚实，在没有人监督的情况下也不弄虚作假，因此选项 A 最能反映材料的中心意思。选项 B、C、D 的内容都不能从材料中反映出来。

54. 正确答案是 D。本题主要考查的是考生对材料主要内容的理解能力。根据“他儿子在美国找了个媳妇……他想要听懂儿媳妇说的话”，可知选项 D 是老人学习英语的目的，是正确答案。选项 A、B、C 的内容材料中没有涉及，故不正确。

55. 正确答案是 B。本题主要考查的是考生获取材料中的主要信息的能力。材料中提到“小姑娘很惊讶，屋里那些年轻的报名者也很惊讶”，由此可知正确答案为 B。选项 A、C、D 都不是小姑娘的态度。

56. 正确答案是 D。本题主要考查的是考生对材料中心意思的概括能力。材料最后一段有一句话：“其实只要开始做，就永远不晚。”这就是材料告诉我们的道理，所以选项 D 为正确答案。选项 A、B、C 均与文意不符。

57. 正确答案是 A。本题主要考查的是考生获取材料中的主要信息的能力。哲学家在城外散步，问路者问“从这儿到城里要走多久”，由此可判断问路者要去城里，所以正确答案是 A。

58. 正确答案是 C。本题主要考查的是考生获取材料中的主要信息的能力。材料中提到：当哲学家第一次告诉问路者“你往前走”时，“问路者以为哲学家没有听清他的意思”；哲学家第二次这样说时，“问路者十分纳闷”。由此可知，问路者感到很奇怪，正确答案是C。

59. 正确答案是D。本题主要考查的是考生对材料主要内容的理解能力。当问路者提出“先生，您为什么不直接告诉我呢？”这一问题时，哲学家说：“我不看看你步行的速度，怎么能回答出你所需要的时间呢？”据此可知正确答案是D。选项A、B、C都与材料表达的意思不一致。

60. 正确答案是D。本题主要考查的是考生对材料主要内容的理解能力及推理判断能力。材料中的哲学家做事教条、古板，问路者提出了很正常的问题，哲学家却很别扭地给出答案，但哲学家并非不想帮助问路者。理解了这些，就能判断出选项A错误，选项D正确。选项B是对材料内容的错误理解，选项C与材料内容不符。

三、书面表达

61. 应填写“觉”。一级字，上下结构，考查考生对上下结构汉字的结构安排。上面为“⺍”，考生容易与“⺌”相混。

62. 应填写“态”。一级字，上下结构，形声字，上声下形，重点考查“心”字底。考生易将“心”的第三笔错写成“•”。

63. 应填写“彩”。一级字，左右结构，形声字，左声右形。考生易将左半部分“采”错写成“釆”，也容易将右半部分的“彡”错写成“⺕”。

64. 应填写“尤”。一级字，考生易将“尤”字与“优”字相混，应注意从词义上加以区分。

65. 应填写“项”。一级字，左右结构。左半部分，考生易将第三笔错写成“一”；右半部分考查偏旁“页”，尤其最后一笔为“、”，考生易写得过长，写成“㇏”，或者将“贝”写成“见”。

66. 应填写“束”。一级字，重点考查中间部分“口”，考生容易将前两笔写成“コ”，忘写第三笔，将“束”写成“朿”。

67. 应填写“冷”。一级字，左右结构。左半部分考查偏旁“冫”，考生容易错写成“氵”。

68. 应填写“赞”。一级字，上下结构。下半部分为“贝”，考生容易错写成“见”。

69. 应填写“艰”。一级字，左右结构。主要考查右半部分“艮”的写法，考生往往会多加一点，写成“良”。此外，考生易把此字写成同音字“坚”。

70. 应填写“宜”。一级字，上下结构。重点考查“且”字底的写法，考生容易多加一横，写成“目”。

模拟试题（二）

答案速查

1. B	2. C	3. D	4. D	5. A	6. B	7. D	8. D	9. A	10. A
11. C	12. C	13. A	14. D	15. C	16. B	17. A	18. C	19. C	20. B
21. B	22. B	23. D	24. C	25. A	26. B	27. D	28. D	29. B	30. B

31. C	32. A	33. D	34. A	35. C	36. B	37. C	38. C	39. B	40. B
41. A	42. B	43. D	44. A	45. C	46. C	47. D	48. D	49. C	50. D
51. B	52. A	53. B	54. C	55. C	56. A	57. A	58. D	59. D	60. A
61. 响	62. 聪	63. 淘	64. 劝	65. 饺	66. 突	67. 挺	68. 检	69. 末	70. 源

【作文范文】

亲爱的妈妈：

您好！我有许多心里话想对您说。

谢谢您全心全意地照顾我的生活。我每天放学回来您都会检查我的饭盒，还帮我准备好要穿的衣服，怕我吃不好营养跟不上，也怕我穿得少着凉。在学习上，您再忙也会帮我检查作业，跟我一起分析考过的试卷。但是，我也想给您提个小小的意见，您有时候太严厉了，希望您以后温柔一点儿，多鼓励我，我一定会改正身上那些坏习惯的。

妈妈，您为了我的成长付出了很多，我永远感恩！我爱您！

女儿：娜娜

5月7日

详细解析

一、听力理解

1. 正确答案是 B。本题主要考查的是考生能否领会听力材料的内容要点。说话人问的是“小王这个人怎么样”，这是要了解小王的性格、为人特点。选项 A 是说小王的身高，选项 B 是说小王的性格，选项 C 是说小王的年龄，选项 D 是说小王的身份，因此正确答案是 B。
2. 正确答案是 C。本题主要考查的是考生能否领会听力材料的内容要点。问题的要点是“做什么”，选项 A“上课了”、选项 B“下课了”、选项 D“语文课”都不能回答“做什么”的问题，只有选项 C“去打球”可以回答，是正确答案。
3. 正确答案是 D。本题主要考查的是考生能否领会听力材料的内容要点。问题的要点是“怎么走”，询问如何去某处。选项 A、B、C 均是对火车站的描写，只有选项 D 可以表示如何去某个地方，是正确答案。
4. 正确答案是 D。本题主要考查的是考生能否领会听力材料的内容要点。问题的要点是“怎么回家的”。选项 A、B 都是在描述下雨，选项 C 说的是自己不想回家，只有选项 D 提到从同学那里借了一把伞，有伞就可以回家。因此正确答案是 D。
5. 正确答案是 A。本题主要考查的是考生能否领会听力材料的内容要点。说话人要找王老师，选项 C“我认识王老师”和选项 D“王老师是个好老师”均与问题无关，选项 B“他的事情很多”也不能回答问题，只有选项 A“他出去了”表示王老师目前不在，能够回答问题，是正确答案。

6. 正确答案是 B。本题主要考查的是考生能否领会听力材料的内容要点。问题的要点是“书是谁的”，回答应该说出书的所属。选项 A 表示对书的喜好，选项 C 说的是书的作者，选项 D 是对书的评价，只有选项 B“我朋友的”说出了书的所属，因此正确答案是 B。
7. 正确答案是 D。本题主要考查的是考生能否领会听力材料的内容要点。说话人的意思是他们的普通话说得好，回答者应该对此表达态度或进一步解释。选项 D“他们一直很努力”是他们普通话说得好的原因。选项 A 说明他们的爱好，选项 B 说明他们的身份，均与材料无关；选项 C“他们会说普通话”是一种客观陈述，与材料联系不紧密；只有选项 D 是对材料的进一步解释，正确。
8. 正确答案是 D。本题主要考查的是考生能否领会听力材料的内容要点。问题的要点是询问王小明迟到的原因，考生首先应该听清这是说话人和王小明之间的对话。选项 B 和选项 C 都是在说第三者，与题意不符。选项 A 承认迟到的事实，但没有说明原因。选项 D“我起床晚了”可以表示迟到的原因，是正确答案。
9. 正确答案是 A。本题主要考查的是考生能否领会听力材料的内容要点。问题的要点是向对方发出邀请，询问对方意见。选项 A“去不了啊”表示拒绝，能够回答问题，是正确答案。选项 B 是对草原的描写，选项D与问题无关。选项C如果在前面加上“不了”，就可以成为正确答案，仅“我去过草原”一句同样不能回答问题。
10. 正确答案是 A。本题主要考查的是考生能否领会听力材料的内容要点。问题的要点是对电影的评价。选项 A“还行”表示觉得还可以，是一种评价；选项 B、C 都是一种提议，选项 D 表示喜欢看电影，均不能回答问题。因此正确答案是 A。
11. 正确答案是 C。本题主要考查的是考生能否领会听力材料的内容要点。男的提到“终于爬到顶了”，“爬”这个动作和“顶”这个方位词说明他们最可能在山顶，而不是河边或路上，女的说“这里的风景真不错”进一步印证了这一猜测。因此正确答案是 C“山上”，其他选项都与对话内容不符。
12. 正确答案是 C。本题主要考查的是考生根据对话获取关键信息的能力。对话中提到了“警察”“作家”“老师”这三种职业，没有提到“军人”，所以首先排除选项 D。另一个关键词是“现在”，问题问的是“现在想当什么”，因此正确答案是 C。
13. 正确答案是 A。本题主要考查的是考生根据对话获取关键信息的能力。女的说“路上车太多”，这是本题的关键信息。选项 A“遇到堵车”与“路上车太多”的意思相同，选项 B“喜欢迟到”说明她的一个特点，选项 C“没有迟到”与对话内容不符，选项 D“不会开车”无法从对话中推断出来。因此正确答案是 A。
14. 正确答案是 D。本题主要考查的是考生根据对话获取关键信息的能力。女的说“考完试以后，还有两个星期”，这两个关键信息都是女的去上海的时间，符合其中任何一项都是正确答案。据此可判断，选项 A、C 与对话内容不符，选项 B“立刻就去”也与女的的话矛盾，只有选项 D 正确。
15. 正确答案是 C。本题主要考查的是考生根据对话获取关键信息的能力。男的问的是“办公楼在哪里”，对话中提到的食堂、图书馆等信息都是混淆项，“书店”在对话中没有提到，正确答案是 C。

16. 正确答案是 B。本题主要考查的是考生根据对话获取关键信息的能力。男的说“天阴了”，这是对当前天气的客观陈述，“好像要下雨了”并不是实指，对话中也没有提到太阳。所以选项 A、C 可以排除；选项 B 与对话内容相符，是正确答案；选项 D“天气预报开始了”是对女的的话的错误理解。

17. 正确答案是 A。本题主要考查的是考生根据对话获取关键信息的能力。本题的关键信息是“吃腻了”，表示不喜欢，已经厌烦了。这是男的说的话，可以看出男的想换换口味，因此选项 A 正确。女的建议去餐馆，所以选项 B“女的今天不想吃饭”、选项 D“女的不想去餐馆吃饭”都可以排除。选项 C“男的每天做同样的菜”在对话中没有提到。

18. 正确答案是 C。本题主要考查的是考生根据对话获取关键信息的能力。男的说“外面挺冷的，多穿点儿”，是提醒女的多穿点儿衣服，故选项 C 正确。选项 A 是指不希望对方出门，选项 B 与男的的意思相反，选项 D“记得带把雨伞”与对话内容不符，因此这三项均错误。

19. 正确答案是 C。本题主要考查的是考生根据对话获取关键信息的能力。男的不知道某个字怎么读，向女的请教，女的也不认识。选项 B“男的认识这个字”与对话内容不符，选项 C 与对话内容相符，选项 A、D 均不能从对话中推断出来。因此正确答案是 C。

20. 正确答案是 B。本题主要考查的是考生根据对话获取重要细节的能力。根据女的说她“很少运动”“喜欢看书”，可知选项 A 错误，选项 B 正确。对话中明确说男的喜欢打篮球，因此选项 C“男的喜欢踢足球”错误。选项 D“男的不喜欢运动”也与对话内容不符。

21. 正确答案是 B。本题主要考查的是考生根据对话的关键信息对人物关系进行推断的能力。对话的主要内容是女的迟到，男的询问原因，且女的明确说“谢谢王老师”，因此我们可以确定他们是师生关系。选项 B 正确，选项 A、C、D 均为混淆项。

22. 正确答案是 B。本题主要考查的是考生根据对话获取关键信息的能力。一开始男的就问“怎么现在才到”，可知女的迟到了。因此选项 B 正确，选项 A“起早了”与对话内容不符。男的说女的“看起来脸色不太好”，女的解释“昨晚睡得晚”，可见她没有生病，对话中也没有提到“请假”，因此选项 C、D 均错误。

23. 正确答案是 D。本题主要考查的是考生根据对话获取关键信息的能力。女的问照片上的女孩儿是谁，男的说“我妹妹的同学”。只要听清了这一句就可以选出正确答案 D，其他三项均与对话内容不符。

24. 正确答案是 C。本题主要考查的是考生根据对话中的关键信息进行推断的能力。根据男的的话，那个女孩儿 6 岁开始学唱歌，快 8 年了，据此可以推算出她的年龄大约是 14 岁，选项 C 正确。选项 A、B、D 均为混淆项。

25. 正确答案是 A。本题主要考查的是考生根据材料获取重要细节的能力。材料中提到“这还是我第一次见姑姑呢”，由此可知正确答案是 A。选项 B、C、D 均为混淆项。

26. 正确答案是 B。本题主要考查的是考生根据材料获取重要细节的能力。材料中提到了两个地方，一个是爸爸小时候生活过的地方，一个是河边。其中表哥带“我”去的是河边，只有选项 B 正确。选项 A 指的是爸爸生活过的地方，因为爸爸说“这些地方变化很大”；选项 C、D 都提到了“爸爸”，指的都是爸爸带“我”去的地方，与问题不符。

27. 正确答案是 D。本题主要考查的是考生根据材料获取重要细节的能力。材料提到，说话人见到了很多亲人，但没提到见到朋友，因此选项 A 错误。彩灯是在河边挂着的，不是自己制作的，选项 B 错误。爸爸和表哥带着说话人去了很多地方，但不属于参观游览，因此选项 C 错误。只有选项 D“吃好吃的”与材料内容相符，是正确答案。
28. 正确答案是 D。本题主要考查的是考生根据材料获取关键信息的能力。材料中提到“放学以后我又去上美术课了”，“上美术课”就是学画画儿，因此选项 D 正确。材料中虽然提到了葡萄，但说的是画葡萄，不是买葡萄或吃葡萄，因此可以排除选项 A、B。材料中没有提到“图书馆”，因此选项 C 错误。
29. 正确答案是 B。本题主要考查的是考生根据材料中的关键信息进行推断的能力。材料中提到“非常高兴”“太有意思了”“真是太好了”，这都表示说话人很高兴。因此选项 B 正确，其他选项均与材料内容不符。
30. 正确答案是 B。本题主要考查的是考生根据材料获取重要细节的能力。根据材料，说话人是在老师的指导下学会画葡萄的，因此选项 A 错误。材料中提到了紫色，但并没说是说话人最喜欢的颜色，因此选项 C 错误。故事是老师在下课前讲的，因此选项 D“下课后去听别人讲故事了”错误。只有选项 B 与材料内容相符。

二、阅读理解

31. 正确答案是 C。本题主要考查的是介词的用法。介词“在”引进说明的对象“妈妈”，与“下”组成“在……下”这一介词结构。“从”“由”“于”均不能与“下”搭配，因此正确答案是 C。
32. 正确答案是 A。本题主要考查的是动态助词的用法。这里强调“说”这个动作过去曾经发生，所以用“过”，正确答案是 A。
33. 正确答案是 D。本题主要考查的是趋向动词的用法。四个选项都是趋向动词，这句话表达的是从山顶上看的状态，看到的是“上山的小路”，视线是往下的，因此用“下去”最恰当，正确答案是 D。
34. 正确答案是 A。本题主要考查的是关联词的用法。本句要表达的是为达到目的应做的第一件事，选项 A“首先”用在这里很恰当。选项 B、D 都是形容词，不能连接两个分句；如果用选项 C“第一”，应在后面加逗号；因此这三项均不恰当。
35. 正确答案是 C。本题主要考查的是考生能否把握副词“都”在句子中的含义和用法。副词“都”总括前边的“许多文物”，放在总括成分的后面，因此选项 C 恰当。选项 A“全”强调全部，与前面的“许多”矛盾。选项 B、D 均与句意不符。
36. 正确答案是 B。本题主要考查的是考生能否把握副词“一向”在句子中的含义和用法。“一向”放在动词“喜欢”的前面，表示从过去到现在，用在句中很恰当，因此选项 B 正确。选项 A 是混淆项，选项 C、D 均暗含着“现在不喜欢热闹了”的意思，与前句“性格开朗”矛盾，因此这三项均不正确。
37. 正确答案是 C。本题主要考查的是考生能否把握副词“多么”在句子中的含义和用法。“多么”用在感叹句里，表示程度很高，因此选项 C 正确。“那么 / 这么重要”也可以表示感叹，但后面不能加叹词“啊”，因此选项 A、B 不恰当。选项 D 不能表达感叹，错误。

38. 正确答案是 C。本题主要考查的是考生能否把握副词“几乎”在句子中的含义和用法。“几乎”表示差不多，用在这里符合句意，因此选项 C 正确。其他几个选项都不符合句意。

39. 正确答案是 B。本题主要考查的是考生能否把握形容词“任何”在句子中的含义和用法。本句意思是，宇宙的创生是一个自组织过程，不需要什么外在条件，“任何”即表示不论什么，符合句意，因此选项 B 正确。其他几个选项都不符合句意。

40. 正确答案是 B。本题主要考查的是考生能否把握词语在句子中的含义和用法。“受”与“到”搭配表示被动，符合句意。“得”与“到”搭配表示主动，不符合句意。“被”和“让”不能与“到”搭配。因此正确答案是 B。

41. 正确答案是 A。本题主要考查的是关联词语的搭配。本句批评儿童补习的乱象，四五岁就开始补习是一种极令人惊讶的现象。“甚至”表示递进关系，表示程度更深一层，符合句意；“于是”表示承接关系；“反正”表示条件关系，即任何情况下结果都是一样的；“而且”也表示递进关系，表示比前面的情况更进一步，但此句没有给出某种情况。因此只有选项A正确，选项B、C、D 都不恰当。

42. 正确答案是 B。本题主要考查的是考生能否把握词语在句子中的含义和用法。四个选项都是能愿动词，“想”表示的是一种主观愿望，“能”表示具有某种能力，“要”表达的是一种希望或愿望，“会”主要指通过学习掌握了某种技能。分析本句，可知只有选项 B“能”符合句意。

43. 正确答案是 D。本题主要考查的是考生的词语搭配能力。四个选项中，只有“分配”能与“任务”搭配，“指导”多与“工作”搭配，“制造”“发明”的对象都是物品或技术。因此只有选项 D 用在这里恰当。

44. 正确答案是 A。本题主要考查的是考生能否把握词语在句子中的含义和用法。“必须”表示一定要这样，语气很坚定，个人同意不同意都得这样做。“千万”表示一种嘱咐，语气不如“必须”坚定。“可以”“能够”都表示具有某种能力。本句是条件复句，意思是就算有困难，我们也要努力完成，因此用语气坚定的“必须”最恰当，正确答案是 A。

45. 正确答案是 C。本题主要考查的是考生能否正确把握三字词语的意义及用法。“看不起”指轻视，小看；“对不起”表示道歉；“少不了”指不会缺少，免不了；“没关系”指不要紧。本句表达的意思是成功的背后一定会有努力和汗水，因此选项 C 最恰当。

46. 正确答案是 C。本题主要考查的是考生对材料主要内容的理解能力。材料主要讲的是“我”小时候的趣事，选项C概括得最恰当。选项A、B的内容虽然材料中都提到了，但都不是主要内容。选项 D 不能从材料中推断出来。

47. 正确答案是 D。本题主要考查的是考生对材料主要内容的理解能力。材料开头就说“我小的时候喜欢画画儿”，后面展开讲一次在火车上画画儿还被人称赞的事，也是为了说明自己爱画画儿，因此选项 D 概括得最恰当。选项 A 只能说出材料的一部分内容，选项 B 说法错误。“我”后来是否跟叔叔学画画儿了，材料没有交代，所以选项 C 错误。

48. 正确答案是 D。本题主要考查的是考生对材料中心意思的理解能力。材料描述的是下雨天“我”的生活，概括可知，“我”喜欢的是下雨天在家里安静看书，其中最核心的是“安静看书”，因此选项D最恰当。其他三项都偏离了材料的中心内容。

49. 正确答案是C。本题主要考查的是考生对材料主要内容的理解能力。材料主要讲了妈妈做早点、上班、做晚饭、收拾家等事，最后说“妈妈是什么时候干的这些活儿呢？”，暗示了妈妈的勤劳，因此选项C最恰当。选项A是事实，但不是材料的主要内容；选项B、D的内容材料中没有提到。

50. 正确答案是D。本题主要考查的是考生对材料主要内容的理解能力及细节判断能力。牧场主人让孩子每天工作，又说“我不是在培养农作物，我是在培养我的孩子”，即牧场主人认为培养孩子的方法是让孩子辛勤工作，所以正确答案是D。选项A、B、C都不符合文意。

51. 正确答案是B。本题主要考查的是考生获取材料中的主要信息的能力。材料中说“这种随时的提醒很有必要”，即提示语可以起到提醒作用；又提到有些人不随手关灯是因为忘记了，也说明提示语的作用就是提醒。因此选项B正确，选项A、C、D都不符合文意。

52. 正确答案是A。本题主要考查的是考生获取材料中的主要信息的能力。材料第二段提到，如果人人都能随手关灯，那么一年节省下来的电量非常大。这说明作者认为随手关灯一事值得重视，所以选项A正确，其他选项都与材料内容不符。

53. 正确答案是B。本题主要考查的是考生对材料中心意思的理解能力。材料以“随手关灯”为线索展开叙述，就是告诉我们要随手关灯，选项B正确。选项A、C过于宽泛，选项D与材料内容不符。

54. 正确答案是C。本题主要考查的是考生对材料主要内容的理解能力。根据“富有的父亲带着小儿子去乡下旅行，想让他感受一下穷人是怎么生活的”，可知父亲是想让儿子了解穷人的生活。因此选项C正确，选项A、B、D都与材料内容不符。

55. 正确答案是C。本题主要考查的是考生获取材料中的主要信息的能力。材料第二段，儿子对比了自己的家和穷人的家。考生可以根据选项，逐条去原文中查找。通过查找可知，养着四条狗的是穷人家，院子像农场一样大的也是穷人家，富人家里的确有水池和花坛，而“看不到星星”不能从材料中得出。因此只有选项C正确。

56. 正确答案是A。本题主要考查的是考生获取材料中的主要信息的能力。材料最后，儿子说：“感谢父亲让我明白我们有多么贫穷！”即富人的儿子认为自己家很穷，所以选项A正确。其他几个选项都不符合文意。

57. 正确答案是A。本题主要考查的是考生获取材料中的主要信息的能力。材料第一段就说明了男老师买小地球仪的目的：“他买回一大袋小地球仪，准备当奖品发给学生。”所以选项A为正确答案，其他选项均不正确。

58. 正确答案是D。本题主要考查的是考生获取材料中的主要信息的能力。材料第一段就说：“一个老师的小孩儿看见了，便想让这位男老师送他一个玩儿玩儿。”因此选项D为正确答案，其他选项均与材料内容不符。

59. 正确答案是D。本题主要考查的是考生对材料主要内容的理解能力。男老师说：“白送东西给人，是对人的一种侮辱。”由此可知，他非要小孩儿会说五个词才肯给他地球仪，就是因为他不肯白送给小孩儿。因此选项D正确，其他选项都是对材料内容的错误理解。

60. 正确答案是 A。本题主要考查的是考生对材料中心意思的理解能力。解题的关键是对材料最后两句的理解。男老师认为，“奖”是鼓励，而“送”是侮辱，是违背教育准则的，教师只能“奖”，而不能“送”，也就是说，他认为教育工作者应该鼓励学生进步。因此选项 A 正确，选项 B 与男老师的话矛盾，选项 C、D 与材料内容不符。

三、书面表达

61. 应填写“响”。一级字，左右结构，形声字，左形右声。考查考生对左右结构的字的结构安排。右面为“向”，考生易将第一笔“丿”错写成“㇀”。
62. 应填写“聪”。一级字，左右结构，形声字，左形右声。重点考查偏旁“耳”，考生易将第六笔“㇀”写成“一”。
63. 应填写“淘”。一级字，左右结构，形声字，左形右声。难点是要正确书写出声旁“匋”。
64. 应填写“劝”。一级字，左右结构。考生易将“又”与“力”放错位置。
65. 应填写“饺”。一级字，左右结构，形声字，左形右声。考查“饣”的上半部分“𠂊”，考生易错写成“𠆢”。
66. 应填写“突”。一级字，上下结构。难点是要正确书写“穴”。
67. 应填写“挺”。一级字，左中右结构。中间部分的“廴”不能写成“辶”，另外声旁“廷”的右边部分，“𡈼”不能写成“壬”。
68. 应填写“检”。一级字，左右结构，形声字，左形右声。右半部分“佥”不能错写成“金”。
69. 应填写“末”。一级字，主要考查“末”字的笔顺，书写时应注意先中间后两边。另外，考生容易将“末”与形近字“未”相混。
70. 应填写“源”。一级字，左右结构，形声字，左形右声。重点考查考生对“原”和“源”的区分，考生容易混淆。

模拟试题（三）

答案速查

1. B	2. D	3. B	4. C	5. A	6. D	7. B	8. A	9. A	10. C
11. C	12. C	13. B	14. C	15. B	16. C	17. D	18. C	19. A	20. B
21. B	22. B	23. D	24. C	25. C	26. D	27. C	28. C	29. A	30. C
31. D	32. A	33. C	34. C	35. A	36. C	37. B	38. D	39. B	40. D
41. B	42. C	43. A	44. D	45. B	46. D	47. C	48. C	49. B	50. D
51. B	52. C	53. A	54. A	55. C	56. B	57. B	58. A	59. B	60. B
61. 健	62. 珍	63. 惯	64. 础	65. 聘	66. 绩	67. 杯	68. 梦	69. 礼	70. 影

【作文范文】

我们的好老师

今天是教师节，我和刘宇代表全班同学来给王老师献花。

我们都喜欢王老师。他脸上总是带着微笑，对同学们非常关心，年年被评为模范班主任。有一次，班上的张平同学不小心把腿摔伤了，不能上学，王老师就每天放学后去她家补课。一天，下着鹅毛大雪，路又难走，王老师仍然去了张平家。讲完课天已经黑了，风雪也更大了。张平的爸爸妈妈要留王老师吃饭，王老师不肯，最后还是没吃饭就冒着风雪回去了。

王老师，您教给我们知识，培育我们健康成长，您是我们最敬爱的老师！

详细解析

一、听力理解

1. 正确答案是B。本题主要考查的是考生能否领会听力材料的内容要点。询问时间是日常生活中常见的问题。选项A“不想起床”虽然与“起床”相关，但是没有回答几点起床的问题；选项B“早上六点”可以回答“几点”的问题；选项C“我睡得很晚”与“起床”没有关系；选项D“妈妈起床很早”叙述的对象是妈妈，与题意不符。因此正确答案是B。
2. 正确答案是D。本题主要考查的是考生能否领会听力材料的内容要点。问题的要点是“怎么样”，需要对比赛进行描述。选项A谈论的是天气，选项B说的是爱好，都与比赛无关。选项C“我一个人跑步”也与比赛无关。只有选项D是对比赛的描述，是正确答案。
3. 正确答案是B。本题主要考查的是考生能否领会听力材料的内容要点。问题的要点是“什么时候”，“是……的”句型表示已经发生的行为。选项A“一会儿就走”表示将来的行为，与问题不符。选项C是“我”对张老师的态度，选项D是张老师的身份，均不能回答“什么时候”的问题。只有选项B能恰当地回答问题，是正确答案。
4. 正确答案是C。本题主要考查的是考生能否领会听力材料的内容要点。问题是一个反问句，催促对方赶快睡觉。选项A表示一种状态，选项B表示催促，选项D说明已经睡着了，这三项都与问题不符。只有选项C表达了计划睡觉的时间，可以回答问题，是正确答案。
5. 正确答案是A。本题主要考查的是考生运用语言进行交际的能力。说话人对对方表示关心，建议其回去休息。选项A“谢谢”是对对方表示感谢，符合题意。选项B“打扰了”是向对方寻求帮助时的用语，选项C“不客气”是当对方表示感谢时的回应，选项D“对不起”是表示道歉时的用语，这几项均不能对原句表示回应。
6. 正确答案是D。本题主要考查的是考生能否领会听力材料的内容要点。问路是日常生活中常见的场景。说话人问去银行怎么走，选项A、B、C都在介绍街道的情况，选项D虽然没有直接回答“怎么走”，但告诉了对方附近没有银行，暗示对方重新考虑问题。因此正确答案是D。
7. 正确答案是B。本题主要考查的是考生能否领会听力材料的内容要点。问题的要点是“在哪里”，需要回答出买词典的地点。选项B"学校旁边的书店"可以回答该问题。选项A描写词典的状况，选项C和D都是对词典使用情况的介绍，这三项都不能回答问题。

8. 正确答案是A。本题主要考查的是考生能否领会听力材料的内容要点。问题的要点是"谁"，只要简单回答出是谁即可。选项B、C、D虽然都提到了某个人，但说的是三个人不同的状况，与问题不符。选项A虽然简单，但可以回答问题，是正确答案。

9. 正确答案是A。本题主要考查的是考生能否领会听力材料的内容要点。本题询问的是环境，不是询问天气。选项B、C、D都是描写天气，不符合题意。选项A"还可以"表示不好也不坏，可以回答"环境怎么样"的问题，是正确答案。

10. 正确答案是C。本题主要考查的是考生的语言交际能力。说话人要转学了，恰当的回答应该是合理表达自己对此事的感受或评价。选项A"不像话"表示批评对方不合乎道理，选项B"真了不起"是夸赞对方优秀，选项C"真舍不得你"是表达对对方的不舍，选项D"实在不好意思"表示道歉。四个备选答案中，只有选项C的回答最恰当，其他几项都不妥。

11. 正确答案是C。本题主要考查的是考生根据对话获取重要细节的能力。女的说"是爸爸给我买的"，回答了本子的来历，同时否定了"学校发的"这一说法，因此选项C正确。选项B是混淆项，选项A、D在对话中没有提到。

12. 正确答案是C。本题主要考查的是考生根据对话获取重要细节的能力。男的说"今天怎么这么早就睡了"，表示男的认为时间比较早，并没有想让女的早点儿睡觉的意思，故选项D错误。女的说"已经不早了，都十一点了"，说明女的认为时间已经很晚了，选项C正确，同时选项B错误。选项A在对话中没有提到。

13. 正确答案是B。本题主要考查的是考生根据对话获取关键信息的能力。男的想借橡皮，女的回答"当然，没问题"表示同意，愿意借，故选项B正确。忘带橡皮的、想借橡皮的都是男的，选项A、C错误。选项D与对话内容无关。

14. 正确答案是C。本题主要考查的是考生运用语言进行交际的能力。男的说"喂，您好！"，这是打电话的惯用句式，问路、上课、买东西均不使用该句型，因此正确答案是C。

15. 正确答案是B。本题主要考查的是考生根据对话获取重要细节的能力。女的说"上午和下午各一节"，因此共两节。只有选项B正确。

16. 正确答案是C。本题主要考查的是考生根据对话获取重要细节的能力。根据对话，几件事的先后顺序是：上课，跑步，回家吃饭。因此回家之前要做的事是跑步。选项C正确，选项A、B均错误，选项D在对话中没有提到。

17. 正确答案是D。本题主要考查的是考生根据关键信息进行推断的能力。女的说"太难了，很多字我都不认识"，说明她看报纸有困难，选项D正确。"很多字我都不认识"不代表不认识字，选项A错误。选项B、C都不能从对话中推断出来。

18. 正确答案是C。本题主要考查的是考生根据对话获取关键信息的能力。男的说"咱们班王娜明天过生日"，女的随后表示写祝福卡片，可见女的是要为同学写祝福卡片。因此选项C正确，其他三项都与对话内容不符。

19. 正确答案是A。本题主要考查的是考生获取重要细节的能力。考生要听清楚提问和回答的分别是谁。男的问是否可以进去，女的拒绝了他的请求，据此判断各个选项，只有选项A正确。

20. 正确答案是B。本题主要考查的是考生根据对话获取重要细节并进行推理判断的能力。男的想让女的讲一道题，女的表示现在要去上课，让男的下午去办公室找她。根据讲题、上课、办公室等信息，可以判断女的是男的的老师，他们是师生关系。因此正确答案是B。

21. 正确答案是B。本题主要考查的是考生根据对话获取重要细节的能力。对话一开始提到没有赶上九点的车，要等下一辆，可以推断他们原来准备坐九点的车。选项B正确，选项A、C、D均为混淆项。

22. 正确答案是B。本题主要考查的是考生根据对话获取重要细节的能力。女的说“时间还早，来得及”，男的接着问下午会议的时间，由此可以推断他们是要去开会。因此正确答案是B，其他选项对话中均未提到，属于混淆项。

23. 正确答案是D。本题主要考查的是考生根据对话获取重要细节的能力。对话中提到了“出国”“旅行”“上学”等，但问题是“男的周末要去做什么”，对话中男的说“要去看一个朋友”，因此只有选项D正确，其他几项都是混淆项。

24. 正确答案是C。本题主要考查的是考生根据对话获取重要细节的能力。考生要听明白对话的内容。根据对话，事实是这样的：男的要去看朋友，他的朋友要出国读书，女的去过英国，男的没去过英国。搞清楚这几个事实，就很容易选出正确答案C，其他选项都与对话内容不符。

25. 正确答案是C。本题主要考查的是考生根据材料获取重要细节并进行概括的能力。说话人说“我终于有时间打篮球、踢足球、游泳喽……”，这些都是运动，因此选项C正确，其他选项都与材料内容不符。

26. 正确答案是D。本题主要考查的是考生根据材料获取关键信息的能力。说话人想去打篮球，但妈妈说“不许出去玩儿”，并说已经给说话人定好了暑假的学习计划，由此可知妈妈想让他好好学习。因此选项D正确，选项A、C都是说话人自己想做的事，选项B在材料中没有提到。

27. 正确答案是C。本题主要考查的是考生根据材料获取关键信息的能力。说话人开始“高高兴兴”，因为放假了，可以玩儿了，但是妈妈让他进屋学习，他“很不高兴地回到房间”。由此可知，说话人最后的心情是“不高兴”，也就是“不开心”，选项C正确。选项A、B、D均为混淆项。

28. 正确答案是C。本题主要考查的是考生根据材料获取关键信息的能力。根据“妈妈告诉我：‘有病人需要爸爸做手术，爸爸才半夜离开家的……’”可知，爸爸半夜离开家是为了帮助病人，因此选项C正确。爸爸是接完电话才离开家的，所以选项B“去接电话”不是离开家的原因。选项A、D在材料中都没有提到。

29. 正确答案是A。本题主要考查的是考生根据材料中的关键信息对某人的身份进行推断的能力。材料中提到“有病人需要爸爸做手术”，而且“他帮助了需要帮助的病人”，由此可以推断爸爸是医生，选项A正确。其他选项都与材料内容不符。

30. 正确答案是C。本题主要考查的是考生根据材料获取关键信息的能力。材料中提到“我讨厌这个电话”，并不是觉得爸爸讨厌，因此选项B错误。材料最后提到“我觉得我的爸爸很伟大”，因此选项C正确。选项A、D均不能从材料中体现出来。

二、阅读理解

31. 正确答案是D。本题主要考查的是介词的用法。四个选项都是介词，“对”引进事物的关系者，即与“充满了感情”这件事有关系的是“那里”，所以用“对”引进。“给”引进动作的对象，“在”表示时间、处所、范围等，“为”表示行为的对象，所以“给、在、为”用在这里都不恰当。正确答案是D。

32. 正确答案是A。本题主要考查的是关联词语的搭配。连词“既然”用在上半句里，下半句常常有副词“就、也、还”与它呼应，表示先提出前提，然后加以推论。“虽然”一般与“但是”搭配，“即使”一般与“也”搭配，“不但”一般与“而且”搭配，这三项都不能与“就”搭配。因此正确答案是A。

33. 正确答案是C。本题主要考查的是考生能否把握词语在句子中的含义和用法。选项A“情景”指某个场合的具体情形和景象，选项D“风景”指供观赏的自然景物，本句横线前的限定词是“经济”，这两项明显与“经济”无关，可以首先排除。较难区分的是选项B和C。“状态”指事物的状貌特征和动态，“状况”指事物的性质、结构、水平等。若与“经济”搭配，“状况”更恰当，因此正确答案是C。

34. 正确答案是C。本题主要考查的是考生能否把握词语在句子中的含义和用法。本句意为在新环境里要有新开始。副词“重新”表示从头开始，正符合句意，因此选项C正确。选项A“重复”意为又一次出现，选项B“反复”意为多次重复，选项D“复印”意为复制印刷，均与句子意思不符。

35. 正确答案是A。本题主要考查的是考生能否把握词语在句子中的含义和用法。四个选项中，“符合”“接近”能与“实际情况”搭配，但根据句意，这里应该用“符合”而不是“接近”，因此正确答案是A。

36. 正确答案是C。本题主要考查的是考生对反问句的掌握。首先判断句意，本句想表达的是“他有话直说，无所顾忌，这是金子般的品格”。四个选项中，只有“难道”能表达反问的语气，“难道”加否定词“不”表示肯定。而“什么、怎样、怎么”都是疑问代词，句末不再用表示疑问的语气助词“吗”。因此正确答案是C。

37. 正确答案是B。本题主要考查的是量词的用法。“根”用于较细的东西，“匹”多用于马、布料等，“条”用于长条状的东西，形容小提琴，这三项均不合适，用“把”最恰当，因此正确答案是B。

38. 正确答案是D。本题主要考查的是考生能否把握词语在句子中的含义和用法。“不理人”是一种不礼貌的行为，只有选项D“礼貌”用在这里符合句意。“道理”不能用作形容词，“理想”“适合”均与句意不符。

39. 正确答案是B。本题主要考查的是关联词语的用法。“哪怕”表示让步关系，经常组成“哪怕……也……”的句式，表示先承认一个事实，再转而承认另一个事实，用在这里符合句意。“尤其、甚至、既然”都不能表达让步关系，用在这里都不合适。因此正确答案是B。

40. 正确答案是D。本题主要考查的是考生能否把握词语在句子中的含义和用法。“充满”强调的是到处都填满或布满；“补充”是动词，表示填补不足；“充足”是形容词，表示在具体的物质上能满足需要；“充分”是“足够”的意思，多用于抽象事物。现代科学证明一个事实，用“充分”最合适，因此选项D正确。

41. 正确答案是B。本题主要考查的是考生能否把握词语在句子中的含义和用法。首先分析句意，本句要表达的是：要想做好工作，不能只靠积极努力，还要有正确的思想。“具备”是“有”的意思，表示有积极努力这一条件，其他几项都表达不出“有”的意思，不够贴切。因此正确答案是B。

42. 正确答案是C。本题主要考查的是考生能否把握词语在句子中的含义和用法。“随便”有“不受限制”的意思，用在这里表达的是“不应该不受限制地翻你的书包”，联系上文的“对不起”，可知用“随便”非常恰当。“突然”“坚决”都表达不出这层意思，“随地”意为到处，与句意离得更远。因此正确答案是C。

43. 正确答案是A。本题主要考查的是考生能否把握词语在句子中的含义和用法。“不”与“如”连用，表示前者比不上后者；“不”与“对”连用，表示错误；“不”与“像”连用，表示不一样；“不”与“比”连用，表示不同于。逐一分析，可知“不如”最符合句意，因此正确答案是A。

44. 正确答案是D。本题主要考查的是副词的用法。本句是想表达“我们忘不了你的关心和帮助”。“到底”表示经过较长时间最后出现某种结果，“经常”表示频率高，“终于”强调结果，“永远”强调时间长。根据句意，选项D“永远”用在这里最恰当，是正确答案。

45. 正确答案是B。本题主要考查的是考生能否正确把握三字词语的意义及用法。“不要紧”指没有妨碍，没有关系，不成问题；“不得了”指情况很严重，程度很深；“没什么”与“不要紧”意思相同；“差点儿”表示某种事情接近实现或勉强实现。句子表达的意思是穿上厚衣服感觉很热，横线处的词语应该表示热的程度深，因此选项B“不得了”最恰当。

46. 正确答案是D。本题主要考查的是考生对材料大意和关键句子的理解能力。材料最后一句结论性的话“这还真是了解历史知识的好办法”就是“我”的看法，所以选项D正确。其他几个选项看上去与材料相关，但都与材料描述的事实有差距，当然也不是“我”的看法，所以均不正确。

47. 正确答案是C。本题主要考查的是考生对材料中心意思的理解能力。材料讲小时候吃的冰棍儿的价格和味道，还说那传递了幸福感的味道至今都留在记忆中，实际要表达的意思是童年的记忆是非常美好的，故选项C正确。选项A、B是具体细节，选项D的内容材料中没有提到，因此这三项均可排除。

48. 正确答案是C。本题主要考查的是考生对材料中心意思的理解能力。“我”本来困了，想早点儿睡，但没睡成，决定继续写作业，因为早晚都得做。从这一长串的叙述中可以判断，“我”的心情基本是平静的，没有抱怨，没有生气。所以选项C最恰当。其他选项都与材料内容不符。

49. 正确答案是B。本题主要考查的是考生获取材料中的主要信息的能力。材料中爸爸说：“要轻轻地拉鱼竿，不然鱼受了惊，会马上跑掉的。”据此可判断选项B正确。选项A、C、D的内容在材料中没有重点强调，均不正确。

50. 正确答案是D。本题主要考查的是考生对材料主要内容的理解能力。老师把小红花贴在学习好、纪律好、有礼貌、帮助同学的人的名字后面，这是讲述具体做法。而设立红花榜对学生的影响是：“我的红花可多了，可我每天还是想做得更好，得到更多的小红花。”由此可推断，老师创建红花榜的目的是鼓励同学们好好表现，选项D正确。

51. 正确答案是B。本题主要考查的是考生获取材料中的主要信息的能力。材料中提到：“还没等我说完，妈妈就说……”当时“我”还没算出来，由此可知，妈妈比“我”算得快，而不仅仅是说得快，因此选项B正确，选项C错误。“我”也是能算准的，只是妈妈先算出来了，选项A错误。选项 D 在材料中没有提到。

52. 正确答案是 C。本题主要考查的是考生获取材料中的主要信息的能力。根据材料，爸爸说：“在现实生活中，我们要善于发现事物，找出它们的规律……”说明爸爸认为这两点很重要。选项 C 与文意相符，其他三项材料中都没有提到。

53. 正确答案是 A。本题主要考查的是考生获取材料中的主要信息的能力。材料最后总结说：“从此，我就更加喜欢数学了。”所以选项 A 正确。选项 B 的内容与文意不符，妈妈先说了答案，不代表“我”答得不正确。材料中没有选项 C 这层意思。选项 D 语气过重，爸爸只是在教导“我”，没有批评。

54. 正确答案是 A。本题主要考查的是考生获取材料中的主要信息的能力。材料中提到，年轻人“常常站在一家书店的玻璃窗前……他看到玻璃窗里放着一本打开的新书”，由此可知年轻人是在书店里读到新书的。选项 A 正确，其他选项都与材料内容不符。

55. 正确答案是 C。本题主要考查的是考生获取材料中的主要信息的能力。根据材料，“那本书每天往后翻两页，直到他把全书读完”。由此可知，年轻人每天只读两页书，是因为书每天只打开两页。所以选项 C 正确，其他选项均与材料内容不符。

56. 正确答案是 B。本题主要考查的是考生获取材料中的主要信息的能力。材料中说：“后来，这个年轻人成了一位著名的作家。”所以正确答案是 B，其他选项均与材料内容不符。

57. 正确答案是 B。本题主要考查的是考生获取材料中的主要信息的能力。根据材料，父亲捡到钱后，“就在原地等人来认领”。选项 B 与此一致，是正确答案。其他选项都与材料内容不符。

58. 正确答案是 A。本题主要考查的是考生获取材料中的主要信息的能力。材料中提到“她借了 300 元钱想陪母亲去治病”，这句话回答了母亲借钱的目的，所以正确答案是 A。其他选项都与材料内容不符。需要注意的是，题目和选项中的“母亲”“外婆”“父亲”，都是从“我”的角度说的。

59. 正确答案是 B。本题主要考查的是考生获取材料中的主要信息的能力。材料中提到：“见钱分毫不少地回来了，姑娘非常感激，拿出 10 元钱给父亲……”因此选项 B 正确，其他选项都与材料内容不符。

60. 正确答案是 B。本题主要考查的是考生对材料中心意思的理解能力。材料讲了父亲捡到钱归还失主，并因此认识了母亲的故事，此事对我们最大的启发是好人总会有好报。选项 B 最恰当，其他几个选项都不是材料的主旨。

三、书面表达

61. 应填写“健”。一级字，左右结构，考查考生对左右结构的字的结构安排。中间部分的“廴”不能写成“辶”，考生容易将两者混淆。

62. 应填写“珍”。一级字，左右结构，形声字，左形右声。右半部分的“㐱”，考生易错写成“㕘”。

63. 应填写“惯”。一级字，左右结构，形声字，左形右声。难点是要正确书写出“贯”，尤其是最后一笔“丶”，考生易错写成“乚”。
64. 应填写“础”。一级字，左右结构，形声字，左形右声。考生容易把声旁“出”写成两个“山”，要注意“出”中间的竖是一通到底的。
65. 应填写“膊”。一级字，左右结构，形声字，左形右声。左半部分考查偏旁“月”，第一笔应为“丿”，但考生易错写成“丨”；右半部分为“尃”，考生容易漏写上半部分和下半部分的“、”。
66. 应填写“绩”。一级字，左右结构。左半部分“纟”的第三笔应为“㇀”，但考生容易错写成“一”。
67. 应填写“杯”。一级字，左右结构。左半部分“木”的最后一笔和右半部分“不”的最后一笔都应写为短一点儿的“丶”，而不能写得过长，写成“㇏”。
68. 应填写“梦”。一级字，上下结构。重点考查对下半部分“夕”的书写，考生容易多加一横写成“歹”。
69. 应填写“礼”。一级字，左右结构。重点考查对“礻”和“衤”的区分，考生容易混淆。
70. 应填写“影”。一级字，左右结构。主要考查考生对“彡”的掌握，考生易错写成“⺕”。

模拟试题（四）

答案速查

1. B	2. A	3. A	4. D	5. B	6. A	7. D	8. B	9. D	10. C
11. B	12. D	13. D	14. B	15. C	16. A	17. C	18. A	19. B	20. B
21. D	22. B	23. C	24. A	25. D	26. B	27. C	28. A	29. D	30. C
31. A	32. C	33. C	34. C	35. D	36. C	37. C	38. A	39. C	40. B
41. B	42. B	43. D	44. A	45. C	46. C	47. A	48. D	49. B	50. A
51. C	52. A	53. A	54. C	55. C	56. A	57. B	58. B	59. C	60. D
61. 假	62. 趣	63. 鼓	64. 至	65. 件	66. 格	67. 旦	68. 耐	69. 感	70. 庄

【作文范文】

12月20日　星期日　阴

今天天气特别冷，一放学我就赶快往家走。路上，有个年轻人一边走一边吃橘子，随手把橘子皮扔在地上。旁边的清洁工阿姨刚打扫完这片区域，直起腰正准备休息一下，看到这一幕，叹了口气，又弯下腰去。这时，一个戴红领巾的小姑娘从后面走过来，她捡起满地的橘子皮，扔进路边的垃圾桶，然后冲清洁工阿姨一笑，又向前走去。

看到小姑娘的笑，我突然觉得没那么冷了。我想，她的行动不但温暖了清洁工阿姨的心，也会温暖整个冬天。

详细解析

一、听力理解

1. 正确答案是B。本题主要考查的是考生能否领会听力材料的内容要点。询问对方的情况是生活中常见的交际场景。选项A“没关系”是别人道歉时的回答用语。选项B“忙死了”表示非常忙，可以回答“怎么样”的问题。选项C“忙什么呢”是一个问题。选项D“最近没去”与“怎么样”无关。因此正确答案是B。
2. 正确答案是A。本题主要考查的是考生能否领会听力材料的内容要点。问题是“喜欢看什么书”，四个选项中，只有A“小说”是书的一种，京剧、足球、电影都与书无关。因此正确答案是A。
3. 正确答案是A。本题主要考查的是考生能否领会听力材料的内容要点。本题问的是运动鞋的去向。选项B是对运动鞋的描写，选项C表示对运动鞋的喜好，选项D是一个简单叙述，这三项都不能回答运动鞋去哪儿了。只有选项A“小王拿走了”可以回答，是正确答案。
4. 正确答案是D。本题主要考查的是考生能否领会听力材料的内容要点。问题的要点是喜欢什么颜色，选项A、B、C虽然都提到了颜色，但都是对某种事物颜色的描述。只有选项D“除了黑色都喜欢”可以回答问题，所以正确答案是D。
5. 正确答案是B。本题主要考查的是考生能否领会听力材料的内容要点及运用语言进行交际的能力。说话人提醒对方不要忘记通知某人关于考试时间的事，选项B“放心吧”可以回应对方的嘱托，正确。选项A“通知他”是重复问话，选项C“上午九点”给出了考试时间，选项D“明天考试”说明一种情况，都不能回答问题。
6. 正确答案是A。本题主要考查的是考生能否领会听力材料的内容要点。问题是“在哪儿报名”。选项A“一层办公室”表示地点，选项B“这月底召开”说的是运动会的时间，选项C“运动员很精神”是对运动员的描写，选项D“可报的项目很多”是对报名项目的说明。因此只有选项A能回答问题，是正确答案。
7. 正确答案是D。本题主要考查的是考生能否领会听力材料的内容要点及运用语言进行交际的能力。说话人督促对方抓紧时间复习。选项A不够完整，表意不清；选项B是对考试的评价；选项C说明考试的地点；选项D是说为了准备考试，每天都学习到很晚，能够回应对方的督促。因此正确答案是D。
8. 正确答案是B。本题主要考查的是考生能否领会听力材料的内容要点。问题的要点是“怎么知道”。选项B“她告诉我的”回答了“怎么”的问题，正确。选项A是一种状态，选项C说出了她的病情，选项D是她为了抵抗疾病做的事，这三项都不能回答“怎么”的问题。
9. 正确答案是D。本题主要考查的是考生能否领会听力材料的内容要点。问题的要点是“什么水果”，选项A、B、C都是说明某种水果的特点，只有选项D“我最喜欢橘子”可以回答说话人的问题，因此正确答案是D。
10. 正确答案是C。本题主要考查的是考生能否领会听力材料的内容要点及运用语言进行交际的能力。说话人邀请对方去打篮球，对方可以同意或拒绝。选项A是对球赛的描写，选项B是对球场情况的描写，选项D说明自己的日常活动。只有选项C“我要去图书馆”说出了自己准备做的事，暗示自己不能去打篮球，这是间接的拒绝，因此正确答案是C。

11. 正确答案是B。本题主要考查的是考生根据对话获取关键信息的能力。问题是“女的做什么去了”。选项A“回姥姥家了”是一个混淆项，“老家”不是“姥姥家”；选项C“复习功课了”在对话中没有提到；女的说回老家看奶奶，但没有说照顾奶奶，选项D错误。只有选项B与对话内容相符，正确。

12. 正确答案是D。本题主要考查的是考生根据对话获取关键信息的能力。问题是“衣服是谁买的”，选项A“妈妈”、选项C“奶奶”在对话中没有提到，可以首先排除。解题的关键是听懂女的的话，女的的意思是跟爸爸回的老家，姑姑买的衣服，因此正确答案是D。

13. 正确答案是D。本题主要考查的是考生根据对话获取关键信息的能力。男的问“火车是几点的”，说明是男的着急，所以选项A错误。女的说“还有一个半小时才开”，不是说现在是一点半，也说明火车还没到，所以选项B、C均错误。他们一直在谈论坐火车的事情，可见他们要坐火车，选项D正确。

14. 正确答案是B。本题主要考查的是考生根据对话获取重要细节的能力。解题的关键是听清男的的话，男的问“去中央公园怎么走”，由此可知他要去中央公园，因此选项B正确。其他几项都是混淆项。

15. 正确答案是C。本题主要考查的是考生根据对话获取关键信息的能力。女的说“吃得太饱了”，意思是吃多了，“出去散散步”说明她是要出门的，因此选项A、B均与对话内容不符，选项C与对话内容相符。选项D“去外面吃东西”与女的说“吃得太饱了”不符。

16. 正确答案是A。本题主要考查的是考生根据对话获取重要细节的能力。选项A“学校活动丰富”是指学校的活动多，与对话内容相符。选项B“学校学生很多”在对话中没有谈到。根据对话不足以判断他们是同学关系，也不能判定学生生活简单，故选项C、D均错误。

17. 正确答案是C。本题主要考查的是考生根据对话获取重要细节的能力。问题是女的放学后先要做什么，选项B“吃饭”、选项D“聊天儿”在对话中没有提到。男的邀请她一起回家，她表示先要买几支笔，因此选项C正确，选项A错误。

18. 正确答案是A。本题主要考查的是考生根据对话获取关键信息的能力。对话中提到比赛的结果是2 ∶ 2，“平了”，听清关键词就可知道比赛打平了，故选项A正确。其他选项都是混淆项。

19. 正确答案是B。本题主要考查的是考生根据对话关键信息对说话人之间的关系进行推断的能力。根据对话，可以确定女的是孩子，晚上在做作业，早上男的催促她快点儿起床，可以判断二人最可能是父女，因此正确答案是B。

20. 正确答案是B。本题主要考查的是考生根据对话关键信息对地点进行推断的能力。两人在谈论桌上的苹果，女的说洗过了，让男的吃，可见对话最可能发生在家里。因此选项B正确，其他选项均错误。

21. 正确答案是D。本题主要考查的是考生根据对话获取重要细节的能力。问题是“什么时候去小明家”，选项A“上午九点”和选项C“下午一点”在对话中没有提到，选项B“上午十一点”是女的去男的家吃饭的时间，选项D“下午两点”才是去小明家的时间，因此正确答案是D。

22. 正确答案是B。本题主要考查的是考生根据对话获取重要细节的能力。说话人约好下午两点去小明家，因此不可能在小明家吃午饭，选项 A 错误。女的本打算邀请男的来家里吃饭，但男的说自己妈妈已经买好菜了，让女的去他家吃，女的表示同意，因此选项 B 正确，选项 C 错误。对话中没有提到“食堂”，选项 D 错误。

23. 正确答案是 C。本题主要考查的是考生根据对话获取关键信息的能力。对话中首先谈到的是新鲜的西红柿的价格，“十块钱两斤”，也就是每斤五元，故选项 C 正确。选项 B 是便宜的西红柿的价格，选项 A、D 均为混淆项。

24. 正确答案是 A。本题主要考查的是考生根据对话获取关键信息的能力。女的说“那些都不太好了，我还是买好的吧”，说明她要买新鲜的西红柿，选项 A 正确。其他选项都与对话内容不符。

25. 正确答案是 D。本题主要考查的是考生根据材料关键信息进行推断的能力。材料第一句就提到“我小学快毕业了”，我们可以推测说话人在上小学高年级。四个选项中，只有选项 D“六年级”是高年级，因此正确答案是 D，选项 A、B、C 均为混淆项。

26. 正确答案是 B。本题主要考查的是考生根据材料获取关键信息的能力。材料中提到“妈妈的工作非常忙，很少有时间陪我”，妈妈也在电话中告诉说话人“今天妈妈没时间，不能来接你”，由此可知，选项 B“妈妈很忙”正确。选项 A、C 在材料中没有提到。虽然材料中出现了“独立”一词，但这是说话人对自己的要求，不是妈妈的想法，因此选项 D 错误。

27. 正确答案是 C。本题主要考查的是考生根据材料获取关键信息的能力。材料中提到“我不想让妈妈为我操心，也不想伤妈妈的心”，因此选项 C 正确。其他选项都与材料内容不符。

28. 正确答案是 A。本题主要考查的是考生根据材料获取重要细节的能力。材料中提到小鸟受伤了，这是说话人能够抓到小鸟的原因。小鸟一开始飞得低也是因为受伤，“小鸟在练习飞”“小鸟想找吃的”“小鸟不害怕人”都与材料内容不符，因此正确答案是 A。

29. 正确答案是 D。本题主要考查的是考生根据材料获取重要细节的能力。材料中提到“一次，两次，三次……终于在第八次，小鸟飞起来了”，因此选项 D 正确。

30. 正确答案是 C。本题主要考查的是考生根据材料获取重要细节的能力。材料中提到：“我看着它渐渐远去，心里别提多高兴了。”这是说话人心情的直接表达。因此正确答案是 C。

二、阅读理解

31. 正确答案是 A。本题主要考查的是结构助词“得”的用法。结构助词“得”用在动词或形容词后，连接表示程度、可能或状态的补语。在这句话里是用在形容词“激动”后，连接状态补语。因此选项 A 正确。

32. 正确答案是 C。本题主要考查的是关联词语的使用。前后两个分句是因果关系，身体不好是提前退休的原因。选项 A、B 表示条件关系，选项 D 表示假设关系，只有选项 C 表示因果关系，所以选项 C 正确。

33. 正确答案是 C。本题主要考查的是考生能否把握词语在句子中的含义和用法。选项 C“都”是副词，表示总括，在这里总括前面的“每个成功人士”，很恰当。其他三项用在这里，句子都显得不连贯。所以正确答案是 C。

34. 正确答案是 C。本题主要考查的是量词的用法。“报纸”的量词只能用“张”或“份”，“面、块、个”都不能用于报纸，因此选项C正确。

35. 正确答案是D。本题主要考查的是考生能否把握词语在句子中的含义和用法。“异常”意为非常、特别，用在本句中显得语气过重；“同样”表示比较，但这个句子没有比较的意思；“正常”不能与“长”搭配使用；“相当”表示程度高，“相当长”表示特别长。综合看来，只有选项D恰当。

36. 正确答案是C。本题主要考查的是考生能否把握词语在句子中的含义和用法。“认识”用在这里语意并不恰当；“知道”用在这里虽然可以成句，但后半句就无法与前半句建立起联系；因此选项B、D可首先排除。“面对”指面临、遭遇到，“针对”指对准某个对象，显然“针对”用在这里更恰当，因此正确答案是C。

37. 正确答案是C。本题主要考查的是考生能否把握词语在句子中的含义和用法。“总算”是“终于”的意思，与后面的“盼”搭配使用，表示一种愿望终于实现了，用在这里最恰当；“总之”是连词，表示总结，用在这里不恰当；“最后”“一直”用在这里与语意不合。因此正确答案是C。

38. 正确答案是A。本题主要考查的是考生能否把握词语在句子中的含义和用法。“曲调”能用“优美”来形容，其他三项都不能形容“曲调”，因此正确答案是A。

39. 正确答案是C。本题主要考查的是考生能否把握词语在句子中的含义和用法。选项A“开始”用在这里会导致句子不连贯；选项B“刚刚”、选项D“刚才”都表示一个时间点，后面不能接持续的状态；选项C“自从”表示从某个时候开始，后面往往跟一个持续的状态，与本句意思相合，用在这里很恰当。因此选项C正确。

40. 正确答案是B。本题主要考查的是考生能否把握词语在句子中的含义和用法。选项B“只好”是“不得不”的意思，表明张师傅太忙，只能自己做了，用在这里很恰当；其他几项都不能表达这层含义，且用了这几个词后，句尾都不能加“了”，故排除。

41. 正确答案是B。本题主要考查的是考生能否把握词语在句子中的含义和用法。“原则”指说话、做事所遵循的根本准则，可以与“动摇”搭配使用。“规定”“道理”“规律”都不能与“动摇”搭配使用。因此正确答案是B。

42. 正确答案是B。本题主要考查的是介词的用法。这里的“由于”是连词，引进原因，有这样的原因，才有后面的结果；“关于”“对于”主要是引进动作行为的对象；“在于”是动词，不能用在句首。因此只有选项B正确。

43. 正确答案是D。本题主要考查的是考生能否把握词语在句子中的含义和用法。“把握”指掌握，可以与“内容”搭配使用；“管理”“掌管”“左右”都不能与“内容”搭配使用。因此正确答案是D。

44. 正确答案是A。本题主要考查的是疑问词的用法。本句意思是不明白对方为什么突然生气。四个选项中，“那么”“这么”不是疑问词，因此首先排除选项B、D。选项C“什么”不能用于询问原因，因此只有选项A“怎么”恰当。

45. 正确答案是C。本题主要考查的是考生能否正确把握三字词语的意义及用法。“闹笑话”指因为缺少知识和经验或粗心大意而做出可笑的事；“什么的”多用于列举项的末尾，表示“……之类”；“不像话”指言语行动不合常理；“对不起”用于表达歉意。本句表达的意思是闹情绪是一种不合理的行为，因此正确答案是C。

46. 正确答案是 C。本题主要考查的是考生对材料主要内容的理解能力。材料第一句就点明主旨："这是我们哥俩最高兴的事。"后面具体讲在爷爷家做的事。所以正确答案是 C，其他几个选项提到的都是细节。
47. 正确答案是 A。本题主要考查的是考生获取材料中的主要信息的能力。材料中说："每年到夏季才热呢，今年怎么热得这么早啊！"说明还没到夏季，应该是春季，所以正确答案是 A。
48. 正确答案是 D。本题主要考查的是考生获取材料中的主要信息的能力。材料的主要内容是比较过去和现在的年，材料中说"但现在的年对妈妈已经没有吸引力了"，说明妈妈认为现在的年没意思。因此选项 D 正确。
49. 正确答案是 B。本题主要考查的是考生获取材料中的主要信息的能力。材料第一句就说："隔壁王爷爷总是把电视的声音开得特别大，他看电视时，我是没有办法看电视的。"道出了"我"没法看电视的真实原因。因此选项 B 正确。
50. 正确答案是 A。本题主要考查的是考生对材料主要内容的理解能力。材料描述了李阿姨出差归来后家里的情况——家里非常乱，这说明平时家里主要是李阿姨干活儿，因此选项 A 正确，选项 B 错误。选项 C 不能从材料中推断出来。"丈夫的枕头、被子也搬到客厅的沙发上了"，说明他平时不是在客厅睡觉的，选项 D 错误。
51. 正确答案是 C。本题主要考查的是考生获取材料中的主要信息的能力。材料中提到："他去听一位科学家做的化学报告。"即他对化学产生了兴趣。所以正确答案是 C。
52. 正确答案是 A。本题主要考查的是考生获取材料中的主要信息的能力。材料中说"不久后的一天，大科学家寄给他一封信"，由此可知选项 A 正确。选项 D 是穷孩子寄给科学家的东西，选项 B、C 材料中都没有提到。
53. 正确答案是 A。本题主要考查的是考生对材料中心意思的理解能力。材料最后一句总结全文，重点点出了科学家的帮助，这正是材料着重赞美的。因此选项 A 正确，其他选项都不是材料主要表达的。
54. 正确答案是 C。本题主要考查的是考生获取材料中的主要信息的能力。母亲停下自行车后对女儿说："来，咱们把它扔到垃圾桶里去。"这是母亲停下自行车的目的，"它"指掉在地上的饼干。所以选项 C 正确，选项 A 说法错误，选项 B 说得不全面，选项 D 引申得太远。
55. 正确答案是 C。本题主要考查的是考生对材料主要内容的理解能力和推理能力。讲完母女俩的故事后，材料中说："素质是一种习惯。"说明作者肯定母亲的行为，也就是认为这位母亲的素质高，所以选项 C 正确。
56. 正确答案是 A。本题主要考查的是考生对材料中心意思的理解能力。材料中说："如果做父母的都能从小事开始教育好自己的孩子……还用担心人们的素质和整个社会的文明程度吗？"这句话表达的意思是提高素质要从小事做起。所以选项 A 正确，其他选项都不是材料主要想表达的。
57. 正确答案是 B。本题主要考查的是考生获取材料中的主要信息的能力。材料第一句话就说"许多成功人士出席了一个捐款活动，他们每一个都是有钱人"，所以选项 B 正确。其他选项都与材料内容不符。
58. 正确答案是 B。本题主要考查的是考生获取材料中的主要信息的能力。材料中说："有一位在报社写专栏的作家捐了5万元，也被邀请参加了这次活动。”说明专栏作家被邀请是因为他捐了5万元钱，选项B正确。其他选项都与材料内容不符。

59. 正确答案是C。本题主要考查的是考生获取材料中的主要信息的能力和推理的能力。专栏作家说“我捐了我所有财富的25%”，可见5万元是他财富的25%，通过计算可知选项C为正确答案。

60. 正确答案是D。本题主要考查的是考生获取材料中的主要信息的能力。通过这个故事，我们可以看出作家捐出了更高比例的财富，比那些有钱人更有爱心，因此选项D正确。作家捐了5万元，在数额上不如其他人捐得多，因此选项A、B错误；作家是被正式邀请的，因此选项C错误。

三、书面表达

61. 应填写“假”。一级字，左中右结构，考查考生对左中右结构的字的结构安排。中间为“𠳋”，考生容易多加一个“𠂉”，写成“𠳋”；右边的“叚”易错写成“殳”。

62. 应填写“趣”。一级字，半包围结构，形声字。重点考查半包围结构，即“走”的第七笔“乀”要能包住声旁的“取”。

63. 应填写“鼓”。一级字，左右结构。左边的上半部分为“士”，考生容易错写成“土”。另外考生也易将“支”放错位置。

64. 应填写“至”。一级字，考生易与形近字“致”“侄”相混，要结合词语搭配及意义加以区分。

65. 应填写“件”。一级字，左右结构。考查右半部分“牛”，考生容易错写成“牜”或“午”。

66. 应填写“格”。一级字，左右结构，形声字，左形右声。左半部分“木”的最后一笔，考生要注意写成“丶”而不是“㇏”。

67. 应填写“旦”。一级字，上下结构。考生要注意不要漏掉最后一笔“一”。另外，有些考生会把“元旦”写成“元蛋”，要注意不要写错别字。

68. 应填写“耐”。一级字，左右结构。左半部分考查偏旁“而”，第三笔应为“丨”，但考生易错写为“丿”；右半部分“寸”中的“丶”，考生易写为稍长的“㇏”。

69. 应填写“感”。一级字，上下结构。上半部分的“咸”，要注意不要错写成“成”。另外，“咸”里面的小横不要漏掉。

70. 应填写“庄”。一级字，半包围结构。考生易与“压”字相混，容易少写或多写一个“丶”。

模拟试题（五）

答案速查

1. D	2. B	3. A	4. B	5. C	6. A	7. B	8. D	9. A	10. A
11. D	12. B	13. D	14. A	15. A	16. A	17. A	18. D	19. C	20. C
21. C	22. B	23. C	24. B	25. A	26. D	27. B	28. B	29. D	30. B

31. C	32. B	33. B	34. D	35. A	36. D	37. D	38. B	39. C	40. A
41. A	42. B	43. A	44. C	45. D	46. C	47. B	48. D	49. D	50. D
51. C	52. C	53. B	54. C	55. B	56. C	57. C	58. B	59. B	60. D
61. 首	62. 功	63. 约	64. 游	65. 照	66. 导	67. 按	68. 处	69. 戴	70. 秀

【作文范文】

写给未来的我的一封信

未来的我：

你好！我是20年前的你。我无数次地想象过你是什么样子，不知道你和我想象的是否一样？

在我的想象中，你是一名发明家。你发明的新式汽车不需要用汽油，在保护环境上立了大功。你在车底和车尾都装了推进器，使汽车能像飞机一样飞起来，人们再也不用担心堵车了。你还是家用电器的改革者，家家户户使用的智能家电，就有你的贡献。

我还有20年的时间去成为你。我不会让时间浪费，我会和你一起努力，让未来比想象中更美好！

过去的你

2019年11月9日

详细解析

一、听力理解

1. 正确答案是D。本题主要考查的是考生能否领会听力材料的内容要点。本题是问二班教室在几楼，选项A、B、C均指楼的外面，只有选项D“在四楼”可以表明二班教室的位置，因此正确答案是D。
2. 正确答案是B。本题主要考查的是考生能否领会听力材料的内容要点。说话人询问对方“最喜欢哪位老师”，选项A、C、D都是对老师的描述，只有选项B“数学老师”可以回答问题，因此正确答案是B。
3. 正确答案是A。本题主要考查的是考生能否领会听力材料的内容要点。“怎么来学校”是询问活动的方式。选项B是对地铁情况的描述，选项C是对马路情况的描述，选项D是对公共汽车的评价，只有选项A“骑自行车”可以回答“怎么来学校”的问题，因此正确答案是A。
4. 正确答案是B。本题主要考查的是考生能否领会听力材料的内容要点。说话人夸图书馆很漂亮，回答应该围绕图书馆来进行。选项A说的是回答者的爱好，选项C描述一种情况，选项D说的是博物馆，这三个选项均与图书馆无关。只有选项B“去年刚建的”是在说明图书馆的情况，可以回应说话人对图书馆的夸赞，是正确答案。

5. 正确答案是C。本题主要考查的是考生能否领会听力材料的内容要点。说话人请对方说出自己的建议，选项A是让对方说出建议，选项B是对某个建议的评价，选项D是在询问提建议的人是谁，这三项都不能与说话人构成有效的交际。选项C“没什么建议”，虽然没有建议，但是可以恰当地回应说话人，因此是正确答案。

6. 正确答案是A。本题主要考查的是考生能否领会听力材料的内容要点以及运用语言进行交际的能力。说话人说了一句提醒对方的话，对方应该表示感谢，选项A恰当。选项B、D都提到了“糖”，与说话人说的“烫”发音相似，属于混淆项。选项C是当对方向你表示感谢时的回答语，用在这里不恰当。

7. 正确答案是B。本题主要考查的是考生能否领会听力材料的内容要点以及运用语言进行交际的能力。说话人想向对方借橡皮，选项B表示同意，可以回应对方的请求，是正确答案。选项A提到了“笔”，与问话不符，选项C表示夸奖，选项D表示道歉，均不能回应对方的请求。

8. 正确答案是D。本题主要考查的是考生能否领会听力材料的内容要点以及运用语言进行交际的能力。选项A说的是季节，选项B说的是自己的经历，选项C说的是这里与草原的距离，均不能与说话人对草原的赞美相呼应。只有选项D说草原现在最美，能回应说话人的赞美，因此正确答案是D。

9. 正确答案是A。本题主要考查的是考生能否领会听力材料的内容要点。问题的要点是“谁”，回答应该是某个人。选项B、C说的是两个人之间的关系，选项D陈述一种情况，只有选项A“我同桌”可以回答“谁”的问题，因此正确答案是A。

10. 正确答案是A。本题主要考查的是考生能否领会听力材料的内容要点。说话人说出自己的理想，同时问对方。选项A“我也是”表示与对方有同样的理想。选项B、C、D均与理想无关，不能回答对方的问题。因此正确答案是A。

11. 正确答案是D。本题主要考查的是考生根据对话获取重要细节的能力。问题是周五有几节课，对话中提到了周一、周三、周四、周五、五节、六节这些数字，一定要听清问的是什么。根据“周四、周五是六节”，可知选项D正确，选项A、B、C均为混淆项。

12. 正确答案是B。本题主要考查的是考生根据对话获取关键信息并对说话人的关系进行推断的能力。根据“下节课上我讲给你听”一句，可以推测女的是老师，再联系男的问女的某个词的意思，可以确定二人是师生关系。因此选项B正确，选项A、C、D均为混淆项。

13. 正确答案是D。本题主要考查的是考生根据对话获取关键信息的能力。问题是作文是“谁”写的，女的说是她的同学，听清这句话就能判断出正确答案是D，其他选项都与对话内容不符。

14. 正确答案是A。本题主要考查的是考生根据对话获取重要细节的能力。首先听清楚问题，问题是上学期班上有多少人，重点在“上学期”。对话中提到“上学期41个”，因此正确答案是A，选项B、C、D均为混淆项。

15. 正确答案是A。本题主要考查的是考生根据对话获取重要细节的能力。根据对话我们可以知道，男的想周末出去玩儿，而女的周末有很多作业，不能出去。据此审看选项，可知选项A正确，选项C、D错误，选项B不能从对话中推断出来。

16. 正确答案是A。本题主要考查的是考生根据对话获取关键信息的能力以及运用语言进行交际的能力。男的的语气中包含着浓重的不满之意，并不是没有手表或不知道几点，因此选项 B、D 错误。女的表示道歉，并说“家里有事，来晚了”，说明她承认自己迟到了，但并不是不想早来，而是有别的原因，因此选项 A 正确，选项 C 错误。

17. 正确答案是 A。本题主要考查的是考生根据对话获取关键信息的能力。男的说女的的房间太乱了，希望她整理一下，选项 D 与对话内容不符，选项 B 也无法据此推断出来。女的说没有时间整理房间，因为马上要考试了，因此选项 A 正确，选项 C 与对话内容不符。

18. 正确答案是 D。本题主要考查的是考生根据对话获取关键信息的能力。男的说“什么时候才能玩儿一会儿游戏啊”，表示他想玩儿游戏，选项 D 与此相符，是正确答案。对话中提到了写作文，但那是女的希望男的做的事，不是男的自己想做的，因此选项 A 与题意不符。选项 B、C 在对话中都没有提到。

19. 正确答案是 C。本题主要考查的是考生根据对话获取关键信息并进行推理判断的能力。男的称呼女的为“医生”并说自己牙疼，由此可以确定对话发生在医院。选项 C 正确，选项 A、B、D 均是混淆项。

20. 正确答案是 C。本题主要考查的是考生根据对话获取关键信息的能力。男的说周末要去市场买东西，而女的要去看朋友。因此选项 A、B、D 都不是男的要去做的事情，只有选项 C 与对话内容相符，是正确答案。

21. 正确答案是 C。本题主要考查的是考生根据对话获取关键信息并进行推理判断的能力。对话谈论的是还书、借书的事情，而且这里对借书的数量有限制，由此可判断对话最可能发生在图书馆。因此选项 C 正确，选项 A、B、D 都是混淆项。

22. 正确答案是 B。本题主要考查的是考生根据对话获取重要细节的能力。对话中提到了数字三、五，男的说的是“那我先借三本吧”，因此选项 B 正确，选项 A、C、D 均为混淆项。

23. 正确答案是 C。本题主要考查的是考生根据对话获取关键信息并进行推理判断的能力。对话中说七月初考试，现在离考试还有一个月，因此现在是六月。选项 C 正确，选项 A、B、D 均为混淆项。

24. 正确答案是 B。本题主要考查的是考生根据对话获取关键信息的能力。考生要听清两个说话人分别说了什么。他们在谈论期末考试的时间和准备情况，由此可知期末考试还没开始，两个人应该是同学，因此选项 A 错误，选项 B 正确。根据对话，男的早就开始准备了，而且成绩很好，女的还没开始准备，而且成绩不如男的，据此可知选项 C、D 均错误。

25. 正确答案是 A。本题主要考查的是考生根据材料获取重要细节的能力。材料中提到“爸爸洗完碗过来看电视”，可知早饭以后爸爸在洗碗，选项 A 正确。选项 B“洗衣服”在材料中没有提到，选项 C“看电视”是爸爸洗完碗以后做的事情，选项 D“躺着休息”是指说话人，因此这三项都不正确。

26. 正确答案是 D。本题主要考查的是考生根据材料获取关键信息的能力。材料中提到“看到我记得他的生日，爸爸有点儿吃惊”，由此可知选项 D 正确。选项 A、B、C 都与材料内容不符。

27. 正确答案是 B。本题主要考查的是考生能否领会听力材料的大意。吃惊过后，爸爸抱住了儿子，并对儿子表示感谢，从中可以感受到爸爸很感动，所以选项 B 正确，其他选项都与爸爸的行为不符。

28. 正确答案是B。本题主要考查的是考生根据材料获取重要细节的能力。材料中提到“我每天上午学习”，因此选项B正确。其他选项都与材料内容不符。

29. 正确答案是D。本题主要考查的是考生根据材料获取重要细节的能力。材料中提到：“记得有一次，我没写完作业就出去玩儿了，被妈妈批评了一顿。”由此可知选项D正确。选项A、B、C虽然在材料中都提到了，但都不是妈妈批评他的原因。

30. 正确答案是B。本题主要考查的是考生根据材料获取重要细节的能力。选项A与材料内容不符，说话人暑假还是有很多空闲时间的；材料最后提到了吃饼干，但不能说明他喜欢吃，选项C错误；说话人下午看动画片，选项D错误。只有选项B与材料最后提到的“真开心”相符，是正确答案。

二、阅读理解

31. 正确答案是C。本题主要考查的是考生能否把握词语在句子中的含义和用法。后半句是对前半句的解释，考生要读懂整个句子再做出判断。根据后半句可知，她不喜欢做重复的事。“愿意”表示符合自己的心愿，与句意相符，因此选项C正确。“能够”表示具有某种能力，“可能”表示的是一种可能性，“可以”也表示“能”或“能够”，因此选项A、B、D都不符合句意。

32. 正确答案是B。本题主要考查的是考生能否把握词语在句子中的含义和用法。“实际”是指客观存在的事物或真实情况，符合句意，因此选项B正确。“实践”是指人们改造自然和社会的自觉行动，“现在”“当时”是表示时间的词，因此选项A、C、D用在这里都不合句意。

33. 正确答案是B。本题主要考查的是介词的用法。“给别人找麻烦”意为麻烦别人，“给”用在这里符合句意，选项B正确。“对”“把”“让”都不能与“找麻烦”搭配，因此选项A、C、D均错误。

34. 正确答案是D。本题主要考查的是趋向动词的用法。前半句所要表达的意思是小明离开家了，所以只能用表示离开的“出”。正确答案是D。

35. 正确答案是A。本题主要考查的是考生能否把握词语在句子中的含义和用法。“适应了新环境”表示在新环境里待得舒服自在，与后半句意思相符；“了解”强调掌握情况，与句意不合；“适合”表示状态，没有“很快”一说；“掌握”不能与“环境”搭配。因此正确答案是A，其他三项均不恰当。

36. 正确答案是D。本题主要考查的是考生能否把握词语在句子中的含义和用法。副词“特别”在这里是“非常、格外”的意思，表示强调；“加强注意”搭配不当；“应该注意”，前面无须加“要”；“要一定注意”，语序错误。因此正确答案是D。

37. 正确答案是D。本题主要考查的是考生能否把握词语在句子中的含义和用法。“讨厌”和“喜欢”是一对反义词，在这里用来表示开始和后来不同的读书态度，选项D很恰当。选项B语意过重，选项A、C用在这里都不能很好地表达句意。

38. 正确答案是B。本题主要考查的是关联词语的固定搭配。“不管……都……”这组关联词语表示后面的结论不受前面条件的限制，其他几项都不能与“都”搭配使用。因此正确答案是B。

39. 正确答案是C。本题主要考查的是介词的用法。介词“按照”是“依据”的意思，用在这里表示办好入学手续才能来听课是以学校的规定为依据的；“经过”是动词，用在这里不合适；“关于、对于”也是介词，引进的是动作、行为的对象，用在这里不符合句意。因此正确答案是C。

40. 正确答案是 A。本题主要考查的是量词的用法。“树”的量词就是“棵”，用“个”“颗”“枝”都不恰当。因此正确答案是 A。

41. 正确答案是 A。本题主要考查的是考生能否把握词语在句子中的含义和用法。副词“都”有总括的意思，总括前面提到的“大多数”，其他词语没有这样的用法。因此正确答案是 A。

42. 正确答案是 B。本题主要考查的是考生能否把握词语在句子中的含义和用法。副词“其实”用在这里，表示它后面所说的情况是真实的，补充修正前面的意思。“真正”不能引领一整句话；“总之”表示总结上文；“总算”意为经过相当长的时间后某件事终于完成或做好。因此选项 B 正确，其他三项都与句意不符。

43. 正确答案是 A。本题主要考查的是考生能否把握词语在句子中的含义和用法。句子表达的意思是全国各族人民大团结是事业取得胜利的前提条件。“保证”作为名词是指做担保或起决定作用的事物、条件等，符合句意，选项A正确。其他几个选项都不能表达这层意思，因此均可排除。

44. 正确答案是 C。本题主要考查的是介词的用法。本句要表达的意思是从桥上走过去，用介词“通过”很恰当。“除了”表示把某种事物排除在外；“根据”不能用于交通；“沿着”意为“顺着”，多用于路边、河岸等。因此只有选项 C 正确。

45. 正确答案是 D。本题主要考查的是考生能否正确把握三字词语的意义及用法。“少不了”指不会缺少，估计不会少，免不了；“看不起”指轻视，小看；“差不多”指两个事物没什么区别；“来不及”指因时间不够而顾不上或赶不上。本句表达的意思是顾不上吃早饭就去上学了，因此正确答案是 D。

46. 正确答案是 C。本题主要考查的是考生对材料主要内容的理解能力。材料首先提到了“小学生”，然后讲“家长必须……”，显然是针对小学生家长说的。因此选项 C 正确，其他三项均错误。

47. 正确答案是 B。本题主要考查的是考生获取材料中的主要信息的能力。材料中提到：“其中玩儿跳绳的人最多，我也加入了。”说明“我”玩儿的是跳绳。后面还具体说了我们是怎么玩儿的。因此选项 B 正确。选项 A 在材料中没有提到，选项 C、D 都不符合题意。

48. 正确答案是 D。本题主要考查的是考生对材料主要内容的理解能力。材料一开始就说“小明为即将开始的新学期制订好了计划”，接下来具体讲了他的计划，而“计划”就是“打算”的意思，因此选项 D 正确。选项 A 不是材料主要说的事，选项 B、C 说法错误。

49. 正确答案是 D。本题主要考查的是考生对材料主要内容的理解能力。材料主要讲有人在公园边散步边放歌曲的事。理解这段话要注意最后一个疑问句，该句话锋一转，暗示了对这种现象的批评，因为这样做打扰了别人。根据文意，选项 D 正确。选项 A 是材料中提到的细节，材料没有讨论歌曲是否好听或周围人对老人的态度，因此，选项 A、B、C 都不对。

50. 正确答案是 D。本题主要考查的是考生对材料主要内容的理解能力。材料讲的是周五晚上跳舞的情况，先分别讲了跳舞的人和观看的人，最后一句点明主旨：“无论是跳舞的人还是观看的人，脸上都露出轻松的笑容。”四个选项中，只有 D 项能恰当地总结概括，其他选项都只能概括一部分内容。

51. 正确答案是 C。本题主要考查的是考生获取材料中的主要信息的能力。作家出门前在门上写

“我不在家，请来访者下午来”，主要是想告诉来访者有事下午来找他，选项 C 正确。他在门上写字的主要目的不是提醒自己，而且他是临出门前写的，不是怕别人打扰才故意写的，因此选项 A、B、D 都不正确。

52. 正确答案是 C。本题主要考查的是考生对材料主要内容的理解能力。作家回到家门口，却说：“原来我要找的人不在家呀。”说明他思考问题太专注，忘了这是自己家，纸条是自己写的，可以说是忘了自己是谁。选项 C 正是这个意思，正确。其他几项都不符合文意。

53. 正确答案是 B。本题主要考查的是考生对材料主要内容的理解能力和综合归纳的能力。材料对作家找不到家的事进行了心理分析，得出的结论是他“迷恋某件事”。根据材料，作家迷恋的正是文学创作，因此选项B止确。选项A、C是对材料内容的错误理解，选项D无法从材料中推断出来。

54. 正确答案是 C。本题主要考查的是考生获取材料中的主要信息的能力。材料对堆雪人的过程进行了详细描述，其中表哥“用红墨水给雪人涂了嘴巴”，弟弟“用一张红色的纸给雪人做了一顶漂亮的帽子”，至于做眼睛和捏鼻子的是谁，材料中没有提到。因此，只有选项 C 符合题意。

55. 正确答案是 B。本题主要考查的是考生获取材料中的主要信息的能力。根据材料，“风定了，雪停了”之后，他们开始堆雪人，“雪人堆好了，又迎来一场大仗”。由此可判断，选项 B 正确，选项 A、C 均错误，选项 D 在材料中没有提到。

56. 正确答案是 C。本题主要考查的是考生对材料主要内容的理解能力。材料开头就说“我喜欢在冰天雪地里打雪仗、堆雪人”，并详细讲了堆雪人、打雪仗的事，最后说“院子里充满了欢笑声”。这表达了下雪给他们带来的乐趣，选项 C 概括得最恰当。选项 A、B 都不能概括全文，选项 D 说得太宽泛。

57. 正确答案是 C。本题主要考查的是考生获取材料中的主要信息的能力。材料中说：“一次体育课上，我和同学们一起跳绳，可是不小心把脚扭了。”因此选项 C 正确。选项 A 是上体育课之前发生的事，选项 B、D 是对材料内容的错误理解。

58. 正确答案是 B。本题主要考查的是考生获取材料中的主要信息的能力。材料中说，小红“跑前跑后地忙起来，一会儿去找班主任，一会儿帮我联系家长”，概括起来就是积极地想各种办法，因此选项 B 正确。扶“我”进教室的是体育老师和几个同学，选项 D 错误；选项 A、C 在材料中都没有提到。

59. 正确答案是 B。本题主要考查的是考生对材料主要内容的理解能力和综合分析的能力。材料中提到，在得到小红的帮助后，“我的心顿时暖和起来”，这种帮忙是一种关怀，所以选项 B 正确。是“我”向小红道歉，因此选项 A 错误。选项 C、D 与材料内容不符。

60. 正确答案是 D。本题主要考查的是考生对材料中心意思的理解能力。材料最后点明主旨：“人的一生离不开关怀和爱。要用关怀和爱去打动别人的心……”因此“关怀和爱”是材料的主旨，选项 D 最恰当。其他选项都不是材料最核心的思想。

三、书面表达

61. 应填写“首”。一级字，上下结构。考查上半部分“䒑”的写法，考生易错写成“艹”，因而“首”也就错写成“苜”了。

62. 应填写“功”。一级字，左右结构，形声字，左声右形。左半部分，考生易将第三笔“㇀”写成“—”，有时也易将声旁和形旁的位置调换。

63. 应填写“约”。一级字，左右结构。右半部分的“勺”，考生容易与“匀”相混，或者将“勺”中间的“丶”写成“—”。

64. 应填写“游”。一级字，左中右结构。最右边的“𠂔”，考生容易与“攵”相混，将“游”错写成“澈”。

65. 应填写“照”。一级字，上下结构，形声字，上声下形。主要考查上半部分各个部件的安排，另外，底下是四个点，不要漏写。

66. 应填写“导”。一级字，上下结构。上半部分“巳”，考生容易错写成“已”或“己”。整个字也要注意不要与“异”相混。

67. 应填写“按”。一级字，左右结构，形声字，左形右声。考生易与“安”相混，要通过词语搭配和词义加以区别。

68. 应填写“处”。一级字，半包围结构。左半部分“夂”中的“㇏”要写得稍微长点儿，要能包住“卜”。

69. 应填写“戴”。一级字，字体结构比较复杂。上半部分“土”，考生容易多加一短横，错写成“龶”。

70. 应填写“秀”。一级字，上下结构。重点考查考生对“乃”字底的写法，考生容易将“乃”与“及”相混，将“秀”错写成“秂”。

模拟试题（六）

答案速查

1. D	2. D	3. A	4. B	5. B	6. D	7. C	8. B	9. D	10. C
11. C	12. B	13. C	14. B	15. C	16. D	17. B	18. B	19. C	20. D
21. C	22. D	23. C	24. D	25. B	26. C	27. B	28. A	29. A	30. A
31. B	32. C	33. C	34. B	35. B	36. A	37. C	38. C	39. B	40. A
41. C	42. D	43. D	44. D	45. A	46. C	47. B	48. B	49. C	50. B
51. B	52. C	53. B	54. B	55. C	56. D	57. B	58. B	59. C	60. D
61. 漂	62. 区	63. 博	64. 赛	65. 增	66. 受	67. 管	68. 引	69. 冒	70. 附

【作文范文】

师　生　情

张老师教我们语文，又是我们的班主任，她可关心同学了。

有一天，突然下起大雨来，直到放学时还下个不停。好多同学都没带伞，急得不得了。张老师让大家不要着急，她先把离学校近的我和小林送回家，然后把自己的伞借给离学校最远的同学。我心想，不能让张老师淋雨呀！回到家后，我拿上雨伞就往学校跑，正好碰到冒雨回家的张老师，我赶快跑过去给张老师撑伞，把她送回了家。

那一天，虽然我到家晚了，可我特别高兴，我为自己做了一件有意义的事而自豪！

详细解析

一、听力理解

1. 正确答案是D。本题主要考查的是考生能否领会听力材料的内容要点以及运用语言进行交际的能力。说话人问窗户上有什么东西，选项D表示没有什么东西，可以回答问题，而选项A、B、C均不能回答对方的问题。因此正确答案是D。
2. 正确答案是D。本题主要考查的是考生能否领会听力材料的内容要点以及运用语言进行交际的能力。说话人不知道为什么操场上有那么多人，选项D“上体育课呢”解释了说话人的疑惑。选项A是说人很多，选项B是对操场的描写，选项C指去的地方，均不能回答为什么人多的问题。因此正确答案是D。
3. 正确答案是A。本题主要考查的是考生能否领会听力材料的内容要点以及运用语言进行交际的能力。说话人问对方是否去看美术展览，选项A“你去吗”是反问说话人，可以构成有效交际。选项B是说有展览，选项C是对展览的评价，选项D是说以前没看过，均不能回答“去不去”的问题。因此正确答案是A。
4. 正确答案是B。本题主要考查的是考生能否领会听力材料的内容要点以及运用语言进行交际的能力。说话人请对方开一下灯，这是一个请求，选项B“等一下”表示同意对方的请求，但是需要等一会儿，可以进行交际。选项A是对情况的描述，选项C是希望别人帮忙，选项D表示感谢，均不能回应请求。因此正确答案是B。
5. 正确答案是B。本题主要考查的是考生能否领会听力材料的内容要点以及运用语言进行交际的能力。说话人表达对清新空气的赞叹，选项B“确实不错”对此表示肯定，可以构成有效交际。选项A与说话人的话矛盾，而选项C、D都是买卖东西时的用语。因此正确答案是B。
6. 正确答案是D。本题主要考查的是考生能否领会听力材料的内容要点以及运用语言进行交际的能力。说话人邀请对方再次来玩儿，选项D“好的，下次见”表示同意，可以进行交际。选项A、B、C都不能回应邀请，因此正确答案是D。
7. 正确答案是C。本题主要考查的是考生能否领会听力材料的内容要点以及运用语言进行交际的能力。说话人问对方的爸爸妈妈好不好，选项C“他们都很好”正面回答了这个问题，很恰当，是正确答案。其他选项均不能回答问题。
8. 正确答案是B。本题主要考查的是考生能否领会听力材料的内容要点以及运用语言进行交际的能力。说话人说好像见过对方，选项 B“是吗”表示反问或怀疑，可以回答对方的话。选项 A、C、D 均不能回答对方的问题。因此正确答案是 B。

9. 正确答案是 D。本题主要考查的是考生能否领会听力材料的内容要点以及运用语言进行交际的能力。说话人问对方为什么还不回家，选项 D“做完作业再走”说出了走的时间，可以回答对方的问题。选项 A 在说别人回家的事，选项 B、C 也与不回家的原因无关，因此正确答案是 D。
10. 正确答案是 C。本题主要考查的是考生能否领会听力材料的内容要点以及运用语言进行交际的能力。说话人问刘校长去哪儿了，选项 C 表示刘校长刚才还在这里，可以回答问题。选项 A 与地点无关，选项 B、D 是对刘校长的描述，均不能回答问题。因此正确答案是 C。
11. 正确答案是 C。本题主要考查的是考生根据对话获取关键信息的能力。本题的关键信息是女的说“正想去呢”，表示她很想去苹果园，因此正确答案是 C。选项 A、D 与材料内容不符，选项 B 不能从对话中推断出来。
12. 正确答案是 B。本题主要考查的是考生根据对话获取关键信息的能力。对话中女的说“不错”，这是对衣服的肯定，然后她表示喜欢这个颜色，所以正确答案是 B。其他三项在对话中没有提到。
13. 正确答案是 C。本题主要考查的是考生根据对话获取关键信息并对说话人的关系进行推断的能力。女的说“我和你爸忙了半天”，从这句话中大致可以推断出是父母在忙着做饭，而一开始男的问什么时候吃饭，从语气中可以推断出两人的关系很近，因此最有可能是母子，选项 C 正确。
14. 正确答案是 B。本题主要考查的是考生根据对话获取关键信息并对说话的地点进行推断的能力。对话谈论的是寄信的事，最有可能发生在邮局，因此选项 B 正确。选项 A、C、D 虽然都表示地点，但这些地点均不能寄信。
15. 正确答案是 C。本题主要考查的是考生根据对话获取关键信息并进行合理推断的能力。女的的意思是，因为天气影响，现在无法出去运动，因此选项 C 正确。选项 A、B、D 均与对话内容不符。
16. 正确答案是 D。本题主要考查的是考生根据对话获取关键信息并进行合理推断的能力。男的说没睡好，因为有人一直在唱歌，女的说是刚搬来的邻居在唱歌，从中我们可以得知邻居是刚刚搬来的，选项 D 正确。选项 A、B、C 均与对话内容不符。
17. 正确答案是 B。本题主要考查的是考生根据对话获取关键信息的能力。男的邀请女的去散步，女的说明天要考数学和语文，而问题问的是女的明天的活动，因此选项 B 正确。选项 A 已被女的否定了；对话中虽然出现了“数学”和“语文”，但选项 C、D 的说法不对，是混淆项。
18. 正确答案是 B。本题主要考查的是考生根据对话获取关键信息的能力。男的问女的的妹妹多大了，女的回答“十岁”，同时又说“和你弟弟一样大”，由此可知，男的的弟弟也是十岁。因此正确答案是 B。
19. 正确答案是 C。本题主要考查的是考生根据对话获取关键信息的能力。男的问女的爱听谁的歌，女的表示惊讶，因为他们是老朋友，可男的不知道她喜欢哪位歌星。由此可知男的还不够了解女的，选项 C 正确。选项 B 与对话内容不符，选项 A、D 都是对对话内容的错误理解。
20. 正确答案是 D。本题主要考查的是考生根据对话获取关键信息的能力。女的说妈妈很忙，爸爸来开家长会，因此选项 D 正确。其他选项均与对话内容不符。

21. 正确答案是 C。本题主要考查的是考生根据对话获取关键信息的能力。说话人在讨论女的班上新来的老师，女的说“他以前一直教六年级，今年刚调来教五年级”，说明女的在五年级。因此选项 C 正确，选项 A、B、D 均为混淆项。

22. 正确答案是 D。本题主要考查的是考生根据对话获取关键信息的能力。对话中没有提到男的上几年级，选项 A 错误；男的正在打听女的的语文老师是谁，因此他不可能是女的的语文老师，选项 B 错误；选项 C 是对对话的错误理解；男的说“数学老师我认识”，因此选项 D 正确。

23. 正确答案是 C。本题主要考查的是考生根据对话获取关键信息的能力。根据“我现在有点儿事，你中午到办公室找我吧”，可知选项 C 正确。选项 A、B、D 均与对话内容不符。

24. 正确答案是 D。本题主要考查的是考生根据对话获取关键信息的能力。对话中提到了几个时间点：本来是说当天中午，但女的要回家；后来又说当天下午，但男的要开会；最后商定明天下午三点半。因此选项 A、B 均错误，选项 D 正确，选项 C 是混淆项。

25. 正确答案是 B。本题主要考查的是考生根据材料获取关键信息的能力以及相应的文化知识。根据“劳动节当天，我和同学们到森林公园玩儿”，可知说话人是劳动节那天去的森林公园，劳动节是五月一日，因此选项 B 正确，其他选项均错误。

26. 正确答案是 C。本题主要考查的是考生根据材料获取关键信息的能力。根据“中午我们在那里吃了自己带的午饭”，可知正确答案是 C。其他选项均与材料内容不符。

27. 正确答案是 B。本题主要考查的是考生根据材料获取关键信息的能力。根据“下午该回家的时候我们都不愿意离开。有时间我们还要去”，可知我们玩儿得很开心，选项B正确，选项D错误。根据“那里的空气很新鲜”可知选项 A 错误。材料中提到我们装了泉水，但不是买水，选项 C 错误。

28. 正确答案是 A。本题主要考查的是考生根据材料获取关键信息的能力。材料第一句就说：“虽然今天是晴天，但我心里却下起雨来了。”这句话交代了今天的天气情况，因此选项 A 正确。这里的“下雨”是一种比喻，表示心情不好，不是说天气，所以选项 C 错误。选项 B、D 在材料中均未提到。

29. 正确答案是 A。本题主要考查的是考生根据材料获取关键信息并进行合理推断的能力。材料中虽然没有直接提及语文成绩怎么样，但是说话人拿到试卷后就大哭起来，从这一细节我们可以推断出说话人的考试成绩不好，选项 A 正确。选项 B、C 说得太具体，材料中并没有提到；选项 D 与材料内容矛盾。

30. 正确答案是 A。本题主要考查的是考生根据材料获取关键信息的能力。材料中提到，听了老师的话，“我心里舒服多了”，也就是心情变好了，选项 A 正确。其他选项均与材料内容不符。

二、阅读理解

31. 正确答案是 B。本题主要考查的是考生能否把握词语在句子中的含义和用法。副词“倒”用在这里，表示跟预想的情况相反。本句的两个分句意思相反，提示考生语意有转折。因此选项 B 用在这里恰当，其他选项都不能表达这层含义。

32. 正确答案是 C。本题主要考查的是考生能否把握词语在句子中的含义和用法。选项 B、D 不能与“知识”搭配，可以首先排除。“掌握”比“了解”的程度更深，“了解”只是浮泛地懂一点儿。根据句意，这里用“掌握”更恰当。因此正确答案是C。

33. 正确答案是C。本题主要考查的是关联词语的固定搭配。“无论……都……”搭配使用，表示不管在什么条件下，结果都不变，符合句意。其他几个选项都不能与“都”搭配使用。因此正确答案是C。

34. 正确答案是B。本题主要考查的是量词的用法。“下”作为量词，表示动作的次数；“次”作为量词，表示反复出现的事情；“阵”作为量词，用于事情或动作经过的段落；“遍”一般用于读书、说话等，一个动作从开始到结束的过程叫一遍。根据句意，这里用“次”最恰当，选项B正确。

35. 正确答案是B。本题主要考查的是考生能否把握词语在句子中的含义和用法。“召开”的对象一般是会议，用在这里很恰当。“组织”侧重于非正式的过程，既然班主任通知了，就不应该是“组织”；“选举”指用投票或举手等表决方式选出代表或负责人，不符合句意；“开展”的对象是活动，与“班会”搭配不当。因此正确答案是B。

36. 正确答案是A。本题主要考查的是考生能否把握词语在句子中的含义和用法。“原谅”是指对人的疏忽、过失或错误予以理解和宽恕，用在这里符合句意。“理解”指懂得、了解，用在这里语意不通。句中有转折词“但”，表示与前半句句意相反，所以“处理”“批评”用在这里也不恰当。因此正确答案是A。

37. 正确答案是C。本题主要考查的是考生能否把握词语在句子中的含义和用法。本题所填的词语应该能表明大家的态度，所以首先排除选项D“合适”。“同意”“赞成”的对象一般是意见、观点等，选项A、B不恰当。对参加过的活动的态度，应该是满意或不满意，因此应该选C项。

38. 正确答案是C。本题主要考查的是考生能否把握词语在句子中的含义和用法。四个选项中，只有“展开”可以与“想象”搭配使用。“发展”意为扩大（组织、规模等），“打开”的对象是具体的事物以及“思路”“局面”等，“开展”的对象是活动，用在这里都不恰当。因此正确答案是C。

39. 正确答案是B。本题主要考查的是考生能否把握词语在句子中的含义和用法。副词“刚刚”与副词“就”搭配使用，形成“刚刚……就……”的结构，表示先后两个动作紧紧挨着，相当于“一……就……”，用在这里很恰当，因此选项B正确。其他选项用在这里，语意都不连贯。

40. 正确答案是A。本题主要考查的是关联词语的固定搭配。“虽然……但是……”是一组表示转折关系的关联词语，在本句中，“我很累了”和“我今晚必须把论文写完”恰好构成转折关系。“虽然”与其他几项都不能搭配使用，正确答案是A。

41. 正确答案是C。本题主要考查的是表示顺序的词的使用。“先”“然后”表示顺序的先后关系，在本句中，“复习功课”和“看电视”是前后承接的两个动作，因此选项C正确。选项A、B都不能表示顺序；只有两个动作时，第二个动作不用“最后”引出，选项D不恰当。

42. 正确答案是D。本题主要考查的是考生能否把握词语在句子中的含义和用法。“专门”是指专为某种目的而做某事，相当于“特地”，用在这里符合句意。其他选项都不能表达这个意思。因此正确答案是D。

43. 正确答案是D。本题主要考查的是考生能否把握词语在句子中的含义和用法。本句第一个分句用肯定形式，第二个分句用否定形式，表达同样的意思，因此“认真”与横线处需填的词语应该构成反义关系。四个选项中，只有“马虎”是“认真”的反义词，且符合句意，因此正确答案是D。

44. 正确答案是D。本题主要考查的是考生能否把握词语在句子中的含义和用法。“盼望”指热切地希望，用在这里正符合句意，因此正确答案是D。“愿望”是名词，“想念”和“想象”均不能与“看到”连用，因此选项A、B、C均不正确。

45. 正确答案是A。本题主要考查的是考生能否正确把握三字词语的意义及用法。“不要紧”指没有关系，不成问题；“来得及”指还有时间，可以顾得上或赶得上；“为什么”表示提出疑问；“有意思”指有趣或有深层的含意。句子表达的意思是学校离家远点儿没有关系，因此正确答案是A。

46. 正确答案是C。本题主要考查的是考生对材料主要内容的理解能力。材料先讲夏天时妈妈给“我”准备很多好吃的，最后总结：“我坚定地认为夏天是最好的季节。”概括起来，最恰当的是选项C。其他几个选项都是这段文字中提到的具体细节，不是主要内容。

47. 正确答案是B。本题主要考查的是考生获取材料中的主要信息的能力。材料说爷爷一个人在家寂寞，爸爸就买了一台大电视给他看，从这件事中我们可以体会到爸爸很孝顺，所以选项B为正确答案。其他选项的内容都不是我们能感受到的。

48. 正确答案是B。本题主要考查的是考生获取材料中的主要信息的能力。材料第一句说雨后空气清新，第二句说去公园散步，第三句说在公园里看到的一切，这句是本段的重点，因此选项B正确。选项A材料中没有描述；选项C只是提到了，不是叙述的重点；选项D错误，材料只讲了晚饭后的活动。

49. 正确答案是C。本题主要考查的是考生对材料中心意思的理解能力和对语气态度的把握。材料中说：“长城在我心中一直是个梦幻般的存在。”“我早就想亲自登上长城，亲手摸一摸那厚实的青砖。”这表达的是期待和盼望的心情。但材料最后的“我终于实现了这个愿望”才是作者此时想要表达的心情，即激动的心情。选项C正确，其他选项均错误。

50. 正确答案是B。本题主要考查的是考生获取材料中的主要信息的能力。材料中用了“虽然……但是……”这个复句，“但是”后面才是说话人要强调的重点，即安全。所以选项B正确，其他选项均与材料内容不符。

51. 正确答案是B。本题主要考查的是考生对材料主要内容的理解能力。材料可以分为两部分，分别讲了小时候和长大后对生活的认识，最后一段点明中心：“生活啊，越长大，我就越能发现你的美！”所以选项B正确。选项A说法片面；选项C说法略显悲观，与材料昂扬的基调不一致；选项D把材料的比喻当成了实指；因此这三项都不正确。

52. 正确答案是C。本题主要考查的是考生获取材料中的主要信息的能力。材料中说“我在紧张的自行车铃声中，背着书包，跨进学校的大门”，说明“我”是骑自行车上学的，所以正确答案是C。其他选项都与材料内容不符。

53. 正确答案是B。本题主要考查的是考生获取材料中的主要信息的能力。问题与书城有关，解题时先找到讲书城的段落。根据该段最后一句“啊，生活还是个四边形！”，可以知道选项B正确。其他选项材料中都提到了，但都与问题不符。

54. 正确答案是 B。本题主要考查的是考生获取材料中的主要信息的能力。材料第一句提到了三种游戏，但后面讲的都是爬稻草堆，所以选项 B 正确。其他几个选项都不是材料主要讲的。
55. 正确答案是 C。本题主要考查的是考生获取材料中的主要信息的能力。材料中说："每当大人不在的时候，我们就去爬稻草堆。"从这句话中直接就能找到答案，选项 C 正确。其他选项材料中都没有提到。
56. 正确答案是 D。本题主要考查的是考生获取材料中的主要信息的能力。材料中提到第一次从稻草堆上摔下来时"我"差点儿哭了，后面又说"我是男子汉，不能哭"，这个过程使"我"变坚强了，所以选项 D 正确。其他选项都与材料内容不符。
57. 正确答案是 B。本题主要考查的是考生获取材料中的主要信息的能力。"我"送给妈妈毛衣后，妈妈两次提到退货："这是什么东西啊？拿去退了！""走，去退货。"结果是"她不高兴地要我带她去那家店，坚持把这礼物退掉了"。所以选项 B 正确，选项 A 材料中没有提到，选项 C、D 与材料内容相反。
58. 正确答案是 B。本题主要考查的是考生获取材料中的主要信息的能力。妈妈生日这天，"我"开始是"兴奋不已"，后来"幼小的心灵受到了极大的伤害"，说明"我"的心情由兴奋变伤心了。选项 B 正确，其他选项都与材料内容不符。
59. 正确答案是 C。本题主要考查的是考生获取材料中的主要信息的能力。多年后"我"又提到毛衣的事，妈妈说"当时我们家没钱，我不想穿那么贵的衣服"，由此可知妈妈当年嫌毛衣太贵了。所以选项 C 正确，其他选项都与材料内容不符。
60. 正确答案是 D。本题主要考查的是考生对材料主要内容的理解能力。材料主要围绕给妈妈买毛衣这件事展开，当年妈妈的态度伤害了"我"，长大后说起此事，"我"理解了妈妈。这个互相理解的过程是材料主要讲述的内容，选项 D 正确，其他选项都太片面。

三、书面表达

61. 应填写"漂"。一级字，左右结构，形声字，左形右声。考生易将声旁"票"下面的"示"少写一横，错写成"票"。另外"漂"也容易与"票"相混。
62. 应填写"区"。一级字，半包围结构。考生要注意框内是"乂"，不要多加一点，错写成"㐅"。
63. 应填写"博"。一级字，左右结构。考查偏旁"忄"的正确写法，考生易将其错写成"牜"或"扌"。
64. 应填写"赛"。一级字，上中下结构。考生易将最下面的"贝"写成"土"，即将"赛"与"塞"相混，需要从词语搭配和词义上区分这两个字。
65. 应填写"增"。一级字，左右结构，形声字，左形右声。考查声旁"曾"的写法。"曾"的上面是"丷"，考生易错写成"八"；下面的"日"，考生易错写成"田"。
66. 应填写"受"。一级字，上中下结构。主要考查偏旁"爫"，考生容易写成"爫"。此外考生还易将"又"错写成"友"。
67. 应填写"管"。一级字，上中下结构。下面的"𠂤"，考生易错写成"吕"。另外"管"也易与"官"相混。

68. 应填写“引”。一级字，左右结构。左半部分考查偏旁“弓”的正确写法，考生容易在“弓”的左下部加两小点，错写成“㢧”。
69. 应填写“冒”。一级字，上下结构。主要考查上半部分“曰”的正确写法，考生容易将“冒”写成“目”，或者将“冒”与“昌”相混。
70. 应填写“附”。一级字，左右结构，形声字，左形右声。考生易将“阝”写成“卩”，或将形旁和声旁的位置放错。

模拟试题（七）

答案速查

1. B	2. C	3. D	4. A	5. B	6. D	7. A	8. A	9. D	10. C
11. C	12. B	13. B	14. C	15. C	16. A	17. D	18. A	19. B	20. C
21. B	22. D	23. D	24. B	25. B	26. A	27. C	28. D	29. A	30. A
31. C	32. B	33. A	34. D	35. C	36. B	37. A	38. B	39. B	40. A
41. D	42. A	43. C	44. C	45. B	46. C	47. C	48. D	49. A	50. D
51. B	52. B	53. B	54. C	55. A	56. B	57. C	58. A	59. C	60. A
61. 忆	62. 傲	63. 朗	64. 晚	65. 召	66. 利	67. 邻	68. 暑	69. 理	70. 切

【作文范文】

通　知

为了全面落实学校关于小学生体育节工作的安排，进一步提高我校足球水平，丰富校园文化生活，加强班级之间的交流，我校决定举行春季小学生足球赛。希望各班迅速组队，抓紧训练，做好赛前组织和训练工作。具体要求通知如下：

一、比赛时间：2020 年 4 月至 5 月

二、比赛地点：实验小学足球场

三、参赛对象：四年级、五年级、六年级各班

四、报名截止时间：3 月 30 日

请各班积极报名参加！

校体育教研室

3 月 16 日

详细解析

一、听力理解

1. 正确答案是 B。本题主要考查的是考生能否领会听力材料的内容要点。说话人在找笔，选项 B 是一个反问句，意思是“是这支笔吧”，可以回答说话人的问题。选项 A、C、D 均是对笔的描述，不能回答问题。因此正确答案是 B。
2. 正确答案是 C。本题主要考查的是考生能否领会听力材料的内容要点。说话人问电脑是否开着，意思可能是想使用。选项 A、B、D 均是对电脑情况的描述，不能回答问题。选项 C“你要用吗”是在询问对方是否要用电脑，可以回答对方的问题，因此正确答案是 C。
3. 正确答案是 D。本题主要考查的是考生能否领会听力材料的内容要点以及运用语言进行交际的能力。说话人提醒对方不要再继续爬了，选项 D 表示很快就到山顶了，不会耽误太多时间，可以回应对方的催促。选项 A、B 都是对山的描述，选项 C 表示看得远，都不能回答问题。因此正确答案是 D。
4. 正确答案是 A。本题主要考查的是考生能否领会听力材料的内容要点以及运用语言进行交际的能力。说话人建议对方去尝尝这家餐馆的菜，选项 A“好啊”表示同意对方的建议，可以形成交际。选项 B 表示走错了，选项 C 表示远近，选项 D 说的是别人，均不能回答问题。因此正确答案是 A。
5. 正确答案是 B。本题主要考查的是考生能否领会听力材料的内容要点以及运用语言进行交际的能力。说话人的意思是孩子发烧了，选项 B“快去医院吧”能够形成交际。而选项 A 让对方去玩儿，选项 C 询问医院的位置，选项 D 只说一起去，均不能形成交际。因此正确答案是 B。
6. 正确答案是 D。本题主要考查的是考生能否领会听力材料的内容要点以及运用语言进行交际的能力。说话人表示姐姐没有自己高，选项 D 指出说话人是男孩子，所以会比姐姐高，形成了有效交际。选项 A 与姐姐无关，选项 B、C 描述姐弟关系，都不能与说话人形成交际。因此正确答案是 D。
7. 正确答案是 A。本题主要考查的是考生能否领会听力材料的内容要点以及运用语言进行交际的能力。说话人说现在买车票很方便，选项 A 表示同意并指出原因，可以应答说话人的话。选项 B 讲回家的时间，选项 C 讲网速，选项 D 讲别人的事，都与说话人的话不相干。因此正确答案是 A。
8. 正确答案是 A。本题主要考查的是考生能否领会听力材料的内容要点以及运用语言进行交际的能力。说话人想借一支笔，选项 A 表示只有一支，即没有办法借给他，可以回答问题。选项 B 说的是家里的笔，不是现在能借的，选项 D 说了笔的颜色，选项 C 变成了回答者借笔，都不能回应说话人的请求。因此正确答案是 A。
9. 正确答案是 D。本题主要考查的是考生能否领会听力材料的内容要点以及运用语言进行交际的能力。说话人的意思是这本词典很便宜，选项 D 表示这是很多年前买的，所以便宜，可以回答说话人的话。选项 A 说词典很贵，选项 B 说词典很厚，但都没有抓住问题的核心，选项 C 是一种描述，也不能回答问题。因此正确答案是 D。

10. 正确答案是C。本题主要考查的是考生能否领会听力材料的内容要点以及运用语言进行交际的能力。说话人问对方寒假的打算，选项C“没想好”表示还没有决定去什么地方，可以回答对方的问题。选项A、B、D都与问题无关。因此正确答案是C。

11. 正确答案是C。本题主要考查的是考生根据对话获取关键信息的能力。男的的话告诉我们两点关于小王的事实：一是小王个子小，二是小王篮球打得好。因此选项B错误，选项C正确。选项A、D在对话中都没有提到。

12. 正确答案是B。本题主要考查的是考生根据对话获取关键信息的能力。对话中“小了点儿”表示这双鞋有点儿小，所以选项B正确。选项A与对话内容不符，选项C是对对话内容的错误理解，选项D在对话中没有提到。

13. 正确答案是B。本题主要考查的是考生根据对话获取关键信息并进行推算的能力。对话中提到了照片上有爸爸、妈妈、妹妹和说话人，一共四个人，因此正确答案是B，选项A、C、D均为混淆项。

14. 正确答案是C。本题主要考查的是考生根据对话获取关键信息的能力。对话中“骑车哪有坐车舒服啊”是一个反问句，表示骑车没有坐车舒服，坐车还是很舒服的，这说明女的希望坐车去，选项C正确。选项A与对话内容不符，选项B是对对话内容的错误理解，选项D在对话中没有提到。

15. 正确答案是C。本题主要考查的是考生根据对话获取关键信息并对说话的场景进行推断的能力。这是送客人时的对话，应该发生在家里，正确答案是C。选项A、B、D都不是在自己家，不可能有“以后常来玩儿”的话。因此这三项都不正确。

16. 正确答案是A。本题主要考查的是考生根据对话获取关键信息的能力。对话中男的说“帮我还一本书吧”，可见他是让女的“还书”。选项A正确，选项B、C、D均为混淆项。

17. 正确答案是D。本题主要考查的是考生根据对话获取关键信息的能力。解答此题需要明确问题问的是什么，问的是“商店在十字路口的哪边”。虽然对话中提到了几个方位词，但是只要抓住关键句“十字路口往右”，就能判断出正确答案是D。其他几个选项都是混淆项。

18. 正确答案是A。本题主要考查的是考生根据对话获取关键信息的能力。只要听清女的说的“我回来拿手套”，就能判断出正确答案是A。女的说“外面下雪了，特别冷”，虽然选项B、C也可能是天冷回来的原因，但与对话内容不符。选项D也与对话内容不符。

19. 正确答案是B。本题主要考查的是考生根据对话获取关键信息并对说话人的关系进行推断的能力。对话在谈论他们的女儿，所以他们最有可能是夫妻关系，选项B正确，选项A、C、D均为混淆项。

20. 正确答案是C。本题主要考查的是考生根据对话获取关键信息的能力。女的说“我肚子疼”，因此选项C正确。其他三项均与对话内容不符。

21. 正确答案是B。本题主要考查的是考生根据对话获取关键信息的能力。说话人找了好几个地方，最后女的说“你看，不是还在桌子上吗”，表示书在桌子上，故选项B正确。选项A是说话人找过的一个地方，但书没有在这里，故选项A错误。选项C、D在对话中都没有提到。

22. 正确答案是D。本题主要考查的是考生根据对话获取关键信息的能力。对话中男的说“书是我同学的”，由此可知书是男的借来的，选项D正确。女的说“刚才我还看见了呢”，选项A与此不符。选项B在对话中没有提到。书最后找到了，因此选项C说法错误。

23. 正确答案是D。本题主要考查的是考生根据对话获取关键信息的能力。男的说“明天还有雨，温度比今天低”，由此可知这两天一直在下雨，女的紧接着说的“怎么一直下雨啊”也印证了这一点，因此选项D正确。虽然今天温度比昨天低，但对话中没有足够的证据证明这两天“比较寒冷”，因此选项B错误。选项A、C都与对话内容不符。

24. 正确答案是B。本题主要考查的是考生根据对话获取关键信息的能力。女的说“下周末你不是要去南京吗？”，男的说“哦，我都忘了”，证实了女的的话是对的，因此选项B正确。选项A“去北京”是混淆项；选项C在对话中没有提到；“出去玩儿”是男的的提议，因为他忘了自己下周末的安排，所以提议无效，选项D错误。

25. 正确答案是B。本题主要考查的是考生根据材料获取关键信息的能力。材料开头提到“一个夏天的傍晚”，家人吃饭看电视、小鸟飞来都发生在这一时间，因此选项B正确。其他三项都与材料内容不符。

26. 正确答案是A。本题主要考查的是考生根据材料获取关键信息的能力。材料中提到，“我们一家人一边吃饭一边看电视”时飞来一只小鸟，四个选项中只有选项A“吃饭”与材料内容相符。其他选项均为混淆项。

27. 正确答案是C。本题主要考查的是考生根据材料获取关键信息的能力。材料中提到，小鸟“一直认真地看着电视，直到我们把电视关上”，因此选项C“看电视”正确。其他三项均与材料内容不符。

28. 正确答案是D。本题主要考查的是考生根据材料获取关键信息的能力。材料中提到，小时候爸爸妈妈把“我”放在奶奶家，“我上学前，奶奶一直照顾我”。由此可知，选项D正确，选项A、B、C都是混淆项。

29. 正确答案是A。本题主要考查的是考生根据材料获取关键信息的能力。材料中提到“今年春节，我回家看奶奶时带给她一些礼物”，由此可知选项A正确，选项B、C、D均为混淆项。

30. 正确答案是A。本题主要考查的是考生根据材料关键信息进行推断的能力。材料中提到奶奶“不住地表扬我，说我长大了，懂事了”，所以说话人有些不好意思了。选项A正确，其他三项都与材料内容不符。

二、阅读理解

31. 正确答案是C。本题主要考查的是关联词语的固定搭配。本句询问去学校的方式，“是……还是……”是一组表示选择关系的关联词语，选项C符合句意。“是……不是……”表示肯定前者，否定后者，用于陈述句，因此选项A错误。“或许”表示一种推测，“或者……或者……”表示选择关系，但搭配是固定的，因此选项B、D均错误。

32. 正确答案是B。本题主要考查的是考生能否把握词语在句子中的含义和用法。“花瓶”是“碰倒”的对象，用介词“把”把“花瓶”提到“碰倒”前，构成“把”字句，表示强调。因此正确答案是B，其他选项都不符合句意。

33. 正确答案是A。本题主要考查的是考生能否把握词语在句子中的含义和用法。“在……上”组成介词结构，做动词“挂”的补语。因此正确答案是A，其他选项都不符合语法。

34. 正确答案是D。本题主要考查的是量词的搭配。“彩虹”是条状物，不能用“个”或“片”，“艘”用来形容船只，只有“道”能做彩虹的量词。因此正确答案是D。

35. 正确答案是C。本题主要考查的是考生能否把握词语在句子中的含义和用法。“再”是“重新”的意思，用在这里符合句意，因此正确答案是C。选项B“又”强调同样的事情发生，而且事情应该已经发生了，本句中后面的事情还没发生，因此不能用“又”。选项A“也”、选项D“还”更不符合句意。

36. 正确答案是B。本题主要考查的是考生能否把握词语在句子中的含义和用法。“从……出发”意为从某一方面着眼，选项B与句意相符。“从……开始”意为以某一事物为起点，选项A与句意不符。选项C、D均不能与“从”搭配。

37. 正确答案是A。本题主要考查的是考生能否把握词语在句子中的含义和用法。副词“大约”用在这里，表示对时间的不精确估计；“估计”是动词，表示对人或事的大致推断，用在这里不恰当。“根据”“按照”用在这里不符合句意。因此正确答案是A。

38. 正确答案是B。本题主要考查的是考生能否把握词语在句子中的含义和用法。选项B“珍惜”是指珍视爱惜，用在这里表达了不浪费水资源的意思，符合句意。选项A“珍贵”是形容词，而画线处缺少一个动词，故选项A可首先排除；对“每一滴水”应该“珍惜”而不是“保护”，“爱护”也有“保护”的意思，因此选项C、D都不正确。

39. 正确答案是B。本题主要考查的是考生能否把握词语在句子中的含义和用法。“反正”表示在任何情况下结果都一样，即不管你去不去，我都不会去；“正好”表示肯定，与句意相反；“一定”和“肯定”都不能放在主语前面。因此只有选项B正确。

40. 正确答案是A。本题主要考查的是考生能否把握词语在句子中的含义和用法。“概括”是指归纳、总结，用在这里正符合句意，其他选项都没有这层意思。因此正确答案是A。

41. 正确答案是D。本题主要考查的是关联词语的固定搭配。“假如……就……”是表示假设关系的关联词语，“假如”引出一种情况，“就”说明这种情况产生的结果，用在这里符合句意，故选项D正确。选项A、B、C都不能与“就”搭配。

42. 正确答案是A。本题主要考查的是考生能否把握词语在句子中的含义和用法。“热心”是指办事热情、主动，用在这里很恰当，因此正确答案是A。选项D“激动”主要指因刺激而感情冲动，用在这里不恰当。选项B“激烈”、选项C“着急”用在这里不符合句意。

43. 正确答案是C。本题主要考查的是考生能否把握词语在句子中的含义和用法。“集中”意为把分散的人、事物、力量等聚集起来，用在这里符合句意，因此正确答案是C。其他选项都不能与“时间”搭配使用。

44. 正确答案是C。本题主要考查的是考生能否把握词语在句子中的含义和用法。后面的名词是“节目”，所以这里用“表演”最合适，其他选项都不能与“节目”搭配。因此正确答案是C。

45. 正确答案是B。本题主要考查的是考生能否正确把握三字词语的意义及用法。“开玩笑”是指取笑，取乐，把严肃的事情当成儿戏；“看得起”指尊重，看重；“没关系”指没有妨碍，不成问题;“打招呼”指用语言或动作表示友好。根据句意，这里用“看得起”最恰当，选项 B 正确。

46. 正确答案是 C。本题主要考查的是考生对材料主要内容的理解能力。整段文字都在说旅游的好处，所以选项 C 为正确答案。选项 A、B、D 的内容在材料中都没有提到。

47. 正确答案是 C。本题主要考查的是考生获取材料中的主要信息的能力。材料中提到:“今天，我们在老师的带领下参观了新校区。”由此可知，老师带我们参观的是新校区，而新的教室、食堂、图书馆都是我们在参观过程中看到的，不是主要参观的对象，所以选项 C 是正确答案。

48. 正确答案是 D。本题主要考查的是考生对材料主要内容的理解能力。材料先陈述人们常常使用电脑的情况，转折词“但”后讲到使用电脑对身体健康的影响才是这段文字的中心内容，所以选项 D 正确。选项 A、B 都只谈到了电脑对身体的一部分不良影响，选项 C 的内容材料没有提到。

49. 正确答案是 A。本题主要考查的是考生获取材料中的主要信息的能力。材料中提到“不知不觉头发都白了，脸上皱纹也多了”，说明妈妈变老了。“是该退休了”说明妈妈还没有退休，选项 B 错误；选项 C 是对妈妈的话的错误理解；选项 D 无法从材料中推断出来。

50. 正确答案是 D。本题主要考查的是考生获取材料中的主要信息的能力。根据“虽然我不太喜欢户外运动，但我不想错过和同学们一起参加集体活动的机会，就报了一个袋鼠跳”，可知“我”积极参加运动会，选项 D 正确，选项 B 错误。根据“一年一度的运动会就要到来了”，可知选项 A、C 错误。

51. 正确答案是 B。本题主要考查的是考生获取材料中的主要信息的能力。根据“一名学生因为怕麻烦老师，所以总是不敢问问题。有位老师非常细心，经过长时间和学生们的相处，发现了这个现象”，可知选项 B 正确。其他选项都与材料内容不符。

52. 正确答案是 B。本题主要考查的是考生获取材料中的主要信息的能力。材料中说“您给我的答案我又忘记了”，“我已经麻烦您许多次了”，说明这名学生问了几次都忘记了，由此可以判断他记忆力差，所以正确答案是 B。其他几个选项的内容都与文意不符。

53. 正确答案是 B。本题主要考查的是考生对材料中心意思的理解能力。老师说:“和你们分享我拥有的知识，我不但不会有损失，反而会有更大的快乐和满足。”含蓄地说明老师愿意帮助这名学生，选项 B 正确。其他几个选项的内容都是对文意的错误理解。

54. 正确答案是 C。本题主要考查的是考生获取材料中的主要信息的能力。材料中说:“爸爸是村干部，他只忙村里的事情，在家的时间少。”由此可知选项 C 正确，选项 A 错误。选项 B、D 在材料中都没有提到。

55. 正确答案是 A。本题主要考查的是考生对材料主要内容的理解能力。材料中提到“我”家人口多，上有老下有小，爸爸还常常不在家，然后说“妈妈则一年四季没有休息日”，这说明妈妈是为了照顾全家老小才会这么忙，因此选项 A 正确。选项 B、C 都只说出了一部分原因，选项 D 与材料内容不符。

56. 正确答案是 B。本题主要考查的是考生对材料主要内容的理解能力。材料中说“我看见从妈妈额头上滚落下来的一颗颗晶莹的汗珠，突然心里有一种疼痛的感觉”，说明“我”看到了妈妈的辛苦，选项 B 正确。其他选项都与材料内容不符。

57. 正确答案是 C。本题主要考查的是考生获取材料中的主要信息的能力。材料中说小男孩儿“在草地上踢足球”，所以选项 C 正确。其他选项都与材料内容不符。

58. 正确答案是 A。本题主要考查的是考生获取材料中的主要信息的能力。“我”劝说小男孩儿后，小男孩儿认了错，然后“抱起足球跑出了草地”，说明小男孩儿接受了“我”的劝告，选项 A 正确。其他选项都与材料内容不符。

59. 正确答案是 C。本题主要考查的是考生获取材料中的主要信息的能力。看到爷爷上车，“我”连忙站起来说：“爷爷，您坐我的位置吧。”即“我”给爷爷让座，所以选项 C 正确。其他选项都与材料内容不符。

60. 正确答案是 A。本题主要考查的是考生对材料主要内容的理解能力。材料结尾说“这次出门，我做了不少好事，心里充满了快乐”，说明“我”快乐是因为做了好事，所以选项 A 正确。其他选项都与材料内容不符。

三、书面表达

61. 应填写“忆”。一级字，左右结构，形声字，左形右声。考生易将“忄”错写成“亻”，造成“忆”和“亿”的混淆。

62. 应填写“傲”。一级字，左中右结构。主要考查最右边的偏旁“攵”，考生易错写成“夂”，或在中间部分的“龶”上多加一竖，错写成“龶”。

63. 应填写“朗”。一级字，左右结构，形声字，左声右形。考查考生“良”的写法，考生有时会少写一点，错写成“艮”。另外也很容易将“朗”与“郎”混淆。

64. 应填写“晚”。一级字，左右结构，形声字，左形右声。考生易将声旁“免”错写成“兔”，此外还要注意左边是“日”不是“目”。

65. 应填写“召”。一级字，上下结构。考查上半部分“刀”，考生易将“丿”写成“丨”，或者将“召”和“招”混淆。

66. 应填写“利”。一级字，左右结构。考生容易把右边的“刂”少写一竖，也可能将“利”与“力”混淆。

67. 应填写“邻”。一级字，左右结构，形声字，左声右形。考生容易将声旁“令”写成“今”，或将“阝”错写成“卩”。

68. 应填写“暑”。一级字，上下结构。考生易将上半部分“日”字头写成“罒”，造成“暑”与“署”的混淆。

69. 应填写“理”。一级字，左右结构，形声字，左形右声。主要考查考生对偏旁“王”的掌握，考生容易将第四笔写成“一”，或多加一点写成“玉”。另外，有时考生会“理”“里”不分。

70. 应填写“切”。一级字，左右结构。重点考查考生对偏旁“七”的掌握，考生容易将其写成“士”。另外“刀”的最后一笔“丿”，考生容易写成“丨”。

模拟试题（八）

答案速查

1. B	2. A	3. D	4. A	5. D	6. D	7. D	8. C	9. A	10. B
11. C	12. B	13. C	14. D	15. B	16. C	17. C	18. D	19. B	20. B
21. C	22. A	23. B	24. B	25. B	26. D	27. D	28. C	29. C	30. B
31. C	32. B	33. B	34. D	35. D	36. B	37. A	38. A	39. D	40. C
41. D	42. A	43. B	44. C	45. D	46. D	47. B	48. A	49. A	50. C
51. A	52. C	53. B	54. D	55. D	56. A	57. C	58. D	59. B	60. A
61. 愿	62. 毕	63. 炼	64. 道	65. 持	66. 恢	67. 翻	68. 联	69. 充	70. 期

【作文范文】

3月9日　星期六　晴

3月是学雷锋月，今天，我们在老师的带领下去社区敬老院服务。

老师把全班同学分成了几个小组。第一组帮助老人剪指甲、整理被褥，第二组跟敬老院的职工一起打扫卫生，第三组陪老人聊天儿。我被分在第二组。我和同组的同学顶着太阳，扫地的扫地，擦窗户的擦窗户，虽然满头大汗，但我们很高兴，因为我们做了好事，帮助了别人。

这次活动使我感受到了帮助他人的快乐，今后我还要多参加这种有意义的活动。

详细解析

一、听力理解

1. 正确答案是B。本题主要考查的是考生能否领会听力材料的内容要点。“怎么卖”问的是茶叶的价格，选项B“一百元两盒”可以回答这个问题，而选项A、C是对茶叶的评价，选项D是说喝茶的好处，都不能回答多少钱的问题。因此正确答案是B。
2. 正确答案是A。本题主要考查的是考生能否领会听力材料的内容要点以及运用语言进行交际的能力。说话人夸奖对方的字写得漂亮，选项A表示感谢，能够形成交际。选项B表示询问地点，选项C、D虽然都是交际用语，但都不能用于对夸奖的回应。因此正确答案是A。
3. 正确答案是D。本题主要考查的是考生能否领会听力材料的内容要点。本题的要点是询问高兴的原因，只有选项D“老师表扬我了”说出了高兴的原因，是正确答案。感冒了不应该高兴，选项A错误；选项B与“高兴”无关；选项C说的是“你”，对象错误。

4. 正确答案是A。本题主要考查的是考生能否领会听力材料的内容要点。问题的要点是"谁"，只有选项A"妈妈买的"可以回答这个问题。选项B是对蛋糕的描述，选项C、D的焦点是过生日，均不能回答问题。因此正确答案是A。

5. 正确答案是D。本题主要考查的是考生能否领会听力材料的内容要点。问题的要点是"哪儿"，四个备选答案中只有选项D能够表示查看考试成绩的地点。选项A、C说的都是考试的事，选项B"咱们回宿舍"虽然提到了地点，但与查看考试成绩无关。因此正确答案是D。

6. 正确答案是D。本题主要考查的是考生能否领会听力材料的内容要点。本题是一个是非问句，选项D虽然没有明确表示"是"或"否"，但"有时间就会骑"实际上是一个肯定的回答。选项A、B、C都是对草原或空气的描写，与问句无关。因此正确答案是D。

7. 正确答案是D。本题主要考查的是考生能否领会听力材料的内容要点。说话人听说对方对植物感兴趣，选项D"你是怎么知道的"虽然表示疑问，但暗含的意思是承认自己喜欢植物，所以正确答案是D。选项A、B、C都是对植物的描写，不能回答问题。

8. 正确答案是C。本题主要考查的是考生能否领会听力材料的内容要点。本题的要点是询问对方不回家的原因，选项C"足球队有活动"说出了一种原因。选项A、B、D都与问题无关。因此正确答案是C。

9. 正确答案是A。本题主要考查的是考生能否领会听力材料的内容要点以及运用语言进行交际的能力。说话人提醒对方抓紧时间准备，选项A"好的"可以应答，而选项B"谢谢"、选项C"时间很紧"、选项D"准备一下"均不能回应对方。因此正确答案是A。

10. 正确答案是B。本题主要考查的是考生能否领会听力材料的内容要点。说话人问对方相机是不是新买的，选项B"去年买的"可以回答这个问题，而选项A、C、D都是对相机的描述，不能回答什么时候买的问题。因此正确答案是B。

11. 正确答案是C。本题主要考查的是考生根据对话获取关键信息的能力。对话中提到女的要和小丽去学跳舞，因此选项C正确。选项A和B都提到了"球"，是男的要去踢球，和女的没有关系。选项D"见朋友"是对对话内容的错误理解。

12. 正确答案是B。本题主要考查的是考生根据对话获取关键信息的能力。对话中女的说"可是我还得准备考试呢"，由此可知选项B正确。对话中提到，生病的是李明，不是男的，所以选项A错误。选项C、D都是对对话内容的错误理解。

13. 正确答案是C。本题主要考查的是考生根据对话获取关键信息并对说话人的关系进行推断的能力。根据对话，男的请女的看作业，女的说下午去他们班上课时还给他，从交作业一事和"上课"一词可以判断女的是老师，他们是师生关系。因此只有选项C正确。

14. 正确答案是D。本题主要考查的是考生根据对话获取关键信息并对地点进行推断的能力。对话中提到买东西的人不少，可以推断这是一个买卖东西的地方。故选项D正确，选项A、B、C均为混淆项。

15. 正确答案是B。本题主要考查的是考生根据对话获取关键信息的能力。对话中男的对女的说要迟到了，可见是男的要迟到了，选项B正确，选项A与对话内容不符。对话中提到了"走不动"，但说的是车走不动了，不是对话中的人，因此选项C、D均错误。

16. 正确答案是 C。本题主要考查的是考生根据对话获取关键信息的能力。男的建议不出去了，女的接话说自己有点儿不舒服，暗示自己不想出去，因此选项 C 正确，选项 B 错误。选项 A、D 在对话中均未提及。
17. 正确答案是 C。本题主要考查的是考生根据对话获取关键信息的能力。对话中提到离放寒假还有半个月，半个月是 15 天，因此选项 C 正确，选项 A、B、D 均为混淆项。
18. 正确答案是 D。本题主要考查的是考生根据对话获取关键信息的能力。男的说妈妈做的菜比以前好吃多了，也就是说妈妈比以前会做菜了，选项 D 正确。女的说“好吃你就多吃点儿啊”，不是男的想多吃点儿，选项 A 错误。选项 B、C 都不能从对话中推断出来。
19. 正确答案是 B。本题主要考查的是考生根据对话获取关键信息的能力。女的提到了好几种运动，并说“特别是游泳”，说明她最喜欢游泳。选项 B 正确，选项 A、C、D 均为混淆项。
20. 正确答案是 B。本题主要考查的是考生根据对话获取关键信息的能力。对话中女的说平时是 12 点吃饭，但是今天早了半个小时，也就是 11：30。而问题是“女的平常几点吃午饭”，问的是“平常”，因此选项 B 正确，选项 A、C、D 均为混淆项。
21. 正确答案是 C。本题主要考查的是考生根据对话获取关键信息的能力。女的说自己剩下一道题没做，因为“太难了，我做不出来”，因此选项 C 正确。选项 A、B、D 均与对话内容不符。
22. 正确答案是 A。本题主要考查的是考生根据对话获取关键信息的能力。对话中男的提出“那我教教你吧”，女的拒绝了，说“让我再想想”，这说明男的是会做那道题的，而且他想帮助女的，因此选项 A 正确，选项 C 错误。选项 B 与对话内容不符，选项 D 在对话中没有提到。
23. 正确答案是 B。本题主要考查的是考生根据对话获取关键信息的能力。女的说王强“去踢球了”，选项 B 正确。选项 A“回家了”和选项 C“上课去了”在对话中均未提到。对话中提到了“开会”，但开会不是王强现在做的事情，所以选项 D 不正确。
24. 正确答案是 B。本题主要考查的是考生根据对话获取关键信息的能力。男的请女的通知王强，明天下午三点在二班开会，由此可知开会的地点是二班，正确答案是B，选项A、C、D均为混淆项。
25. 正确答案是 B。本题主要考查的是考生根据材料获取关键信息的能力。材料一开始就说“我家有只小猫，它叫乐乐”，因此选项 B 正确。选项 A 在材料中没有提到，选项 C、D 虽然提到了，但不是乐乐。
26. 正确答案是 D。本题主要考查的是考生根据材料获取关键信息的能力。材料中提到，乐乐“两只眼睛紧紧盯着窗台上的一只小鸟”，说话人赶紧把小鸟赶走了。乐乐的动作和说话人的行为都说明乐乐想吃小鸟，因此选项 D 正确。选项 A 与材料内容不符；乐乐“一动不动”不是因为病了，而是紧盯着小鸟，选项 B 错误；材料中提到了“乐乐能抓老鼠”，但那不是乐乐正在做的事，选项 C 错误。
27. 正确答案是 D。本题主要考查的是考生根据材料获取关键信息并进行推理判断的能力。“乐乐很不满意地冲我叫了两声”发生在说话人把小鸟赶走之后，因此乐乐这样做的原因是“说话人把小鸟赶走了”，选项 D 正确。选项 A、B、C 均与材料内容不符。
28. 正确答案是 C。本题主要考查的是考生根据材料获取关键信息的能力。材料中提到“突然我发现尺子不见了”，据此可知正确答案是 C。选项 A、B、D 在材料中均未提及。

29. 正确答案是C。本题主要考查的是考生根据材料获取关键信息的能力。材料中提到“一个女同学看到我着急的样子，就问我怎么了”，最后让说话人用她的尺子。因此是一个女同学帮助了他，正确答案是C。选项A、B、D在材料中均未提及，属于混淆项。
30. 正确答案是B。本题主要考查的是考生根据材料获取关键信息的能力。材料最后，说话人说有了尺子就不会影响数学考试了，可见要进行的是数学考试，选项B正确。选项A、C、D在材料中均未提及。

二、阅读理解

31. 正确答案是C。本题主要考查的是量词的搭配。“看书”“看电视”等，应该使用动量词“遍”，在本句中，“两遍”做“看”的补语。因此正确答案是C。
32. 正确答案是B。本题主要考查的是考生能否把握词语在句子中的含义和用法。“补充”是指填补不足，“我”发言结束，老师又说了两点，用“补充”正合适，选项B正确。选项A“说明”和选项C“解释”的对象应该是自己所说的话，用在这里不恰当。选项D“增加”用在这里也不符合句意。
33. 正确答案是B。本题主要考查的是考生能否把握词语在句子中的含义和用法。小明“不写作业”“不吃饭”是不听话的表现，与“聪明”“正常”“合适”无关，因此正确答案是B，其他三项都不恰当。
34. 正确答案是D。本题主要考查的是介词的用法。介词“给”引进动作的对象，在这个句子里引进的对象是“我”；“对”引进动作或事物的关系者；“由”表示（某事）归（某人）去做；“为”作为介词是“替”的意思。四个选项中，只有“给”符合句意，因此正确答案是D。
35. 正确答案是D。本题主要考查的是考生能否把握词语在句子中的含义和用法。“急忙”“赶紧”“及时”都是副词，不能加宾语，只有动词“抓紧”可以与“时间”搭配。另外，“抓紧”指紧紧抓住或把握住，一般用于时间，用在这里恰当。因此正确答案是D。
36. 正确答案是B。本题主要考查的是考生能否把握词语在句子中的含义和用法。介词“趁”表示利用时机、条件等，用在这里表示利用奶奶睡觉的时机，去给她洗衣服。其他选项都不能表达这层意思。因此正确答案是B。
37. 正确答案是A。本题主要考查的是介词的用法。介词“为了”引进动作或行为的目的；“因为”表示原因，用在这里不合适；“对于”“关于”都是介词，可以引进动作行为的对象或有关系的人或事，用在这里不恰当。因此正确答案是A。
38. 正确答案是A。本题主要考查的是关联词语的用法及固定搭配。“以免”是表示目的的关联词语，“以免……”表示避免发生某种不希望的情况，“冻伤手”恰好是“把手套戴上”可以避免的情况。其他几个选项都不能表达这层含义。因此正确答案是A。
39. 正确答案是D。本题主要考查的是考生能否把握词语在句子中的含义和用法。后半句说“实在不好意思再去找他”，说明以前找过他。“麻烦他”是“找他”的委婉说法，因此选项D用在这里符合句意。其他选项都不符合句意。
40. 正确答案是C。本题主要考查的是考生能否把握词语在句子中的含义和用法。“深入”是指由外部进入内部，用在这里表示到各班了解更多、更真实的情况，符合句意。而且四个选项中，只有“深入”能与“各班”搭配。因此正确答案是C。

41. 正确答案是D。本题主要考查的是考生能否把握词语在句子中的含义和用法。“就是”用在这里表示强调，强调“他最怕的”确实是“老师找家长”这件事，其他几项都不能表达这样的意思。因此正确答案是D。

42. 正确答案是A。本题主要考查的是考生能否把握词语在句子中的含义和用法。“及时”有马上、立刻的意思；“按时”指依照规定的时间做事；“准时”强调正好是规定的时间；“当时”指过去某件事情发生的那个时候。四个选项中，只有“及时”符合句意，因此正确答案是A。

43. 正确答案是B。本题主要考查的是考生能否把握词语在句子中的含义和用法。“脸色难看”意思是阴沉着脸，不开心或愤怒的样子，选项B“难看”用在这里符合句意。选项A“辛苦”不能用来形容脸色，选项C“失望”、选项D“痛苦”都跟“生气”不符。因此正确答案是B。

44. 正确答案是C。本题主要考查的是考生能否把握词语在句子中的含义和用法。选项B“充满”用在这里与句意不合，选项D“充足”不能带宾语，这两项可首先排除。“满意”是指觉得完全符合自己的心意，“满足”是指感到足够了。而句子要表达的意思是：不能因为有一点儿成绩就觉得够了。因此用“满足”最恰当，选项C正确。

45. 正确答案是D。本题主要考查的是考生能否正确把握三字词语的意义和用法。“不由得”指不由自主地，不自禁；“不得了”指情况很严重，程度很深；“来得及”指还有时间，可以顾得上或赶得上；“对不起”指辜负了别人，对人有愧。本句表达的意思是“我”没有考出好成绩，觉得辜负了老师，因此正确答案是D。

46. 正确答案是D。本题主要考查的是考生对材料中心意思的理解能力。材料先用一个排比句表明今天很重要，然后讲我们要参加歌唱比赛，这是材料的核心意思，讲阳光、小鸟等都是衬托。因此选项D最恰当，其他选项说的都是材料内容的一个方面。

47. 正确答案是B。本题主要考查的是考生对材料中心意思的理解能力和对情感态度的把握。材料最后一句话“我真是想念她啊！”，表达的是一种思念的心情。所以选项B正确，其他选项都与材料内容不符。

48. 正确答案是A。本题主要考查的是考生对材料主要内容的理解能力。材料最后说“由于有新鲜感，我们跑起步来很轻松、很有劲儿”，由此可知我们变换路线的原因是增加新鲜感，这种新鲜感使我们跑起来轻松、有劲儿，这样就理顺了材料的逻辑关系。因此选项A正确，其他选项在材料中都没有提到。

49. 正确答案是A。本题主要考查的是考生获取材料中的主要信息的能力。材料中说“放假这几天，我照样是先写作业”，“照样”指跟原来一样，说明平时回家“我”首先要做的事也是写作业。所以选项A正确，选项B、C、D都不正确。

50. 正确答案是C。本题主要考查的是考生对材料主要内容的理解能力。“其实不然”否定了前面说的“身体健康是令人开心的重要因素”，即身体健康与心情的关系并不密切，故选项C正确，选项D错误。材料中说病情重会影响心情，但倒过来未必成立，选项B错误。选项A的内容与材料无关。

51. 正确答案是A。本题主要考查的是考生获取材料中的主要信息的能力。材料中说：“在这些图形中，我最喜欢圆形。”所以选项 A 正确，其他选项均与材料内容不符。

52. 正确答案是 C。本题主要考查的是考生获取材料中的主要信息的能力。材料解释了“我”喜欢圆形的两点原因：圆分别代表完美和真挚的友谊。据此可知，选项 C 正确，选项 D 说法不恰当，选项 A、B 在材料中都没有提到。

53. 正确答案是 B。本题主要考查的是考生获取材料中的主要信息的能力。材料中说“我们都会给对方一份真挚的祝福”，还说“就像圆心与圆周上的点一样，心心相印”，说明“我”认为朋友之间真心是最重要的，选项 B 正确。作者广交朋友，但没有表达朋友越多越好的意思，选项 A 错误；材料中的“手拉手”是一种交友形式，不是真的手牵手，选项 C 错误；选项 D 与材料内容不符。

54. 正确答案是 D。本题主要考查的是考生获取材料中的主要信息的能力。材料中的“寒风”“棉衣”等词语告诉我们，事情发生在冬天。所以选项 D 正确。

55. 正确答案是 D。本题主要考查的是考生获取材料中的主要信息的能力。爸爸见到“我”说：“今天单位有点儿事，所以我来晚了……”因此选项 D 正确，其他选项都与材料内容不符。

56. 正确答案是 A。本题主要考查的是考生对材料主要内容的理解能力。材料中说：“爸爸为了给盒饭保温，一直把它揣在怀里。”所以选项 A 正确，其他选项都与材料内容不符。

57. 正确答案是 C。本题主要考查的是考生对材料中心意思的理解能力。材料从这位女士的病情讲起，讲到她的生活以及最后取得的成就，我们可以据此总结出，材料主要是讲她奋斗的精神，选项 C 最恰当。选项 A、D 都只能概括材料的一部分内容，选项 B 的内容在材料中没有提到。

58. 正确答案是 D。本题主要考查的是考生获取材料中的主要信息的能力。材料中提到，面对观众有些不敬的提问，这位女士坦然地写出了自己拥有的美好事物和自己的优点，表现出充分的自信，因此选项 D 正确。其他选项都与材料内容不符。

59. 正确答案是 B。本题主要考查的是考生获取材料中的主要信息的能力。这位女士“获得了艺术博士学位。她靠手中的画笔抒发着自己的情感”，她还写下“我会画画儿”，从这些信息中，我们能够推断出她有美术特长。因此选项 B 正确，其他选项都与材料内容不符。

60. 正确答案是 A。本题主要考查的是考生对材料主要内容的理解能力。这位女士表示：“我只看我拥有的，不看我没有的！”这是她对自己的总结，说明她只看自己的优点，以乐观的态度面对人生。因此正确答案是 A，其他选项都与材料内容不符。

三、书面表达

61. 应填写“愿”。一级字，形声字。考查考生对偏旁“厂”和“广”的掌握，另外，考生也易将“愿”和“原”混淆。

62. 应填写“毕”。一级字，上下结构，形声字，上声下形。重点考查声旁“比”的写法，考生易将左半部分的“ㅌ”错写成“匕”，而右半部分的“匕”又错写成“ㅌ”。

63. 应填写“炼”。一级字，左右结构。难点是要正确书写“东”，尤其是第三笔“㇆”，考生易错写成“亅”。另外，考生也容易将“炼”与“练”混淆。

64. 应填写“道”。一级字，半包围结构。主要考查考生书写的笔顺，即先写“首”，后写“辶”。

65. 应填写“持”。一级字，左右结构。考查右半部分“寺”的写法，它其实是由两部分组成的，即上半部的“土”和下半部的“寸”，考生易将“土”和“寸”中的“丨”连起来写。

66. 应填写“恢”。一级字，左右结构，形声字，左形右声。主要考查声旁“灰”的笔顺，应该先写横和撇，再写“火”。注意“火”的第二笔应该是右边的小撇，而不是中间的竖撇。

67. 应填写“翻”。一级字，左右结构，形声字，左声右形。左半部分考查偏旁“番”，“番”的第五笔“丨”要连起来写；右半部分为“羽”，其中的两点“⺀”不能写成“冫”。

68. 应填写“联”。一级字，左右结构。左半部分“耳”的第六笔为提，不能写成“一”。另外，要注意区分“联”和“连”的不同用法。

69. 应填写“充”。一级字，上下结构。主要考查考生对“𠫓”和“儿”的结构安排，其中“𠫓”上边的一点不能漏写，“儿”的第一笔“丿”不能写成“丨”。

70. 应填写“期”。一级字，左右结构，形声字，左声右形。重点考查笔画的规范写法，“其”的第八笔“、”不能写成较长的“㇏”，“月”的第一笔“丿”不能错写成“丨”。

模拟试题（九）

答案速查

1. C	2. D	3. C	4. D	5. D	6. D	7. A	8. C	9. D	10. B
11. B	12. C	13. A	14. A	15. D	16. A	17. C	18. A	19. A	20. D
21. B	22. C	23. C	24. A	25. A	26. D	27. B	28. C	29. C	30. C
31. B	32. B	33. D	34. B	35. A	36. A	37. C	38. D	39. B	40. C
41. C	42. A	43. D	44. A	45. A	46. B	47. B	48. D	49. B	50. B
51. D	52. A	53. A	54. D	55. C	56. A	57. D	58. B	59. D	60. D
61. 积	62. 景	63. 律	64. 愉	65. 城	66. 减	67. 亲	68. 终	69. 迎	70. 园

【作文范文】

敬爱的李老师：

您好！我就要小学毕业了，我有很多话想对您说，就在信里告诉您吧！

是您教给我知识，教我怎样做人，让我从一个不懂事的孩子成长为一名光荣的少先队员。每当我在学习上遇到困难时，您都那样耐心地给我讲解。当我犯了错误时，您又会一遍一遍地给我讲道理，我知道您是为了我好。我获得的每一点知识、取得的每一个进步，都离不开您的培养和帮助！

敬爱的李老师，请允许我向您表示衷心的感谢！

祝您健康快乐！工作顺利！

您的学生：××

7月9日

详细解析

一、听力理解

1. 正确答案是C。本题主要考查的是考生能否领会听力材料的内容要点以及运用语言进行交际的能力。说话人的意思是对对方表示不满，因为对方没有早点儿说。选项A、B都可以用于交际，但不能表示歉意；选项C“对不起”可以表示歉意；选项D“早上说”是对“早说”的错误理解。因此正确答案是C。
2. 正确答案是D。本题主要考查的是考牛能否领会听力材料的内容要点。本题的要点是询问“什么时候”，选项A、B、C均是对西湖的描写，选项D“一年四季都很美”虽然没回答具体的时候，但恰当地回答了问题，因此正确答案是D。
3. 正确答案是C。本题主要考查的是考生能否领会听力材料的内容要点以及运用语言进行交际的能力。说话人说过几天就是春节了，选项C“太好了”表示很高兴，可以回应对方的话。说话人说的“过几天”不是提问，选项B给出了回答，显然并没有理解说话人的意思。选项A、D也不能与对方进行交际。因此正确答案是C。
4. 正确答案是D。本题主要考查的是考生能否领会听力材料的内容要点。说话人问地上有很多水的原因，选项D“水龙头坏了”可以回答这个问题。选项A描述阳光，选项B描述天气，选项C询问对方，均不能回答这个问题。因此正确答案是D。
5. 正确答案是D。本题主要考查的是考生能否领会听力材料的内容要点以及运用语言进行交际的能力。说话人说天气让人不舒服，选项D表示同意，表明了自己的态度。而选项A表示天气很好，选项B与天气无关，选项C表示天气冷，都不能与说话人形成交际。因此正确答案是D。
6. 正确答案是D。本题主要考查的是考生能否领会听力材料的内容要点。说话人问钱包是在哪儿捡到的，选项D“就在商店门口”回答了捡到的地点，可以与对方形成交际。选项A、B都是对钱包的描写，选项C表明捡钱包的人是谁，都不能回答“在哪儿”这个问题。因此正确答案是D。
7. 正确答案是A。本题主要考查的是考生能否领会听力材料的内容要点以及运用语言进行交际的能力。本题要点是考查考生对“表现”一词的理解。说话人问的实际上是孩子最近的情况，选项A“还不错”可以回答这个问题，选项B、C、D均不能回答对方的问题。因此正确答案是A。
8. 正确答案是C。本题主要考查的是考生能否领会听力材料的内容要点。说话人询问原因，选项C“我写字很慢”可以回答这个问题，选项A、B、D均与问题无关。因此正确答案是C。
9. 正确答案是D。本题主要考查的是考生能否领会听力材料的内容要点以及运用语言进行交际的能力。说话人问书包是谁的，选项D“我也不清楚”虽然没有说出书包的主人是谁，但是可以回答对方的询问。选项A是说书很多，选项B和C是对书包的描写，均不能回答“是谁的”这一问题。因此正确答案是D。
10. 正确答案是B。本题主要考查的是考生能否领会听力材料的内容要点以及运用语言进行交际的能力。说话人说自己喜欢吃面条儿，然后询问对方，选项B“我也是”表示也喜欢吃面条儿，能够回答问题。选项A表示同意，选项C说的是第三者，均不能回答问题。选项D表示自己不知道，不合常理。因此正确答案是B。

11. 正确答案是 B。本题主要考查的是考生根据对话获取关键信息并对人物关系进行推断的能力。女的说“我的儿子长大了”，由此可以确定他们的关系是母子。正确答案是 B，选项 A、C、D 均不正确。

12. 正确答案是 C。本题主要考查的是考生根据对话获取关键信息的能力。对话中女的说“你喜欢的故事书都在右边”，由此可知男的喜欢故事书，选项 C 正确。选项 B 不是男的喜欢的书，选项 A、D 在对话中均未提及。

13. 正确答案是 A。本题主要考查的是考生根据对话获取关键信息的能力。对话中提到那个人穿着白衣服，因此选项A正确。选项B“蓝色”在对话中也出现了，但说的是蓝色的汽车，不是指人。选项 C 和 D 在对话中均未提及。

14. 正确答案是 A。本题主要考查的是考生根据对话获取关键信息的能力。女的说排在她前面的那个人买了最后两张票，说明到她那儿就没票了，选项 A 正确。选项 B、D 错误，选项 C 无法从对话中推断出来。

15. 正确答案是 D。本题主要考查的是考生根据对话获取关键信息并对地点进行推断的能力。对话中男的要买火车票，选项 A“银行”、选项 B“邮局”、选项 C“超市”都不会卖火车票，只有火车站可以，因此正确答案是 D。

16. 正确答案是 A。本题主要考查的是考生根据对话获取关键信息的能力。女的说爸爸还总得往医院跑，可见是生病了，但没有住院，因此选项 A 正确，选项 B 与对话内容不符。选项 C“病已好了”也不对，否则不会总去医院。选项 D“睡不好觉”与对话中的“能吃能睡”矛盾。

17. 正确答案是 C。本题主要考查的是考生根据对话获取关键信息的能力。对话中女的说“她是我们新来的邻居”，说明女的在向男的介绍邻居，选项 C 正确。男的认识女的，不认识邻居，选项 A 错误；选项 B 是对对话内容的错误理解；选项 D“女的不认识新来的邻居”也不正确，否则她不会向男的介绍这个人。

18. 正确答案是 A。本题主要考查的是考生根据对话获取关键信息的能力。男的说博物馆门前排了很长的队，可见人很多，选项 A 正确。“在办新展览”只是男的的猜测，女的并未证实，因此选项 B 错误。选项 C、D 都是对对话内容的错误理解。

19. 正确答案是 A。本题主要考查的是考生根据对话获取关键信息的能力。男的说最近他一直牙疼，女的建议“去医院看看吧”，说明她希望男的去看医生，选项 A 正确。选项 B、C、D 都与对话内容不符。

20. 正确答案是 D。本题主要考查的是考生根据对话获取关键信息的能力。女的说体育馆“刚建的时候是最好的，但现在已经不行了”，这告诉我们两个信息：一是体育馆不是刚建的，二是体育馆现在不是最好的。据此看四个选项，只有选项 D 正确。其他三项均与对话内容不符。

21. 正确答案是 B。本题主要考查的是考生根据对话获取关键信息的能力。对话中女的说“就是考试的时候太马虎了”，这是本题的关键信息，选项 B 正确。选项 A、C 在对话中没有提及，选项 D“没好好准备”与女的说的“期中考试前我也准备得挺好的”矛盾。

22. 正确答案是 C。本题主要考查的是考生根据对话获取关键信息的能力。对话中男的提醒女的“下次可不要再马虎了，认真点儿”，因此选项 C 正确。男的还对女的说“期末得好好准备啊”，因此选项A错误。选项B、D在对话中都没有提到。

23. 正确答案是C。本题主要考查的是考生根据对话获取关键信息的能力。男的说“我们去医院看望一个老同学了”，所以选项C正确。选项A“工作太忙了”在对话中没有提到。男的的老同学住院了，不是男的住院，选项B错误。对话中提到了男的的妈妈，也就是“奶奶”，但他们讨论的是要不要在奶奶家吃饭的问题，男的还没到妈妈家，所以选项D错误。

24. 正确答案是A。本题主要考查的是考生根据对话获取关键信息的能力。男的说“你奶奶身体不好，我们别给她添麻烦了”，这里的“奶奶”是指男的的妈妈，所以选项A“不想麻烦妈妈”正确。想回家吃面条儿的是女的而不是男的，选项B错误。选项C、D的内容在对话中均未提及。

25. 正确答案是A。本题主要考查的是考生根据材料获取关键信息的能力。材料中提到书架“是黄色的”，因此选项A正确。选项B在材料中没有提到。根据材料，书架放在“我的房间”，因此选项C错误。根据书架“一共有三层”，可知选项D错误。

26. 正确答案是D。本题主要考查的是考生根据材料获取关键信息的能力。材料中提到“第一层放着我最喜欢的作文书”，所以选项D正确。选项A“小说”放在第三层，选项B“词典”、选项C“报纸”都放在第二层，因此这三项均不正确。

27. 正确答案是B。本题主要考查的是考生领会材料的中心意思的能力。材料先后介绍了书架的位置、作用、层数和放的书，整段都是围绕书架展开叙述的，因此选项B正确。选项A范围太大，选项C范围太小，选项D在材料中没有提到。

28. 正确答案是C。本题主要考查的是考生根据材料获取关键信息的能力。材料中提到“我有一个哥哥，比我大四岁”，由此可知选项C正确，选项A、B、D均为混淆项。

29. 正确答案是C。本题主要考查的是考生领会材料的中心意思的能力。材料中提到哥哥“对我非常好”，并举了给“我”留好吃的、在马路上救“我”这两个例子，最后说“我爱我的好哥哥”，可见说话人喜欢哥哥是因为哥哥对她很好，选项C正确。选项A在材料中没有提及，选项B、D说法正确，但不是说话人喜欢哥哥的原因。

30. 正确答案是C。本题主要考查的是考生根据材料获取关键信息的能力。材料中提到哥哥“常常让爸妈头疼”，所以选项C正确。选项B、D与材料内容不符，选项A是对材料内容的错误理解。

二、阅读理解

31. 正确答案是B。本题主要考查的是副词的用法。根据句意，两个分句之间是并列关系，副词“也”用在这里表示“灾难”和“警钟”两种情况都存在，“就”“又”“仅”都没有这层含义。因此正确答案是B。

32. 正确答案是B。本题主要考查的是介词的用法。“向”是介词，引进行为的对象，用在这里符合句意。“对”是介词，引进对象或事物的关系者，用在这里不恰当。“带”“帮”都是动词，用在这里不符合句意。因此正确答案是B。

33. 正确答案是D。本题主要考查的是考生能否把握词语在句子中的含义和用法。“熟练”指对技术精通且有经验，用在这里表示对开车很精通。“全部”“完全”用在这里，后面不应加“地”。“成熟”用在这里与句意不符。因此正确答案是D。

34. 正确答案是B。本题主要考查的是量词的使用。“段”只能用于书中的一段话，不能用于整本书，“趟”和“个”都与书无关，只有“遍”用在本句中恰当。因此正确答案是B。
35. 正确答案是A。本题主要考查的是考生能否把握词语在句子中的含义和用法。“动人”就是感动人的意思，能够与“故事”搭配，而且符合句意；“感动”不能直接做“故事”的定语，一般说“故事令人感动”；“可怜”“吓人”都与“略带凄凉又充满温情”这样的形容不符。因此正确答案是A。
36. 正确答案是A。本题主要考查的是考生能否把握词语在句子中的含义和用法。“表示”指思想、感情、态度等通过言语行为显示出来，这里主要强调的是态度；“表现”指表示出来某种特点；“显示”指显露出某种优势或威力等；“表达”指用语言或文字把思想感情表示出来。四个选项中，只有“表示”用在这里恰当，因此正确答案是A。
37. 正确答案是C。本题主要考查的是考生能否把握词语在句子中的含义和用法。“难”和“容易”是反义词，本句用了“但是”，说明前后两个分句意思相反，因此“容易”用在这里很恰当。“轻易”指简单或处理事情的态度很随便，不能做谓语。“愿意”指一个人的主观意愿，与“难”在语意上不相关。“不可能”指没有任何可能性，与句意不符。因此正确答案是C。
38. 正确答案是D。本题主要考查的是考生能否把握词语在句子中的含义和用法。“前后”指从开始到结束，“连续”指一个接一个，“一直”强调中间没有停过，“不断”指不间断。根据句意，这里用“不断”最合适。因此正确答案是D。
39. 正确答案是B。本题主要考查的是考生能否把握词语在句子中的含义和用法。“消费”指为了一定的目的而付出物质财富，与句意不符。“消耗”指精神、东西等因使用或受损失而渐渐减少，可与“体力”搭配。“浪费”指不合理地使用资源的现象。“花费”的对象一般是钱财。因此，四个选项中只有B项“消耗”符合句意，是正确答案。
40. 正确答案是C。本题主要考查的是考生能否把握词语在句子中的含义和用法。“短期”是指短时间，强调时间长短。“简短”多指发言、通知等。“临时”是指暂时的，强调暂时性。“马上”指立即、立刻。四个选项中，“临时”用在这里最恰当。因此正确答案是C。
41. 正确答案是C。本题主要考查的是考生能否把握词语在句子中的含义和用法。“群众”泛指人民大众。“人民”指以劳动群众为主体的社会基本成员。“观众”指看表演或比赛的人。“百姓”指人民，特别强调不是官员。很明显，四个选项中只有“观众”与句意相符。因此正确答案是C。
42. 正确答案是A。本题主要考查的是考生能否把握词语在句子中的含义和用法。“发扬”指发展和提倡，多用于优良作风、传统、精神等。“发展”指事物向好的方面变化的过程。“发挥”指把内在的能力表现出来。“发动”是使开始、使行动起来的意思。四个选项中，只有“发扬”能与“精神”搭配，因此正确答案是A。
43. 正确答案是D。本题主要考查的是考生能否把握词语在句子中的含义和用法。“秘密”指隐蔽起来不让别人知道，与句意明显不符。“亲密”一般用来形容感情、关系等，“亲切”指态度，都不能与“配合”搭配使用。只有“密切”指关系近，紧密，能与“配合”搭配，因此正确答案是D。
44. 正确答案是A。本题主要考查的是考生能否把握词语在句子中的含义和用法。选项C“看法”是名词，用在这里不恰当，可首先排除。“意识”指一种心理过程，一种思维活动。“掌握”指熟悉并能自由运用。“了解”指清楚地知道。综合来看，只有“意识”与句意相符，因此正确答案是A。

45. 正确答案是A。本题主要考查的是考生能否正确把握三字词语的意义及用法。“好容易”指很不容易；“来不及”指因为时间短而顾不上或赶不上；“有的是”强调很多；“怎么样”表示疑问。句子表达的意思是很不容易地睡着了，因此用“好容易”最合适，正确答案是A。

46. 正确答案是B。本题主要考查的是考生对材料中心意思的理解能力。材料第一句话就表达了水对人类的重要性，后面两句讲了没有水的可怕之处。因此正确答案是B，其他选项都是对材料内容的错误理解。

47. 正确答案是B。本题主要考查的是考生对材料主要内容的理解能力。材料先讲我们应该尽量避免生气，后面讲原因：“你的每一次心情变化，都会在瞬间对你的身体产生巨大影响。”这说明心情变化会影响身体。因此选项B正确，其他选项都与材料内容不符。

48. 正确答案是D。本题主要考查的是考生获取材料中的主要信息的能力。材料中有一句话：“小学应该把原来的45分钟课时缩短至30分钟……”这说明现在还是45分钟课时。因此选项D正确，其他选项均与材料内容不符。

49. 正确答案是B。本题主要考查的是考生对材料主要内容的理解能力。材料主要讲的就是写完作业后给爸爸洗袜子的过程，因此选项B正确。选项A、C、D说法都对，但都不是材料主要讲的内容，不符合题意。

50. 正确答案是B。本题主要考查的是考生对材料主要内容的理解能力。材料中提到的“把窗户打开”“搞卫生”等都是日常生活的一部分，所以选项B正确。材料虽然提到了天气和健康，但并没有展开去讲，因此选项A、D错误。选项C在材料中没有提到。

51. 正确答案是D。本题主要考查的是考生获取材料中的主要信息的能力。材料开头说：“每星期五晚上都是我最开心的时候，因为我能和妈妈一起去健身房健身了。”这是一个因果倒装句，开心是因为去健身房健身，所以选项D正确。其他选项都是对材料内容的错误理解。

52. 正确答案是A。本题主要考查的是考生获取材料中的主要信息的能力。说到健身器材时，材料中提到“跑步机都排队呢”，这说明跑步机最受欢迎，选项A正确。其他选项都与材料内容不符。

53. 正确答案是A。本题主要考查的是考生获取材料中的主要信息的能力。材料提到去健身房健身的那天“是我最开心的时候”，以及“我也要坚持锻炼”，这说明运动使“我”开心，而且“我”要坚持，由此可推断“我”喜欢运动，选项A正确。选项B、D都是对材料内容的错误理解。根据材料最后两句，可知“我”现在还没有每天坚持锻炼，因此选项C错误。

54. 正确答案是D。本题主要考查的是考生对材料主要内容的理解能力。材料讲到了苏步青的家庭、童年、学习，也讲到了他的奋斗与成功，但材料主要讲的是苏步青小时候珍惜一切机会努力学习的故事，因此选项D正确。其他选项都只能概括一部分内容。

55. 正确答案是C。本题主要考查的是考生获取材料中的主要信息的能力。材料讲到有钱人家请家庭教师教公子读书，“苏步青一有空就在窗外听”，并因此“学到了不少知识”，这与选项C的内容一致，所以选项C为正确答案。其他几个选项都与材料内容不符。

56. 正确答案是A。本题主要考查的是考生获取材料中的主要信息的能力。材料最后一段提到“小学的第一个学期，苏步青考了倒数第一名”，也就是考试成绩很差，所以选项A正确，选项B

错误。选项C说法错误，苏步青在第二学期才决心好好学习，选项D在材料中没有提到。

57. 正确答案是D。本题主要考查的是考生对材料中心意思的理解能力和概括分析的能力。材料以数学考试为例，讲述了“我”后悔的心情，所以选项D为正确答案。其他几个选项都不是材料的核心内容。

58. 正确答案是B。本题主要考查的是考生获取材料中的主要信息的能力。材料中提到，要模拟考试了，老师“要我们回家好好复习”，所以选项B为正确答案。其他几个选项的内容材料中都没有提到。

59. 正确答案是D。本题主要考查的是考生获取材料中的主要信息的能力。根据材料，看到成绩后，“一股悔意涌上了心头……我非常后悔！”这些语句直接表达了成绩出来后“我”的心情，所以选项D正确。平时复习时“我”的心情是紧张的，但不是成绩出来后，选项A错误。选项B、C的内容都与材料内容不符。

60. 正确答案是D。本题主要考查的是考生对材料中心意思的理解能力。最后一段说的就是这件事给作者的启示，即要做到事前重视，所以正确答案是D。其他几个选项说的都是具体细节，不是这件事给作者的启示。

三、书面表达

61. 应填写“积”。一级字，左右结构。考查偏旁“禾”的正确写法，“禾”字做偏旁时第五笔应为“、”，不能写成较长的“㇏”。

62. 应填写“景”。一级字，上下结构。主要考查考生对偏旁“日”意义的掌握，“日”不能错写成“目”。另外，下半部分“京”字上面的“、”不能少写。

63. 应填写“律”。一级字，左右结构。重点考查考生对“亻”和“彳”的区分，另外，“聿”第四笔和第五笔横的长短不一样。

64. 应填写“愉”。一级字，左右结构，形声字，左形右声。考生易将“忄”错写成“亻”，另外，“俞”字下半部的“⺼”第一笔是“丨”，不能写成“丿”。

65. 应填写“城”。一级字，左右结构，形声字，左形右声。左半部分的第三笔是提，不能写成“一”；“成”右上的点要最后写。

66. 应填写“减”。一级字，左右结构。左半部分为“冫”，考生易错写成“氵”；右半部分“咸”字的最后一笔“、”容易漏写。

67. 应填写“亲”。一级字，上下结构。要注意下半部分不是“木”，中间一笔是“亅”。

68. 应填写“终”。一级字，左右结构。左半部分“纟”的第三笔为提，右半部分“冬”的下半部分是两点而不是一点。

69. 应填写“迎”。一级字，半包围结构。主要考查偏旁“卬”的正确写法，考生易在第二笔后加上一点，错写成“卭”。

70. 应填写“园”。一级字，全包围结构，形声字，内声外形。重点考查全包围结构汉字的笔顺，即下面的横为最后一笔，所谓的“最后关门”指的就是这个。另外，考生容易将同音字“园”与“圆”混淆。

模拟试题（十）

答案速查

1. A	2. C	3. C	4. A	5. D	6. A	7. C	8. A	9. B	10. A
11. C	12. C	13. D	14. D	15. C	16. C	17. B	18. C	19. C	20. D
21. B	22. C	23. C	24. A	25. C	26. A	27. D	28. D	29. A	30. A
31. D	32. C	33. D	34. D	35. B	36. D	37. C	38. C	39. A	40. D
41. D	42. C	43. B	44. D	45. C	46. D	47. C	48. C	49. D	50. D
51. C	52. D	53. D	54. A	55. D	56. A	57. A	58. C	59. D	60. B
61. 印	62. 歉	63. 替	64. 做	65. 凳	66. 福	67. 铃	68. 窗	69. 续	70. 献

【作文范文】

上课要认真听讲

今天上数学课时，李明没有专心听讲，他脑子里不断出现昨天下午足球赛的画面。那场比赛可激烈了，下半场时双方踢成了 2 ： 2。离比赛结束还剩两分钟的时候，李明带着球飞快地向对方球门跑去，射门，球进了！他们队赢了！

李明正想得高兴时，突然发现旁边的同学都举起了手，原来是老师提问题了。可是他没认真听课，连老师问的什么问题都不知道。这下他傻眼了，只好悄悄地低下了头。

虽然老师没有让他回答问题，但李明心里挺难受的。他暗暗下决心：以后上课一定要认真听讲！

详细解析

一、听力理解

1. 正确答案是 A。本题主要考查的是考生能否领会听力材料的内容要点。询问时间是日常生活中常见的问题，说话人询问裙子是“什么时候”买的，回答应该围绕时间来进行。选项 A 表示时间，可以回答问题，而选项 B、C、D 都是对裙子的描述，不能回答问题。因此正确答案是 A。
2. 正确答案是 C。本题主要考查的是考生能否领会听力材料的内容要点。说话人说“这台冰箱好像坏了”，选项 C 先用“是”肯定，再用“里面的东西都坏了”补充说明，是对说话人的有效回答。选项 A、D 是对冰箱其他情况的描述，选项 B 说的是洗衣机，因此只有选项 C 正确。
3. 正确答案是 C。本题主要考查的是考生能否领会听力材料的内容要点。说话人请求对方把地图给自己，回答时要注意“给”的对象。选项 C“给你”正确，而选项 A、B、D 虽然都提到了“给”，但是给的对象错了，因此这三项都不正确。

4. 正确答案是 A。本题主要考查的是考生能否领会听力材料的内容要点。说话人催对方快来，选项 A“马上来”可以回答这一催促。选项 B 答非所问，选项 C、D 是说话人应该说的话，不是回答。因此正确答案是 A。
5. 正确答案是 D。本题主要考查的是考生能否领会听力材料的内容要点以及运用语言进行交际的能力。说话人说他们的球队赢了，选项 D“你们太棒了”表示对对方的夸奖，可以回应对方的话。而选项 A 暗示对方球队以后会输，在别人正开心、激动的时候不该说这样的话。选项 B、C 都不能回应对方的话。因此正确答案是 D。
6. 正确答案是 A。本题主要考查的是考生能否领会听力材料的内容要点。说话人提醒对方那里危险，选项 A 表示感谢，可以回应对方的提醒。选项 B、C 也是交际用语，但不是用来回应提醒的，选项 D“很危险”也不能回应对方的话。因此正确答案是 A。
7. 正确答案是 C。本题主要考查的是考生能否领会听力材料的内容要点。询问时间是日常生活中常见的问题。说话人询问对方什么时候放假，四个备选答案中只有 B、C 可以表示时间，因此首先排除选项 A、D。说话人问的是还没发生的事情，选项 B“两周前”表示已经发生，与问题不符。因此正确答案是 C。
8. 正确答案是 A。本题主要考查的是考生能否领会听力材料的内容要点。打电话是日常生活中常见的情景。说话人问妈妈在不在，选项 A“她出去了”可以回答这个问题。选项 B 是跟妈妈告别时说的话，选项 C 是对妈妈的描述，选项 D 说的是“我”的情况，都不能回答说话人的问题，因此正确答案是 A。
9. 正确答案是 B。本题主要考查的是考生能否领会听力材料的内容要点。这道题考查考生能否掌握是非问句。选项 B 中的“懂”和“明白”意思一样，可以回答问题。选项 A 侧重于“想”而不是“听”，选项 C、D 都与说话人的话无关。因此正确答案是 B。
10. 正确答案是 A。本题主要考查的是考生能否领会听力材料的内容要点。本题是询问妈妈的职业，选项 A 回答了这个问题。选项 B 是说回答者的理想，选项 C 是说哥哥，选项 D 是说班主任，这三项均与妈妈无关。因此正确答案是 A。
11. 正确答案是 C。本题主要考查的是考生根据对话获取关键信息的能力。对话中，男的指出了南北方饮食的不同，但女的说“我是北方人，但我爱吃米饭”，由此可知选项 C 正确。选项 A、D 不是女的喜欢的，选项 B 在对话中没有提及。
12. 正确答案是 C。本题主要考查的是考生根据对话获取关键信息的能力。对话中多次出现数字，考生需要听懂问题并选择正确的数字。女的说“读三遍课文”，据此可知正确答案是 C，其他选项都与对话内容不符。
13. 正确答案是 D。本题主要考查的是考生根据对话获取关键信息的能力。男的奇怪闹钟为什么又不走了，并指出电池是刚换的，女的说那些电池都是用过一阵子的，也就是电池以前用过，选项 D 正确。闹钟不走不一定是坏了，更可能是因为电池没电了，选项 A 错误；选项 B、C 均与对话内容不符。
14. 正确答案是 D。本题主要考查的是考生根据对话获取关键信息的能力。本题的关键信息是“买一送一”，据此可知选项 D 正确。选项 A、B、C 均与对话内容不符。

15. 正确答案是C。本题主要考查的是考生根据对话获取关键信息的能力。女的拒绝了男的开门的请求，说是“外面空气不太好”，所以正确答案是C。觉得热的是男的，选项A错误；选项B、D都不能从对话中推断出。

16. 正确答案是C。本题主要考查的是考生根据对话获取关键信息的能力。男的说“雪太大了”，这是班上有几个人没来上课的原因，女的同意他的说法，同时说自己班上也有人请假，可见这些人没来上课是因为下雪了天气不好。只有选项C正确，其他选项都与对话内容不符。

17. 正确答案是B。本题主要考查的是考生根据对话获取关键信息的能力。男的建议女的打针，但女的说害怕打针，所以选项B正确。选项A、C在对话中没有提到，选项D是男的否定的观点。

18. 正确答案是C。本题主要考查的是考生根据对话获取关键信息并对说话人的关系进行推断的能力。说话人在讨论考试，男的询问的是考试的具体时间，而且用了“咱们”，这表明二人都要参加考试，由此可以判断出他们是同学，选项C正确。

19. 正确答案是C。本题主要考查的是考生根据对话获取关键信息的能力。女的对弟弟成绩的评价是“还行吧”，说明她认为弟弟成绩中等，不好也不坏，所以选项C正确。选项A、B与对话内容不符，选项D无法从对话中推断出。

20. 正确答案是D。本题主要考查的是考生根据对话获取关键信息并对说话内容进行推断的能力。女的说她受父亲的影响从小喜欢音乐，由此可知女的的爸爸喜欢音乐，选项D正确。选项A、B均与对话内容不符。根据对话，说话人更可能是朋友关系，选项C判断错误。

21. 正确答案是B。本题主要考查的是考生根据对话获取关键信息的能力。男的问女的不和大家一起去旅行的原因，女的说她去不了，然后解释说她生病了，需要住院，故选项B正确。选项A、C、D都与对话内容不符。

22. 正确答案是C。本题主要考查的是考生根据对话获取关键信息的能力。四个选项在对话中都提到了，但“这次我们要去草原玩儿”说明旅行的目的地是草原，选项C正确。选项A、B是旅行时路过的地方，选项D是最后返回的地方，这三项均为混淆项。

23. 正确答案是C。本题主要考查的是考生根据对话获取关键信息的能力。男的说“听说设计有问题，所以停工了”，这是这栋楼还没盖好的原因，选项C正确。选项A、B在对话中没有提到；女的说“这栋大楼已经盖了三年了”，选项D与此不符。

24. 正确答案是A。本题主要考查的是考生根据对话获取关键信息的能力。女的表达观点的只有一句话：“这可太浪费了。”意思是盖了一半的楼还要拆掉，太浪费，选项A与此意思相同。选项B是男的的看法；女的虽然觉得浪费，但没有表露出不要拆的想法，选项C错误；选项D也不是女的想要表达的意思。因此正确答案是A。

25. 正确答案是C。本题主要考查的是考生根据材料获取关键信息的能力。本题询问事情发生的时间，材料开头提到“‘六一’儿童节正好是周末”，符合这一时间限定的只有选项C，其他均为混淆项。因此正确答案是C。

26. 正确答案是A。本题主要考查的是考生根据材料获取关键信息的能力。材料中提到“我们一进门就看见了淘气的小猴子”，由此可知选项A正确，选项B、C、D均为混淆项。

27. 正确答案是D。本题主要考查的是考生根据材料获取关键信息的能力。材料中提到“中午我们去动物园对面的饭店吃饭”，可知饭店在动物园对面，选项 D 正确。选项 A 是猴子所在的地方；提到“前面”是说老虎区在猴山的前面，与饭店无关；选项 C 在对话中未提到。

28. 正确答案是 D。本题主要考查的是考生根据材料获取关键信息的能力。在提到“我们都很高兴”之前，材料说的是上海的小学生“还要来我们班交流学习经验”，可见我们高兴的原因是可以和外地学生深入交流了，选项 D 正确。选项 A“可以休息一下了”在材料中没有提到；材料中说的是上海小学生来我们学校参观，不是我们出去参观，选项 B 错误；选项 C 在材料中也没有提到。
29. 正确答案是 A。本题主要考查的是考生根据材料获取关键信息的能力。材料中提到：“当那些小学生走进教室的时候，同学们都起立鼓掌。”因此选项 A 正确。选项 B、C 在材料中没有提到，选项 D 虽然提到了，但不是上海小学生刚进教室时我们做的事情，因此这三项都不正确。
30. 正确答案是 A。本题主要考查的是考生根据材料获取关键信息的能力。材料中提到：“过了几分钟，才有一个同学问他们开不开在线课程。”这是我们提出的第一个问题，所以选项 A 正确。选项 B、C、D 在材料中都提到了，但都不是首先提出的问题，因此这三项都不正确。

二、阅读理解

31. 正确答案是 D。本题主要考查的是考生能否把握词语在句子中的含义和用法。“主意”是名词，本句需要填入一个动词，因此可首先排除选项 C。“允许”指同意，许可；“商量”指交换意见；“主张”指对事物持有某种见解。这句话的意思是班里正在讨论春游的事，大部分人都觉得应该去北海公园，所以“主张”用在这里最合适。正确答案是 D。
32. 正确答案是 C。本题主要考查的是考生能否把握词语在句子中的含义和用法。“夸张了吧”表达不敢相信的语气，只有“太”用在这里能够表达这种语气，其他几个词语都不能表达。因此正确答案是 C。
33. 正确答案是 D。本题主要考查的是考生能否把握词语在句子中的含义和用法。四个词意义范围不同，“环境”“形势”都指大范围的情况，不能用于家庭经济，因此可以首先排除选项A、C。“情景”指情形、情况，侧重于具体的场景；“状况”指事物呈现出来的样子或状态。所以“状况”用在这里最合适，正确答案是 D。
34. 正确答案是 D。本题主要考查的是考生能否把握词语在句子中的含义和用法。“准时”指遵守关于时间的约定，“答应得准时”搭配不当。“快速”形容速度快，不能用“很”修饰，也不能做补语。“立刻”是副词，后面必须加动词，“很立刻”搭配不当。因此选项A、B、C均不正确。“痛快”形容爽快、干脆，用在这里合适，因此正确答案是 D。
35. 正确答案是 B。本题主要考查的是考生能否把握词语在句子中的含义和用法。“讨论”指两个人或许多人在一起商量某个问题。“谈心”指说心里话，交流思想。“争论”指争吵辩论，比较激烈。“商量”指交换意见。这个句子表达的是大家爱和老师说心里话，所以“谈心”用在这里最恰当，正确答案是 B。
36. 正确答案是 D。本题主要考查的是考生能否把握词语在句子中的含义和用法。本句需要一个动词做谓语，因此可首先排除选项 A“一致”。“合作”指相互配合做事；“统一”指部分联成整体，分歧趋于一致；“联合”指为共同行动而联系或结合在一起。显然“联合”用在这里最合适，正确答案是D。

37. 正确答案是C。本题主要考查的是考生能否把握词语在句子中的含义和用法。“接受”表示不拒绝，可指抽象的思想、主张、意见、采访等，也可指具体的事物。前面有个否定词“不”，“接受”用在这里，表达的是老师不收同学们的礼物，很恰当。“同意”“收获”“满意”用在这里都不能表达一个明确的意思。因此正确答案是C。

38. 正确答案是C。本题主要考查的是考生能否把握词语在句子中的含义和用法。“总之”是对上面说的事项进行总结；“平等”指相同或相等；“平均”是对总量、总数按份进行均匀计算；“公平”指办事公正，不偏袒任何一方。本句意思是把六个苹果分给三个人，均等计算，每人得到两个，所以“平均”最合适，正确答案是C。

39. 正确答案是A。本题主要考查的是考生能否把握词语在句子中的含义和用法。本句需要填入一个动词，“用处”是名词，“作用”做动词时需在后面加“于”才能接宾语，因此可首先排除选项C、D。“利用”指使人或事发挥应有的作用，用于积极方面。“实用”指实际应用。根据句意，“利用”用在这里更合适，因此正确答案是A。

40. 正确答案是D。本题主要考查的是考生能否把握词语在句子中的含义和用法。“劝”指说服，讲道理给人听，用在这里符合句意。“见”“使”“管”用在句中都不能表达一个明确的意思。因此正确答案是D。

41. 正确答案是D。本题主要考查的是量词的用法。四个选项中，能够与“图画”搭配使用的量词只有“幅”，“个”“张”“条”均不恰当。因此正确答案是D。

42. 正确答案是C。本题主要考查的是考生能否把握词语在句子中的含义和用法。“记录”指把听到的话或发生的事用文字记下来，符合句意，且能够与“下来”搭配使用。“重复”“复习”“响应”都不能与“下来”搭配使用，也都不符合句意。因此正确答案是C。

43. 正确答案是B。本题主要考查的是考生能否把握词语在句子中的含义和用法。本句横线前面是否定词“不”，“同样”“区别”都不能与“不”搭配，因此可首先排除选项A、C。“习惯”作为动词是指因反复接触而适应。“适合”指符合实际情况或客观要求。在本句中，显然用“习惯”比较恰当，因此正确答案是B。

44. 正确答案是D。本题主要考查的是考生能否把握词语在句子中的含义和用法。“要是”表示假设；“尤其”表示更进一步，相当于“更加”；“而且”表示后者意思比前者更进一层；“甚至”作为副词，强调突出的事例，后面常与“都”搭配。在本句中，后一分句是对前一分句的强调，因此用“甚至”恰当，正确答案是D。

45. 正确答案是C。本题主要考查的是考生能否正确把握三字词语的意义及用法。“好玩儿”指有趣；“看得起”指重视；“了不起”指不平凡，优点突出；“没意思”指无聊，没有趣味。本句是说王磊病刚好就参加运动会，还取得了好成绩。这说明王磊很优秀，只有“了不起”用在这里恰当，因此正确答案是C。

46. 正确答案是D。本题主要考查的是考生对材料中心意思的理解能力和综合分析判断的能力。材料先强调节约的重要性，接着对全体同学提出了具体的希望，因此这段话的主要目的是号召大家节约，选项 D 正确。其他选项都不是材料要讲的主要意思。

47. 正确答案是 C。本题主要考查的是考生获取材料中的主要信息的能力。材料最后一句提到：“科学家一项最新的研究发现，蜜蜂可以识别并记忆不同的人脸。”选项 C 与此意思相同，正确。选项 A、B 说法正确，但不是科学家的新发现；选项 D 与材料内容矛盾。

48. 正确答案是 C。本题主要考查的是考生对材料中心意思的理解能力和综合分析的能力。材料讲了两层意思：阴雨天人们容易心情不好，天气好心情就会好。综合这两层意思可知，材料主要是想说心情跟天气有关，选项 C 正确。选项 A 的内容不全面，选项 B 与材料内容矛盾，选项 D 不是材料主要想说的。

49. 正确答案是 D。本题主要考查的是考生对材料主要内容的理解能力。材料说“我有个旅游计划——去内蒙古大草原玩儿玩儿”，据此可知选项 D 正确。选项 A、B、C 都是对材料内容的错误理解。

50. 正确答案是 D。本题主要考查的是考生对材料主要内容的理解能力和综合判断的能力。材料第一句讲“人的短期记忆在早晨是最强的”，第二句举例讲我们应该怎样有效利用这一点，因此选项 D 为正确答案。选项 B、C 与材料内容无关，选项 A 偏离了材料的中心内容，材料讲的是短期记忆，不是泛泛地讲记忆力。

51. 正确答案是 C。本题主要考查的是考生获取材料中的主要信息的能力。老师送小明回家时跟小明的妈妈说，放学前小朋友们排队，可小明根本就不好好站队，还和一个同学起了冲突。这是小明被送回来的原因，所以选项 C 正确。选项 A、B 都与材料内容不符，选项 D 说法正确，但不是送小明回来的原因。

52. 正确答案是 D。本题主要考查的是考生获取材料中的主要信息的能力。根据送小明回家的老师的话，小明和亮亮打起来，起因是小明不好好排队，母亲的话也说明了这一点，因此选项 D 正确。其他选项都与材料内容不符。

53. 正确答案是 D。本题主要考查的是考生获取材料中的主要信息的能力。材料最后，母亲对小明说“你得学会对自己的行为负责”，所以选项 D 正确。其他选项说法正确，但都不是母亲对小明提出的要求，因此都不正确。

54. 正确答案是 A。本题主要考查的是考生获取材料中的主要信息的能力。根据第二段第一句可知，调皮的男生怕黄老师是因为黄老师“对我们的要求很高，如果我们犯了错误，她一定不留情面”，也就是黄老师很严厉，所以选项 A 正确。其他选项都与材料内容不符。

55. 正确答案是 D。本题主要考查的是考生获取材料中的主要信息的能力。材料第一句告诉我们黄老师是语文老师，所以选项 A 错误。“打电话”出现在第三段，“我”生病了，黄老师打了好几个电话来询问情况，不代表她常给学生打电话，所以选项 B 错误。根据材料，调皮的男生很怕黄老师，所以选项 C 说法不够严谨。只有选项 D 能通过第三段的事例表现出来，是正确答案。

56. 正确答案是 A。本题主要考查的是考生对材料主要内容的理解能力和获取关键信息的能力。材料第一句提到“但我十分敬佩她”，最后一句“我爱黄老师”也说出了“我”对黄老师的态度，综合起来可知，“我”对黄老师十分敬爱。选项 A 正确，其他选项都与材料内容不符。

57. 正确答案是 A。本题主要考查的是考生获取材料中的主要信息的能力。材料开头说：“还有一周就要放暑假了，我非常兴奋。”即“我”的心情是高兴的，选项A正确，其他选项都与材料内容不符。

58. 正确答案是C。本题主要考查的是考生获取材料中的主要信息的能力。妈妈说：“只有成绩好，你假期的愿望才能实现。”即考出好成绩才能实现愿望。所以选项C正确，其他选项都与材料内容不符。

59. 正确答案是D。本题主要考查的是考生获取材料中的主要信息的能力。材料第二段说：“我的第一个愿望是：我要痛痛快快地玩儿切水果游戏。”因此选项D正确。选项A是“我”的第二个愿望，选项B是对第一个愿望的错误理解，选项C是“我”的第三个愿望，这三项均不符合题意。

60. 正确答案是B。本题主要考查的是考生对材料主要内容的理解能力。材料中妈妈先指出了“我”实现假期愿望的条件，接着“我”列出了三个愿望，最后“我”期待愿望实现，整篇短文都是围绕着“愿望”说的，所以这篇短文主要说的就是假期的愿望。选项B正确，其他选项都偏离了材料的主旨。

三、书面表达

61. 应填写“印”。一级字，左右结构。考查考生对左半部分“𠂉”的掌握，考生易在第二笔后多加一点，错写成“⺻”。另外，考生有时会将“卩”错写成“阝”。

62. 应填写“歉”。一级字，左右结构，形声字，左声右形。考生易将声旁和形旁的位置放错。另外，“兼”做偏旁时最后一笔要写得短一点儿。形旁“欠”若错写成“攵”，就不好理解“歉”字的意义了。

63. 应填写“替”。一级字，上下结构。重点考查上半部分的正确写法，考生易将两个“夫”错写成两个“先”。

64. 应填写“做”。一级字，左中右结构。考生易将“做”与“作”的用法弄混，导致写出错别字，要通过词语搭配并结合意义加以区分。

65. 应填写“凳”。一级字，上中下结构。主要考查最上面的“癶”的写法，右边是两个点。另外，“凳”字最下面是“几”不是“儿”，“几”上面的“䒑”更不能错写成“艹”。

66. 应填写“福”。一级字，左右结构。考查偏旁“礻”和“衤”写法的不同，考生容易混淆。右半部分有“一”“口”“田”三个部件，考生容易漏掉“一”，或把“口”写成“日”。

67. 应填写“铃”。一级字，左右结构，形声字，左形右声。考生易将右边的“令”写成“今”，注意不要漏掉最后的点。

68. 应填写“窗”。一级字，上下结构，上半部分是穴宝盖“穴”，下半部分“囱”第一笔的点不能写太长，第六笔的“、”要长点儿，应该“伸”出来，与“夕”字不同。

69. 应填写“续”。一级字，左右结构，右半部分“卖”的“乛”不能错写成“一”，下半部分“头”的最后一笔不能写得过长，错写成“㇏”。

70. 应填写“献”。一级字，左右结构，考生易将“南”和“犬”的位置放错，有时容易漏写“犬”字最上面的点。